DROEMER

Im Knaur Taschenbuch Verlag sind bereits folgende Bücher des Autors erschienen:
Integration. Ein Protokoll des Scheiterns
Der Koran. Botschaft der Liebe. Botschaft des Hasses
Der islamische Faschismus
Der Untergang der islamischen Welt
Mohamed. Eine Abrechnung
Ist der Islam noch zu retten? Eine Streitschrift in 95 Thesen (mit Mouhanad Khorchide)

Über den Autor:
Hamed Abdel-Samad, geboren 1972 bei Kairo, studierte Englisch, Französisch, Japanisch und Politik. Er arbeitete für die UNESCO, am Lehrstuhl für Islamwissenschaft der Universität Erfurt und am Institut für Jüdische Geschichte und Kultur der Universität München. Abdel-Samad ist Mitglied der Deutschen Islam Konferenz und zählt zu den profiliertesten islamischen Intellektuellen im deutschsprachigen Raum.

Hamed
Abdel-Samad

Abschied vom Himmel

Mein Leben zwischen Gewalt und Freiheit

DROEMER

Besuchen Sie uns im Internet:
www.knaur.de

Erweiterte Taschenbuchausgabe März 2019
Droemer Taschenbuch

Covergestaltung: ZERO Werbeagentur, München
Coverabbildung: Peter Schinzler
Satz: Adobe InDesign im Verlag
Druck und Bindung: CPI books GmbH, Leck
ISBN 978-3-426-30055-8

5 4 3 2 1

Für Connie, die Liebe,
die mich stützt und schmerzt

INHALT

EINFÜHRUNG

Vor zwölf Jahren saß ich in einer geschlossenen Anstalt am Rande der Stadt Erfurt und konnte mit niemandem reden. Mein Psychiater und mein Psychotherapeut wünschten sich, dass ich ihnen etwas über mein Leben erzähle und darüber, was mich gerade bedrückt, damit sie mich besser einschätzen und die richtigen Maßnahmen ergreifen konnten. Doch ich blieb stumm, obwohl es in mir vor lauter Geschichten, Bildern und unterdrückten Schreien brodelte. Also beschränkte sich meine Therapie auf die Gabe von Psychopharmaka, und mein Alltag bestand im Wesentlichen aus stundenlangem Starren an die Decke meines Zimmers.

Es war nicht das erste Mal, dass ich mich in so einer Situation befand, zehn Jahre war ich in einer ähnlichen Klinik in München gewesen, auch dort war ich mit Medikamenten vollgestopft worden, die mein Gehirn lähmten. Nun war ich zum zweiten Mal Gefangener meiner Geschichte und meiner Gedanken geworden. Doch diesmal spürte ich ein Funken von Widerstand in mir. Ich fragte mich, warum ich erneut in dieses dunkle Loch gefallen war, obwohl sich meine Lebensumstände wesentlich verbessert hatten. Denn anders als vor zehn Jahren war ich gut integriert in Deutschland, hatte einen guten Job an der Universität und gerade meine Traumfrau geheiratet. Warum hatte ich erneut die Kontrolle über mein Leben verloren? Was war schiefgelaufen?

Diese Frage beschäftigte mich Tag und Nacht. Was war schiefgelaufen? Mir war klar, dass das Ganze wenig mit Deutschland und meinen aktuellen Lebensumständen zu tun hatte. Sondern mit Ägypten und meinem früheren Leben dort. Dorthin zurück reichten die Wurzeln jenes Übels, das mich immer wieder lähmte. Es war wie eine Höhle, die zu betreten ich bisher nie gewagt hatte. Im tiefsten Inneren wusste ich, dass ich genau das tun musste, wenn ich geheilt werden wollte.

Ohne mir darüber im Klaren zu sein, welche Konsequenzen das haben könnte, welche Probleme sich daraus ergeben könnten, fing ich eines Tages an, mir selbst Geschichten aus meinem Leben zu erzählen. Ich besorgte mir Papier und einen Stift, und ein Diktiergerät. Wie besessen schrieb ich stundenlang, mal auf Arabisch, mal auf Deutsch, mal auf Englisch und gelegentlich auf Japanisch. Wenn meine Hand zu verkrampfen drohte, die Buchstaben immer unleserlicher wurden, wechselte ich auf das Diktiergerät. Wenn meine Stimme brüchig wurde, die Emotionen mich überwältigten, nahm ich wieder Stift und Papier zur Hand. So entstanden die ersten Skizzen, aus denen später dieses Buch wurde.

Da ich nie vorhatte, die Texte zu veröffentlichen, konnte ich alles erzählen, ohne Hemmungen und ohne Rücksicht auf Verluste. Als ich sie später zu einem Buch bündelte, stand ich vor der Entscheidung, alles so zu belassen, wie ich es niedergeschrieben oder aufgenommen hatte, oder einige Erzählungen zu streichen, um mich nicht bloßzustellen oder angreifbar zu machen. Ich habe mich nach reiflicher Überlegung entschieden, nichts zu verändern. Mir war klar, dass die Texte aus einer persönlichen Notsituation heraus entstanden waren, geschrieben mit einem Tunnelblick. Nicht alle Dimensionen meiner Geschichte konnte ich erfassen, nicht alle Facetten abdecken, dennoch waren die darin enthaltenen Reflexionen authentisch und hatten es verdient, auch so gehört zu werden.

Das Buch war ein Erfolg sowohl in Ägypten als auch in Deutschland. Es wurde viel besprochen und diskutiert. Doch erstaunlicherweise wurde es in Ägypten positiver aufgenommen als in Deutschland. In meinem Heimatland würdigten die Rezensenten sowohl die literarische Qualität als auch den Mut, den ich gezeigt hatte, indem ich das Schweigen über hartnäckige Tabuthemen wie die Vergewaltigung von Kindern gebrochen hatte. Natürlich gab es auch wütende Reaktionen, vor allem in jenem Dorf in Ägypten, wo ich geboren wurde und aufgewachsen bin. Von Menschen, die sich in meiner Erzählung wiedererkannten. Aber Intellektuelle und Literaturkritiker begrüßten das Buch als eine neue Form von Literatur, erkannten darin eine ernstzunehmende Gesellschaftskritik.

In Deutschland gab es zwar ebenfalls einige lobende Artikel, eine Reihe von Rezensenten warf mir aber vor, mit dem Buch Vorurteile über den Islam und über Muslime zu schüren. Ein Vorwurf, der mir seitdem bei jeder Veröffentlichung begegnet. Was mich dagegen überwältigte, waren die vielen persönlichen Zuschriften, die ich sowohl aus Deutschland als auch aus der arabischen Welt bekam. Darin bedanken sich viele Menschen bei mir dafür, dass ich diese Geschichte mit ihnen teilte. Manche erkannten darin ihre eigene Geschichte wieder, für einige war die Lektüre dieses Buches Anlass, über sich selbst und die Gesellschaft, in der sie leben, zu reflektieren.

In meiner neuen Heimat wurde ich durch die Veröffentlichung beinahe schlagartig bekannt. Ich wurde Teil des Diskurses über Islam und Migration und bekam den medialen

Titel »Islamkritiker« verliehen, obwohl ich in erster Linie ein Gesellschaftskritiker bin. Es folgten einige Bücher über Ägypten, die islamische Welt und die islamische Geschichte. Später unternahm ich im Auftrag der ARD eine Reise mit dem Journalisten Henryk M. Broder durch Deutschland und Europa, um die Seele und die Probleme des alten Kontinents zu erforschen. Für Arte reiste ich mit einer Kollegin durch Europa, um die Vielfalt muslimischen Lebens dort aufzuzeichnen. Ich wurde Mitglied der Islamkonferenz und hatte dort mit den Vertretern der konservativen Islamverbände viele Auseinandersetzungen über die Zukunft des Islam in Deutschland. 2011 wurde ich Zeuge der Revolution in Kairo und war Teil der Massen, die den Präsidenten Husni Mubarak zum Sturz brachten. Voller Hoffnung sehnte ich mich nach einer demokratischen Zukunft meines Landes, einer Zukunft, in der Freiheit und Menschenrechte endlich Fuß fassen würden. Doch es kam anders. Auf die Mubarak-Diktatur folgte die religiöse Diktatur, dann kam die Armee zurück und nahm den Bürgern wieder jene Freiheiten, die sie sich am Tahrir-Platz erkämpft hatten. Ich selbst geriet ins Visier, weil ich den politischen Islam mit dem Faschismus verglich. Im ägyptischen Fernsehen sprachen drei prominente Geistliche 2013 eine Fatwa gegen mich aus. Da ich Morddrohungen auch aus Deutschland bekam, stehe ich seitdem unter Polizeischutz.

Als Opfer sehe ich mich deswegen nicht. Im Gegenteil, zeigen die Überreaktionen konservativer Kreise doch, wie sehr man dort einen offenen Diskurs fürchtet. Im Jahr 2015 startete ich einen YouTube-Kanal mit dem Titel »Box of Islam«, in dem ich mich an die arabische Welt richte. Innerhalb kurzer Zeit erreichte der Kanal hunderttausend Abonnenten, meine Vorträge dort kamen auf über zwanzig Millionen

Klicks, was extrem ungewöhnlich ist bei historischen oder religionskritischen Themen. Ich erhielt Einladungen nach Marokko, Tunesien, in den Irak, nach Kanada und die USA, um dort Vorträge zu halten. Einige dieser Einladungen nahm ich an. Muslime dort empfingen mich als Aufklärer und diskutierten mit mir leidenschaftlich über das, was sich in muslimischen Gesellschaften ändern muss. In Deutschland haftet mir dagegen leider immer noch das Etikett Islamkritiker an, für manche Kreise bin ich sogar ein Islamhasser. Auch wenn mich diese Reduzierung manchmal ärgert, erzählt sie doch mehr über meine Kritiker als über mich. Ich werde meine Gedanken trotz aller Anfeindungen, trotz aller Drohungen weiter mitteilen.

Deshalb hat das Schreiben heute für mich auch einen anderen Stellenwert als vor zehn Jahren. Ich schreibe heute nicht mehr, um einen Weg aus dem dunklen Tunnel der Krankheit zu finden. Es ist zu einer anderen Form der Befreiung geworden. Heute verstehe ich meine Geschichte und auch das Leid, das mir zugefügt wurde, in einem größeren Kontext. Aber weil mir diese Sichtweise erst mit dem nötigen Abstand möglich geworden ist, habe ich die ursprüngliche Fassung des Buches weder verändert noch kommentiert. Mit den neu hinzugekommenen Kapiteln will ich nicht nur ergänzen, was in den letzten zehn Jahren geschah, sondern auch Denkprozesse erläutern und einen kritischen Blick zurückwerfen.

ERSTER TEIL

Grüß Gott, Deutschland

Am Tag, als ich das Visum für Deutschland erhielt, lief ich ziellos durch die Straßen von Kairo, sah Häuser an, beobachtete Menschen, roch die Menge, die frittierten Falafeln und die Abgase.

Kairo lächelt müde. Wie ausgestreckte Finger richten sich die Minarette klagend gegen den Himmel und brüllen unaufhörlich den Namen Gottes. Gott selbst aber schweigt und überlässt Kairo seinem Schicksal. Stillstand, Konfusion, Lärm und Smog. Man nennt unsere Hauptstadt »die Siegreiche«, ich finde »die Besiegte« passender. Nur in einem blieb Kairo siegreich: Es besiegte seine Einwohner und begrub sie unter sich.

Es wurde Nacht, und ich lief noch immer wie benommen durch das Zentrum der Stadt, den Reisepass in der Hand, und nahm die westlichen Verheißungen auf: Die Verkehrslawine, die kalten Leuchtreklamen, die engen Touristenbasare und der bestialische Gestank der Industrieabgase machten mir Angst vor der Fremde. Plötzlich stand ich an einer Straße, die zu betreten ich mich 19 Jahre lang geweigert hatte. Aber dieses Mal wagte ich den Gang zum Haus meines Großvaters. Jenem Ort, wo ich die schönsten und schrecklichsten Momente meiner Kindheit erlebt hatte. Ich weiß nicht, warum ich mir das antat.

Vielleicht erinnerte mich der alte Mann, der die ganze Nacht vor der deutschen Botschaft wartete, an meinen Großvater. Vielleicht wollte ich eine Wunde als Andenken mitnehmen, bevor ich Ägypten für immer verließ. Oder ich suchte den Schmerz als Rechtfertigung für meine Flucht aus dem Land. Alles schien unverändert. Das Restaurant, die Cafés und die Bäckerei. Das Hochhaus, wo mein Großvater früher wohnte, stand nicht mehr. An seiner Stelle klaffte eine Baugrube. Die Fundamente versprachen ein großes, modernes Gebäude, aber sie versprachen auch ein Haus ohne Seele. Die Eisenstangen, die aus dem Fundament wuchsen, erinnerten an die Stacheln eines vertrockneten Kaktusbaums.

Die Dachgeschosswohnung meines Großvaters und die Werkstatt des Automechanikers im Erdgeschoss waren verschwunden. Zwischen ihnen lag die längste Treppe der Welt. Von dort oben beobachtete ich als Kind jeden Tag mit Begeisterung die Welt unter mir. Und dort unten zerbrach mein Leben.

Ich habe nicht geweint und spürte keinen Schmerz. Die schönen und schrecklichen Erinnerungen wechselten sich ab. Schließlich winkte ich der Baulücke, wo einmal mein Zuhause gewesen war, ging weg und glaubte, es sei ein Abschied für immer. Ich ahnte noch nicht, dass nicht nur die letzten 19 Jahre, sondern auch die folgenden eine Flucht vor diesem Ort waren.

Botschaft der Erlösung

Bevor ich nach Deutschland kam, war für mich »Deutschland« mit Namen, Bildern und Ereignissen verbunden: Rilke und Goethe, Hitler und Göring. Die Ruinen und der Wiederaufbau. Das geteilte Deutschland und das der friedlichen Wiedervereinigung. Disziplin und Zielstrebigkeit, »Made in Germany« und natürlich die deutsche Fußballnationalmannschaft, die fast jedes Spiel gewann, obwohl sie nicht besonders attraktiv spielte. Deutschland war für mich das Land von Martin Luther und das Land der Freizügigkeit; das Land von Marx und Mercedes, der Dichter, Philosophen und Helden, das aber keine Helden mehr haben darf. Das Land der Kreuzritter, die mit mir verwandt sein sollen. Im ägyptischen Fernsehen hatte ich Bilder vom Fall der Berliner Mauer, marschierende Neonazis und brennende Asylantenheime gesehen. Außerdem hatte ich vage Vorstellungen von freizügigen, gutgebauten Blondinen, die halbnackt auf der Straße laufen. Ein ägyptischer Film aus den achtziger Jahren vermittelte mir das Bild eines reichen Deutschland, in das ein ungebildeter junger Ägypter auswandert, binnen kurzer Zeit Millionär wird und eine bildhübsche Deutsche heiratet.

Ich wusste einiges über die deutsche Literatur, aber wenig über die politische und soziale Realität. Mein Deutschlandbild war, wie das der Mehrheit der Ägypter, vorwiegend positiv, auch weil Deutschland keine koloniale Vergangenheit in der arabischen Welt hatte. Das dunkelste Kapitel der deutschen Geschichte wird von Arabern ausgeblendet oder bagatellisiert. Da Ägypten jahrelang mit Israel in Konflikt stand, lernten wir in der Schule weder etwas über das jüdische Volk noch über den Holocaust. Manche Ägypter leugnen den Holocaust, andere versuchen ihn zu rationalisieren, wieder andere heißen ihn gut.

Meine erste direkte Erfahrung mit Deutschland machte ich vor meiner Abreise. Es war eine Begegnung voller Verbitterung und Schamgefühle. Im Frühjahr 1995 ging ich zur deutschen Botschaft im vornehmen Kairoer Stadtteil Zamalek, um ein Visum zu beantragen. Ich nahm ein Taxi, um meine eigens dafür gekaufte Kleidung nicht in den überfüllten Bussen zerknittern zu lassen. Mich überraschten die Massen von jungen Ägyptern, die in der Aprilhitze vor der Botschaft standen, als umrundeten sie die Kaaba. Doch von den Tausenden, die ins gelobte Land der »Ungläubigen« wollten, durften pro Tag nur 50 Pilger in den deutschen Palast, und diese hatten ihre Plätze bereits in der vorigen Nacht ergattert. Die arroganten Sicherheitsangestellten der Botschaft versuchten vergeblich, die Massen zu verscheuchen. Wohin sollten sie gehen? Seit Jahren bestand ihr Leben aus einem nie endenden Warten: Warten auf eine Chance, Warten vor einer eisernen Tür, mit der blassen Hoffnung, dass sie sich irgendwann öffnet.

Was für eine Schizophrenie. Wie oft haben wir den Westen verflucht und ihn für unser Elend verantwortlich gemacht. Und am Ende bleibt uns nichts übrig, als an den Türen seiner Botschaften zu warten, um Einlass zu finden? Ich ging weg und kam am frühen Abend zurück. Zwanzig Wartende standen bereits da. Einer wollte seinen Bruder besuchen und dann untertauchen. Vier wollten, wie ich, studieren, einer wollte eine alte deutsche Touristin heiraten, die er als Kellner in einem Hotel kennengelernt hatte. Der Rest wusste nicht recht, was er in Deutschland suchte. Sie wollten weg. Einige warteten, weil die Schlange vor der deutschen Botschaft kürzer war als die vor der amerikanischen. Fast alle waren junge gebildete Männer, die Ägypten gut gebrauchen könnte, die aber keine Perspektive mehr hatten. Sie waren zwar gut ausgebildet, verfügten aber nicht über die nötigen Beziehungen, die ihnen einen guten Job verschaffen würden. Auch ein siebzig Jahre alter Mann stellte sich an. Vielleicht wollte er einen Familienangehörigen besuchen, dachte ich. Er lehnte sich gegen die Mauer und schwieg. Im Gegensatz zu uns beiden waren alle auf die Nacht vorbereitet. Ein junger Mann bot dem Alten ein Kissen an, aber der lehnte ab. Mir fiel auf, dass er keine Bewerbungsmappe bei sich hatte. Irgendwann wurde ein mobiler Kiosk aufgebaut, wo die wachsende Menge vor der Botschaft Tee und Snacks kaufen konnte. Die Chancenlosigkeit vieler gab zumindest einem Teeverkäufer die Gelegenheit, sein Brot zu verdienen. Ich bewundere die Flexibilität der Ägypter, wenn es um die Schaffung von Arbeitsplätzen geht. Wer keinen Job findet, nimmt eine Handvoll Taschentücher, verkauft sie in den Bussen oder an Ampeln und nennt sich Geschäftsmann.

Schon vor Mitternacht waren die begehrten ersten fünfzig Plätze besetzt, trotzdem blieben auch diejenigen, die später kamen, in der Hoffnung, dass einer aufgeben oder dass die Botschaft vielleicht mehr Bewerber einlassen würde. Man redete und lachte und phantasierte, wie das Leben in Deutschland wohl ausschauen könnte, auch wenn der Mehrheit bewusst war, dass ihre Chance auf ein Visum so groß war wie auf einen Sechser im Lotto.

Das Gelächter der jungen Männer weckte den Alten. Verbittert musterte er uns. Später lehnte er sich erneut gegen die Mauer der Botschaft und schlief wieder ein. Irgendwann waren wir alle eingenickt. Von der Morgensonne wurde ich geweckt. Der erste Mann in der Schlange klammerte sich auch noch im Schlaf an die Tür der Botschaft. Der illegale Teeverkäufer packte ein und verschwand. Der Alte saß nach wie vor gegen die Wand gelehnt und starrte ins Nichts. Bald richtete sich jeder auf, und wir standen in der Schlange, um unsere Plätze gegen die Neuankommenden zu verteidigen. Kurz bevor die Botschaft öffnete, drängte sich ein junger Geschäftsmann durch und stand vor dem alten Mann. Gerade als ich ihm zu Hilfe eilen wollte, sah ich, wie er dem Alten fünf Pfund gab: »Jetzt können Sie nach Hause gehen!« Ein wohlhabender Geschäftsmann, der es sich leisten konnte, andere für sich stundenlang warten zu lassen, hatte sich einen Platz in der Schlange reservieren lassen. Ich schämte mich dafür. Hat der Geschäftsmann den Alten ausgenutzt oder ihm einen Verdienst ermöglicht? Als ich an der Reihe war und eingelassen wurde, stand ich vor einem ägyptischen Botschaftsangestellten, der Deutsch sprach.

Ich musste einräumen, noch kein Deutsch zu sprechen, enttäuscht, dass meine Zukunft immer noch in den Händen eines Ägypters lag. Nachdem ich seine unendlichen Fragen über mein Leben in Deutschland, die Finanzierung meines Aufenthalts und die Krankenversicherung beantwortet hatte, nahm er meine Papiere an und sagte, dass ich erst mein Visum bekommen könne, wenn die Ausländerbehörde in Deutschland zustimmen würde. Ich verließ die Botschaft, rezitierte aus dem Koran: »Oh, Allah, führe uns aus diesem Lande heraus, dessen Menschen ungerecht sind.«

Auf in das Land ohne Helden

Ich hörte nicht die Laute des an den grünen Ufern des Nils erwachenden Tages. Über der großen Wüste standen letzte Sandwolken. Seit einer Woche hatte ein ungewöhnlich starker Wind geblasen. Nächtliche Stürme hatten Sand auf unserem Dorf abgeladen, alles schien verschüttet, entrückt, vergangen.

Eine zornige Angst trug mich ins Ungewisse. Nichts konnte ich mitnehmen außer meinen diffusen Erwartungen. Der Wagen fuhr an. Ich entfernte mich langsam von meinem Fleckchen Elend. Vorbei am Bananenfeld, wo ich als Heranwachsender oft die Grenzen des Erlaubten überschritten hatte. Mein Blick lag schwermütig auf den Wellen des Nils. Die Geschichte dieses ewigen Stroms war auch meine Geschichte: Ein König, der nicht herrscht, ein kastrierter Löwe – gefangen hinter einem Staudamm, ein Fluss ohne Flut und ohne Schlamm. Bald begrüßte mich der Smog über Kairo. Das Verkehrschaos war nicht so übel wie sonst, als wollte mich mein Land rasch loswerden.

»Pass auf und bring keine Schande über unsere Familie. Die Frauen in Europa sollen sehr gefährlich sein«, warnte mich mein Cousin Mahmoud, der mich zum Flughafen begleitete. »Aber weißt du was? Bring deinem Cousin eine hübsche Blonde mit!«, sagte er lächelnd zum Abschied.

Viel zu kalte Luft strömte aus der Klimaanlage. Eine Flugbegleiterin, die mit Make-up vergeblich versucht hatte, ihr Alter zu vertuschen, bat mich freundlich, mich anzuschnallen. Das Flugzeug rollte Richtung Startbahn, die Turbinen brüllten auf, wir hoben ab und stiegen in den blauen Mittag über Kairo. Auf in das Land ohne Helden. Auf in das Land von Hölderlin, Schopenhauer und Nietzsche. Ein Gefühl der Befreiung und Angst zugleich durchströmte mich. Der Befreiung von der Last und dem Zwang der Kollektivgesellschaft, aber auch der Angst davor, alles zu verlieren; Angst, Wanderer zwischen den Welten zu werden, fähig zwar, ein Ufer zu verlassen, aber unfähig, ein neues zu erreichen.

Mein Vater stand meiner Reise nach Deutschland sehr skeptisch gegenüber, er glaubte, ich sei zu sensibel für die soziale Kälte in Europa. Das religiöse Oberhaupt der Zwanzigtausend-Seelen-Gemeinde konnte nicht hinnehmen, dass sein Sohn ein Dasein unter »Ungläubigen« dem Leben als Imam, als sein Nachfolger, vorzog. Er hatte mir prophezeit, dass ich mit leeren Händen und gebrochenem Mut wieder nach Ägypten zurückkehren würde.

Er war sehr verärgert gewesen, dass ich ihm meine Entscheidung erst einen Tag vor der Abreise mitgeteilt hatte. Daraufhin hatte er meinen Reisepass, das Flugticket und die anderen Unterlagen versteckt. So verwirrt und verunsichert hatte ich ihn noch nie erlebt. Ich sah in seinen Augen das Scheitern seines Traums. Nach langen Verhandlungen gelang es meiner Mutter, ihn zur Herausgabe der Papiere zu bewegen, und meiner Abreise stand nichts mehr im Wege.

Der Abschied verlief ohne Umarmung, unter Spannung und Tränen. Mein Vater vermochte nicht, mir Lebewohl zu wünschen. »Nur Allah allein hat die Macht!«, waren seine Abschiedsworte. Sie erinnerten mich an den Ausspruch des Prometheus: »Niemand ist frei außer Zeus!«

Wie gebannt starrte ich aus dem Fenster auf mein Land. Immer schneller floss das Häusermeer unter uns dahin. Von hier oben aus konnte ich die Weite des Nildeltas erahnen. Größer aber ist der Nil selbst, der das Delta mit seinen beiden Armen machtvoll gefangen hält. Und noch gewaltiger ist die Wüste, die wiederum den Fluss und sein Delta umschlingt und die Grenzen des Lebens markiert. Rasend schnell verschwand das Land, und die Maschine schwebte über dem Meer.

Waren die Deutschen nicht alle blond, blauäugig und gestählt? Mein Sitznachbar im Flugzeug war dagegen eine kleine, dickliche Gestalt, mit dünnem Haar auf dem ungepflegten Kopf. Er entsprach überhaupt nicht meiner Vorstellung eines Deutschen.

»Was haben Sie in Deutschland vor?«, fragte er mich in schlechtem Englisch.

»Ich werde dort an der Universität studieren«, antwortete ich knapp.

»Und was?«

»Politikwissenschaft.«

»Politik? Interessant! Und warum gerade in Deutschland?«

»Wegen der deutschen Fußballnationalmannschaft, die immer die Weltmeisterschaft gewinnt, obwohl sie schlecht spielt!«

»Nein, das war früher mal. Heute gewinnt sie keinen Blumentopf mehr.«

Da half es nur noch, mich schlafend zu stellen.

Grüß Gott, Deutschland

Kurz bevor die Maschine in Frankfurt landete, sah ich aus dem Fenster: Grün in einer unvorstellbaren Vielfalt. Gegen dieses Grün war mein Nildelta ein blasser Fleck. Urplötzlich begann ich diese Farbe zu fürchten. Sie vermittelte mir ein Gefühl der Arroganz, des Sattseins, der Unbesiegbarkeit.

Gebannt verließ ich die kalte Maschine, passierte den Saugrüssel der Immigration und stand in der Flughafenhalle. Wieder überwältigten mich die Farben und vor allem die Gerüche. Ich roch Blütenpollen, europäischen Kaffee, Alkohol und Schweiß, stark aufgetragene, seelenlose Parfüms. Bald übertönte allerdings der Geruch von Desinfektionsmitteln alles andere.

Ich stand vor dem Passbeamten und bildete mir ein, dass er zögerte, den Eintrittsstempel in meinen Pass zu drücken. Ich las in seinen Augen: »Aha, noch ein Kamelflüsterer aus der Wüste, der von unserem Wohlstand profitieren will?«

Antonia wartete auf mich im Flughafen. Sie hatte etwas zugenommen und war ein wenig gealtert. Sie umarmte mich herzlich und war sehr glücklich: »Du hast es tatsächlich getan. Ich bin so stolz auf dich!«, sagte sie grinsend. Ich bin doch nur davongelaufen, mehr nicht. Aber da sie es unbedingt so sehen wollte, ließ ich ihr die Illusion meines Heldentums.

»Ich arbeite wieder als Lehrerin und habe ein neues Auto«, sagte sie. Das wusste ich bereits. Vom Geruch des neuen Autos wurde mir schon beim Einsteigen schlecht. Die Art, wie Antonia aussah und redete, war anders als damals. Als ich sie vor drei Jahren zum ersten Mal am Kairoer Flughafen sah, wirkte sie natürlicher und trauriger. Heute empfand ich ihre Blicke und viele ihrer Worte als leer.

Fünfzehn Grad kälter als in Kairo. Eine lange Fahrt auf der Autobahn. Augsburg. Ein modernes Haus am Waldrand. Eine geräumige helle Wohnung mit teuren Designermöbeln, alles weiß, alles sauber. Die übertriebene Ordnung provozierte mich. Ich weiß nicht, was ich mir vorgestellt hatte, vielleicht eine kleine Einzimmerwohnung, die zu einer rebellischen Linken mit Hang zur Mystik passt. Wie kann ich, ein Chaot, diese Ordnung ertragen, geschweige denn bewahren? Ich saß neben ihr auf dem Sofa und entdeckte ein Bild auf dem Schreibtisch gegenüber. Ein Bild von uns beiden, entstanden am Tag, als wir uns zum ersten Mal in Kairo trafen.

»Ich hoffe, es ist nicht so kalt für dich hier.«

Ich verneinte, obwohl ich auf dem Ledersofa fror.

Niemand ist frei außer Zeus

Drei Jahre davor traf ich Antonia zum ersten Mal. Es war der letzte Tag des Jahres 1992, und ich hatte Nachtschicht. Ein Polizeioffizier kam in mein Büro im Kairoer Flughafen und fragte, ob ich Französisch könne. Es gäbe in der Ankunftshalle eine Touristin, die sich weigere, den Flughafen zu verlassen, und offenbar kein Englisch spreche. Ich ging mit dem Polizeibeamten in die Halle und sah die Frau mit untergeschlagenen Beinen auf einem Stuhl sitzend. »Parlez-vous français?«, fragte ich. »Yes, I speak French, English, German and Spanish«, antwortete sie. Der Offizier war verblüfft. Ich bat ihn zu gehen und versprach, zu berichten, was das Problem der Frau sei. Sie war schön und elegant, etwa Ende dreißig. Sie trug ein rotes Stirnband, das ihre grünen Augen betonte. Sie trug ihre roten Haare kurzgeschnitten und neben ihr lag ein roter Reisekoffer. Die Spannung in ihrem Gesicht war nicht zu übersehen.

»Kann ich irgendetwas für Sie tun?«

»Ägyptern kann man nicht vertrauen!«

»Ich weiß.«

Sie schaute mir in die Augen und lächelte traurig. Ihr Lächeln war von jener Melancholie, der Hoffnung innewohnte. Hoffende Melancholie hatte mich in den wenigen Werken der deutschen Literatur, die ich bis dahin gelesen hatte, am meisten fasziniert. Die Frau wirkte verbittert und mystisch. Sie hatte einem Reiseagenten das Geld für ihren Aufenthalt in Kairo, Luxor und Assuan überwiesen und hätte von ihm am Flughafen empfangen werden sollen. Doch der Agent war nicht gekommen, und es gab für sie auch keine Reservierung im Safir Hotel, wo sie logieren sollte. Mir fiel zwar eine durchaus plausible Entschuldigung für den Reiseagenten ein, denn in der Silvesternacht ging es immer drunter und drüber. Aber ich hatte keine Lust, meine Landsleute in Schutz zu nehmen, und schwieg. Ich konnte sie davon überzeugen, die Halle zu verlassen und draußen in der Cafeteria zu warten. Sie stimmte unter der Bedingung zu, dass ich mit ihr ginge. Als wir in der Cafeteria saßen, öffnete sie den Koffer und gab mir eine Krawatte, ein selbst gemaltes Bild, ein mystisches Gedicht und einen goldenen Damenring zum Geschenk. Ich nahm alles an, nur den Ring wies ich zurück. »Dafür habe ich keine Verwendung.«

»Haben Sie denn keine Freundin?«

»Sollte ich ihr jemals einen Ring schenken wollen, dann will ich ihn selbst kaufen.«

»Ich dachte, Ägypter nehmen alles, was ihnen in die Finger kommt, aber anscheinend sind Sie eine Ausnahme.«

Ich wollte ihr nicht verraten, dass ich genauso wie meine Landsleute bin und auch an allen Krankheiten, die in dieser Gesellschaft verbreitet sind, leide. Sie ahnte nicht, dass ich gerade darauf hoffte, ihr ein teures Hotel in Kairo vermitteln zu können, um die Provision einzustreichen. Aber ich war auch irgendwie weitergehend an dieser mysteriösen Frau interessiert. Sie schien keine der üblichen Pauschaltouristinnen zu sein, die auf der Suche nach Abenteuer, Spaß oder Erholung waren, sondern sie wirkte, als sei sie auf der Flucht.

Sie weinte, als ich sie fragte, warum sie an so einem Tag allein sei. »Meine kleine Tochter wollte nicht mit mir kommen. Sie sagte, sie habe keine Zeit für mich. Ihr Vater hat ihr erzählt, dass ich keine gute Mutter sei. Und wahrscheinlich hat er sogar recht. Ich bin keine gute Mutter, niemand ist perfekt.« Diesen Satz wiederholte sie immer wieder.

Ich wollte nicht tiefer in sie dringen und fragte nach der Zeichnung, die sie mir gegeben hatte: ein Zeichen, das Gott symbolisierte, mehrere Zeichen für die Religionen der Welt und die Menschen. Alle Symbole waren umschlossen von einem Kreis mit einem Loch in der Mitte. Die kleinen Symbole fielen durch das Loch aus dem Kreis heraus. Nur Gott, dessen Symbol größer war als das Loch, blieb im Kreis zurück.

»Gott hat die Welt so erschaffen, dass alle und alles außer ihm vergeht, selbst der Glaube an ihn ist vergänglich, er selbst aber nicht«, erklärte sie.

»Warum?«

»Weil niemand frei ist außer Zeus!«

Ich wusste nur wenig von griechischer Mythologie. Prometheus, der den Göttern das Feuer stahl, musste dafür dreißig Jahre leiden. Am Ende erkannte er doch seine Grenzen und fand seine Freiheit in der Demut vor den Göttern. »Niemand ist frei außer Zeus!« Es muss der gleiche Geist sein, der seinerzeit auch Faust inspiriert hatte. »Kann es sein, dass alles aus dem Loch in die Freiheit hinausfällt, und nur Gott alleine in seinem Kreis gefangen bleibt?«, fragte ich. Ihr Lächeln blieb die Antwort.

Sie fing an, ihre Geschichte zu erzählen, und beschloss sie mit Worten aus dem Gedicht, das sie mir gegeben hatte: »Ich bin durch Himmel und Hölle gegangen, ich habe gerichtet und bin gerichtet worden, und am Ende sah ich, dass ich in allem bin und dass alles in mir ist.«

Sie hieß Antonia, und wir unterhielten uns, bis der Tag anbrach. Sie bat einen Kellner in der Cafeteria des Flughafens, ein Foto von uns zu machen.

Ich war von dieser Frau fasziniert. Ich wunderte mich, dass eine Frau, die ich nicht kannte und die in einem völlig anderen Kulturraum lebte, ähnlich über Gott und die Welt dachte wie ich. Irgendwann kehrte sie nach Deutschland zurück, aber wir blieben in Kontakt. Zwei Außenseiter, die mit sich selbst und mit ihrer Welt überfordert waren, freundeten sich an und leckten sich über eine Entfernung von dreitausend Kilometern gegenseitig ihre Wunden.

Wo bin ich bloß gelandet?!

Drei Jahre nach dieser nächtlichen Begegnung im Kairoer Flughafen reiste ich nach Deutschland. Ich war 23, etwas furchtsam und doch voller Neugier auf das Leben und die Menschen. Antonia stand wieder fest im Leben, fuhr einen Toyota Corolla und wählte CSU, sie war aber immer noch einsam und unsicher, und obwohl ich aus dem Orient kam, unterschied ich mich darin kaum von ihr. Ich kam nicht, um nach Arbeit oder Wohlstand zu betteln, und fühlte mich dennoch wie ein Almosenempfänger. Ich bettelte um Wärme und Verständnis.

Als Antonia mich im Bett in ihre Arme nahm, roch ich nur ihr kaltes, abweisendes Parfüm. Sie war nicht die materialistische Nymphomanin, für die viele aus meinem Kulturkreis Europäerinnen hielten. Im Gegensatz zu meiner Mutter war sie eine spirituelle Frau, die in mir nach einem Hafen suchte. Ich wusste, dass ich dieser Hafen nicht sein konnte, genauso wenig wie ich mit ihr den Kulturkampf Ost gegen West auszutragen vermochte. Ich habe es zwar versucht, aber es funktionierte nicht. Um als Repräsentant des Orients aufzutreten, war ich zu gleichgültig und zu wenig männlich. Oft genug war ich in meinem Land von dieser Männlichkeit verletzt worden, so dass ich sie nicht als Kampfmittel einsetzen konnte.

Fast alles erschien mir fremd in diesem Deutschland: die Sprache, die Menschen, die Autos, das Essen, die Wohnungen, eben alles. Deutschland war für mich wie ein kompliziertes Gerät, für das es keine Gebrauchsanweisung gibt. Mir fehlten die vertrauten Stimmen, Farben, Temperaturen, Gerüche und Gegenstände, die ein Mensch braucht, um seine inneren Strukturen zu stabilisieren. Mir fehlten sogar meine Stereotype über Deutschland. Ich war beinahe enttäuscht, keine marschierenden Neonazis und vor allem keine halbnackten, blonden Frauen auf den Straßen anzutreffen.

Ich spielte den frommen Muslim und gab vor, nur mit meiner Ehefrau im gleichen Bett schlafen zu können. An einem regnerischen Freitag standen wir vor dem Standesbeamten, der uns skeptisch anschaute. Ich trug einen dunklen Anzug, den Antonia für mich gekauft hatte, auch ihren weißen Blumenstrauß hatte sie gekauft. Ihre beiden Kinder aus erster Ehe, Emmy und Felix, und ein halbes Dutzend ihrer Freunde sahen uns ebenfalls nachdenklich an, als wir uns das Jawort gaben. Im Grunde war es auch kein »Ja«, sondern ein »Es ist mir egal«. Alles war uns beiden lieber als unsere früheren Leben. Es war ein »Nein« zur Vergangenheit.

»Es regnet, das heißt, dass es eine glückliche Ehe sein wird«, sagte der Standesbeamte anschließend, um die angespannte Stimmung zu lockern. Antonia und ich lächelten verlegen. Antonia fuhr selbst, da ich kein Auto lenken konnte, und wir gingen gemeinsam mit ihren Freunden nach Hause. Spontan entschloss ich mich, ein aufwendiges ägyptisches Gericht zu kochen. Ich entzog mich damit der inszenierten Heiterkeit im Wohnzimmer und konnte mich stundenlang in der Küche verkriechen. Antonias Tochter, Emmy, kam mir nach und schaute mich freundlich an: »Geht es dir gut? Brauchst du Hilfe?« Ich lächelte und schüttelte den Kopf.

Es war eine Nacht-und-Nebel-Aktion und keiner von uns beiden wusste genau, wie unsere gemeinsame Zukunft aussehen sollte. Es war nicht mehr als ein rebellischer Akt gegen unsere Vergangenheit gewesen. Ich suchte die Zuneigung, die ich nie bekommen hatte, und Antonia eine Entschuldigung für das Scheitern ihrer ersten Ehe. Natürlich hatte Antonia auch die Lohnsteuerklasse drei und ich den deutschen Pass vor Augen.

Eigentlich hätten wir uns in dieser Nacht lieben sollen, aber die Kinder Antonias schliefen im Nebenzimmer. Ich wollte ihren Eindruck nicht noch erhärten, dass ich bloß ein bezahlter Liebhaber ihrer Mutter sein könnte. »Kaum zu glauben, wir haben geheiratet«, war das Intimste, was Antonia in dieser Nacht gesagt hatte. Ich lächelte wortlos. Auch in der folgenden Nacht kam es nicht zum Liebesakt.

Irgendwann war uns klar, dass wir in dieser Beziehung nur ein Mittel zur Flucht und später eines aus dieser Beziehung heraus suchten. Nicht nur der Altersunterschied von 18 Jahren, sondern auch die Unterschiede in der Art des Denkens und unsere Lebensrhythmen ließen unsere Partnerschaft ins Leere laufen. Konflikte waren vorprogrammiert.

Kurz nach unserer Heirat standen zwei wichtige Termine auf dem Plan: Beim Notar galt es, eine Gütertrennung zu vereinbaren und zu unterschreiben, dass im Falle einer Scheidung beide auf Unterhalt verzichten. Das betraf natürlich vor allem mich, da ich nichts besaß und die Wahrscheinlichkeit ziemlich gering war, dass ich je höhere Einkünfte erzielen würde. Wir betraten das Büro eines gutaussehenden jungen, blonden Notars, der uns höflich begrüßte.

»Kann er wenigstens Englisch?«, fragte der Notar Antonia, nachdem sie ihm gesagt hatte, dass ich noch kein Deutsch kann. Er sah arrogant aus, schien mir aber nur unsicher zu sein.

»Ja«, sagte Antonia und schaute mich an. Ich bemühte mich, locker zu wirken, und spielte das Spiel mit. Eigentlich war das logisch. Ein junger Ausländer heiratet eine ältere Frau, die sich absichern will. Wie sonst hätte er mit mir umgehen sollen? Einige Tage später sollten wir wiederkommen, um die Vereinbarung zu unterschreiben.

Das war ein Vorgeschmack auf den nächsten Termin: Ausländerbehörde. Ein kleiner Beamter, ungepflegt, penetrante Stimme, der mich an meinen Sitznachbarn im Flugzeug erinnerte. »Herr ..., ach, der Herr mit dem schwierigen Namen, Abdul-Irgendwas«, rief er. So viel Deutsch verstand ich schon. Ich betrat das Zimmer mit Antonia. »Bitte sprechen mein Name ... ich heiße Hamed Abdel-Samad, bitte sprechen mein Name!«, bat ich ihn. Er schaute mich erstaunt an.

»Ich muss auch deutsche Name sprechen. Ich muss sprechen Ausländerbehörde, Aufenthaltsgenehmigung, warum Sie mein Name nicht sprechen?«, schrie ich ihn an. Antonia genierte sich und versuchte, mich zu beruhigen. Der Beamte blieb ruhig und behauptete, es gäbe zu viele Ausländer mit komplizierten Namen. Er könne sich nicht alle merken.

Nachdem Antonia sich für mein schlechtes Benehmen entschuldigt und zehn Mark für seine Kaffeekasse hinterlassen hatte, verließen wir das Amt. Ich verstand nicht, was vor sich ging, und hielt es für Schmiergeld. »Das ist doch kein Schmiergeld. Wir sind nicht in Ägypten!« Ich ärgerte mich, weil sie so tat, als ob nur in Ägypten Korruption herrschte und Deutschland das Paradies der Unschuld sei. Es folgte eine schulmeisterliche Belehrung darüber, wie man sich in Deutschland zu verhalten habe, da man sonst als vulgär gelte. Wenn sie nicht gewesen wäre, hätte der Beamte womöglich die Polizei gerufen.

»Polizei? Wegen einer lauten Stimme?«, fragte ich verwundert. »Bei uns kommt die Polizei nur, wenn Blut geflossen ist, und selbst dann ist es nicht sicher, dass sie kommt!«, versuchte ich sie wieder aufzumuntern, aber es funktionierte nicht.

»Deine Gefühlsschwankungen sind beängstigend. Wie kann jemand, der gerade so rumgeschrien hat wie du, Witze machen?«

»In Ordnung. Wenn du keine Witze hören willst, hier etwas Ernstes: Ich werde die Gütertrennung und die Unterhaltsvereinbarung nicht unterschreiben. Ich bin deinetwegen nach Deutschland gekommen und hatte von dir keine Absicherung verlangt. Ich habe alles in Ägypten hinter mir gelassen, meine Familie und meinen Beruf, um mit dir zusammen zu sein. Wenn du nicht gekommen wärst, um mich am Flughafen abzuholen, wäre ich verloren gewesen in diesem Land. Wenn du immer noch unsicher bist, kannst du gerne die Scheidung einreichen!«, sagte ich bestimmt.

Sie war beeindruckt und schwieg. Wie konnte sie ahnen, dass das, was ich sagte, nicht im Geringsten der Wahrheit entsprach? Nichts über mein Leben in Ägypten wusste sie wirklich.

Sie lenkte ein und sprach mich nicht mehr auf die Vereinbarung an. Diese Ehe war immerhin ein Projekt für sie. Auch wenn dieses Projekt zum Scheitern verdammt war, sollte dieses Scheitern nicht schon nach wenigen Tagen sichtbar werden. Nicht nur ihr Verantwortungsgefühl mir gegenüber, sondern auch ihre Angst, dass ihr Exmann sich ins Fäustchen lachen würde, ließ sie einlenken.

Bald lernte ich unseren Nachbarn kennen, einen gepflegten Rentner, der das Haus nie ohne seinen Hund verließ. Mittags saß er auf dem Balkon und las die »Süddeutsche Zeitung«, kurz vor dem Sonnenuntergang ging er mit dem Hund spazieren. Wir grüßten uns stets wortlos, aber freundlich, bis er mich eines Tages auf der Treppe ansprach. Zu meinem Erstaunen sprach er meinen Namen fehlerfrei aus: »Herr Abdel-Samad, ich sammle für einen Schuhschrank für Sie!« Auch nachdem er mit großer Anstrengung das Gleiche in Englisch wiederholte, konnte ich nicht verstehen, was er meinte. Ich lächelte blöd und ging. Antonia erklärte mir, dass unser Nachbar es wohl unhygienisch fände, wenn ich meine Schuhe immer vor der Wohnungstür ausziehe, und wollte das auf ironische Weise zum Ausdruck bringen. Auch wenn diese Art von Humor nicht die meine war, verstand ich, und zog meine Schuhe nicht mehr vor der Wohnung aus. Erst als er mich grinsend mit »Gut so!« lobte, entschloss ich mich, in gesteigertem Maße rückfällig zu werden. Ich fragte mich, wie er wohl vor 55 Jahren gewesen war. Nur das Bild eines Hitlerjungen war in meinem Kopf. Der andere Nachbar, der über uns wohnte, war ein junger gesunder Mann, der seine

Freundin täglich beglückte. Er roch immer nach Bier und Tabak. Jeden Tag hörten wir das Stöhnen und Schreien seiner Freundin. Antonia lachte, ich fand es widerlich.

Antonia versuchte, mir die deutschen Tugenden nahezubringen; sich etwa am Telefon mit Namen zu melden, gleichgültig, ob man anruft oder angerufen wird, bei einer roten Ampel die Straße nicht zu überqueren, auch wenn kein Auto in Sicht ist. Aber anscheinend waren die Krankheiten meines »Systems« auch in der Fremde allgegenwärtig. Einmal ließ ich eine Mutter mit ihrem fünfjährigen Buben an einer roten Ampel stehen und überquerte die Straße. Da rief der kleine Junge nach mir: »Du Arsch.«

Verärgert ging ich zu ihm und wollte ihm und seiner Mutter erklären, dass Disziplin den Deutschen zum Wirtschaftswunder verholfen hatte, mit der gleichen Disziplin jedoch auch der Holocaust organisiert wurde. Ich schaute dem Kleinen in die Augen. Er war ein hübscher Junge. Statt ihn zu tadeln, entschuldigte ich mich für mein Benehmen, wartete bis es wieder Grün wurde und ging weiter. Ich konnte mich nicht ständig mit jedem anlegen, sonst würde ich mir das Leben selbst zur Hölle machen. Von nun an versuchte ich, mich besser einzufügen.

»Was muss man tun, um wie die Deutschen zu sein, außer Wurst essen und Bier trinken?«, fragte ich Antonia. Beides war mir zuwider.

»Zuerst musst du lernen, gescheit Deutsch zu sprechen.«

»Im Schwabenland?«

»Dann musst du auch lernen, Auto zu fahren!«, sagte sie.

Zwei Wochen später sollte sie ihre Meinung revidieren: »Hamed, ich glaube, Autofahren ist nichts für dich. Du versuchst gleich beim dritten Mal Vollgas zu geben, dafür sind meine Nerven zu schwach und das Auto zu neu.«

Mein erster Schnee war faszinierend. Als ich die Flocken sah, empfand ich das erste Mal, seit ich in Deutschland war, Glück. Ich verpackte mich in meine dicksten Klamotten und lief wie ein Kind durch den Schnee. Ich liebte das Knirschen unter meinen Schuhen.

»Wollen wir in die Berge? Dort gibt es noch mehr Schnee«, fragte Antonia.

Eine Bandscheibenvorwölbung und eine mehrwöchige schmerzhafte Behandlung waren die Folgen unseres Skiurlaubs. Das kommt wohl davon, wenn ein Ägypter versucht, Ski zu fahren.

»Gibt es irgendetwas Deutsches, das nicht lebensgefährlich ist?« Antonia schlug klassische Konzerte vor. Mir gefiel Rachmaninow sehr – er war kein Deutscher, aber das kümmerte uns nicht. Auch »Die kleine Nachtmusik« kannte ich von früher, und Mozarts Vater stammte aus Augsburg, wie ich erfuhr.

Eine Besichtigung von Neuschwanstein, ein Spaziergang in der Fuggerei, eine Aufführung der Augsburger Puppenkiste, ein Ausflug zum Starnberger See. Antonia versuchte mich mit allem, was Augsburg und seine Umgebung zu bieten hat, zu beeindrucken. Der Süden Deutschlands bezaubert zwar durch seine landschaftliche Schönheit, aber ich konnte nur selten eine der vielen Spritztouren mit Antonia genießen. Bei einem Ausflug zum Königssee saßen wir auf einer Bank, vor uns die idyllische Kulisse. Himmel, Berge und See hätten nicht besser harmonieren können. Die Schönheit der Natur zerriss mich, ich musste die Augen schließen. Ein gläubiger Muslim würde eine solche Szene mit »Masha'allah« kommentieren, »Lob sei dem Herrn«. Ich dagegen brach eine Diskussion über die abstoßende Sexualmoral und den unmäßigen Alkoholkonsum der Deutschen vom Zaun, die wie Tiere arbeiten und wie Tiere Spaß haben. »Die Regeln des Korans sollten eigentlich auch in diesem Land angewendet werden, sonst wird die Gesellschaft zerfallen«, betonte ich. Antonia versuchte mir zu erklären, dass Sexualität und Alkohol ein Teil der Freiheit seien, die sie über alles schätzt.

Dieses Wort »Freiheit« war genauso provozierend wie die idyllische Landschaft.

»Zur Hölle mit eurer Freiheit!«, sagte ich und schwieg.

Antonia wusste, dass in diesem Augenblick eine Diskussion mit mir sinnlos war. Wir fuhren, wie so oft, schweigsam nach Hause zurück.

Einmal fragte mich Antonia, ob ich das Konzentrationslager Dachau besuchen wolle.

»Was soll ich in Dachau?«

»Das ist ein Stück deutscher Geschichte, und ich dachte, es würde dich interessieren.«

Ich wollte nicht. Das KZ war mir gleichgültig. »Ihr Deutschen müsst euch an das Leiden der Juden erinnern, weil ihr es verschuldet habt. Aber was habe ich damit zu tun? Meine Familie und ich haben die Juden nicht als Opfer, sondern als Täter erlebt. Deutschland wurde nie angemessen für sein Verbrechen bestraft. Die Palästinenser und Araber haben euch die Strafe abgenommen. Warum habt ihr den Juden nicht das Staatsgebiet Bayerns als neue Heimat angeboten? Warum zahlt immer der Schwächere für das Verbrechen des Mächtigeren? Ich kämpfe mit meinen eigenen Erinnerungen, Antonia, und brauche eure nicht.«

»Ich glaube, du verstehst das nicht. Dachau ist nicht nur ein Teil der deutschen Geschichte, sondern auch ein Mahnmal, aus dem die ganze Welt etwas lernen muss«, sagte sie.

»Glaubst du, dass die Menschen tatsächlich so lernfähig sind? Hast du nicht gesehen, was in Vietnam, Ruanda, Palästina, Tschetschenien und Bosnien passiert ist? Das alles geschah nach dem Holocaust. Und eure Gedenkstätte konnte nichts daran ändern.«

Aber ein anderes Denkmal wollte ich besuchen: das Grab von Rudolf Diesel in Augsburg.

»Woher kennst du Diesel und sein Grab?«, wunderte sich Antonia, da sogar viele Augsburger davon nichts wussten.

»Ich hab mal in einer ägyptischen Zeitung gelesen, dass die Augsburger es abgelehnt hatten, für sein Begräbnis zu sorgen, weil sie annahmen, dass er Selbstmord begangen hat. Und dass einer seiner Schüler aus Japan für ihn 44 Jahre später ein Grabmal auf eigene Kosten errichten ließ.«

Ich ging zum Grab Diesels und zitierte ein paar Passagen aus dem Koran für seine Seele. Neben Mozarts Vater hat Augsburg zwei berühmte Söhne: Diesel und Brecht. Lange Zeit strafte die Stadt ihre Zöglinge mit Nichtachtung, weil sie sich wenig um ihre Heimat kümmerten. Der viel bejubelte Brecht soll über seine Vaterstadt gesagt haben: »Das Schönste an Augsburg ist der Schnellzug nach München.«

Antonias Versuche, mich aus meiner Lethargie herauszuholen, waren wenig erfolgreich. Ich wurde ohne erkennbaren Grund immer unruhiger. Sie entdeckte bald, dass der selbstbewusste, sensible Ägypter, den sie am Flughafen von Kairo getroffen hatte, nur die Fassade eines gebrochenen, zerstreuten Mannes war, der die Schwachstellen seiner Kultur lieber in sich begrub, als sie sich vor Augen zu führen. Ich idealisierte meine Religion und betete demonstrativ vor Antonia, die zwar vom Islam fasziniert war, aber eine nüchterne Distanz behielt. Zunehmend wurde ich sowohl finanziell als auch emotional von Antonia abhängig. Ich sah nur »ihr«

Deutschland und traf nur die wenigen Freunde, die sie hatte. Als Lehrerin hatte sie vormittags immer recht und nachmittags immer frei. Sie war weiterhin der »Mann« im Hause, traf alle Entscheidungen, erledigte für mich alle amtlichen Angelegenheiten. Auf den Ämtern sprachen die Sachbearbeiter nur mit ihr. Ich war der »er«. Ich fühlte mich regelrecht entmannt. Fast jeder zweifelte an der Ernsthaftigkeit unserer Ehe. Viele dachten, es handele sich lediglich um eine Scheinehe, einige sahen in mir sogar nur den bezahlten Liebhaber. Und schließlich fingen auch Antonia und ich an, den Sinn unserer Ehe infrage zu stellen. Hatte ich dafür Ägypten verlassen? Um von einer Abhängigkeit in die nächste zu geraten?

Deutsche Sprache, schwere Sprache

Ich belegte gleich zwei Kurse, um Deutsch zu lernen, an einer privaten Schule in Augsburg und an der Universität in München. Das erlaubte mir, eine deutsche Großstadt kennenzulernen. Ich konnte Brecht verstehen, München war lebendiger und einladender als Augsburg. Dort lief ich alleine auf der Straße und ging zur Universität, alles ohne Antonias Hilfe. Ich lernte Deutsch und schloss auch meine ersten Freundschaften. Viele Ausländer lebten in der Stadt, und im Gegensatz zu Augsburg sprachen die meisten Deutschen Englisch. Ich war sehr glücklich, als mich eine italienische Studentin zu einem Spaziergang im Englischen Garten einlud. Ich lief neben ihr im Garten und stellte mir vor, ich wäre noch 17 und sie wäre meine Freundin. Dann würde ich ihre

Hand halten und ihr sagen, wie wunderschön ihre Augen seien. Bevor ich meine Gedanken weiterziehen ließ und mir den ersten Kuss vorstellte, sprach sie unvermittelt von ihrem Freund, den sie über alles liebte. Aus der Traum. Doch wenn sie einen Freund hatte, wie konnte sie einfach mit mir spazieren gehen? Warum ging ein gläubiger Muslim, der verheiratet war, mit einem hübschen Mädchen spazieren und ließ seiner Phantasie freien Lauf?

Dennoch waren die Tage, die ich in München verbrachte, mein wirkliches Leben. Mir machte es Spaß, Deutsch zu lernen. Ich konnte es kaum erwarten, Rilke und Goethe auf Deutsch zu lesen. Ich übersprang zwei Levels im Deutschkurs und bestand nach vier Monaten den Eignungstest für das Studium. Die Struktur des deutschen Satzes und das Prinzip der Wortbildung zeigten mir, dass es sehr schwer sein würde, das Gedankengebäude dieses Landes zu durchblicken. Selbst-Über-Windung, Ver-Antwortung, Ent-Scheidung, Bier-Garten, Wahr-Haftig-Keit, Beziehungs-Arbeit sind Beispiele für Wörter, die mich faszinierten und mir nur eine Ahnung davon gaben, warum die Deutschen großartige Philosophen waren. Natürlich waren das nicht gerade die Wörter, die ich im Sprachkurs lernte, aber bald kamen sie mir entgegen und beschäftigten mich zusehends. Es mussten diese Wörter und die melancholische Abgeschiedenheit der Berge sein, die Nietzsche, Heidegger und Husserl zu ihren großen Gedanken über Zeit, Dasein und Wahrheit gebracht hatten.

Diese bedrückende Ernsthaftigkeit musste Satiriker wie Loriot und sympathische Anarchisten wie den Pumuckl hervorbringen. Ich hatte die Hoffnung fast aufgegeben, dass die Deutschen mich irgendwann zum Lachen bringen würden, bis ich die beiden im Fernsehen sah. Ich lachte aus vollem

Herzen, als ich sah, wie Loriot die Ernsthaftigkeit der Deutschen belächelte und wie der rothaarige Pumuckl sie mit seinem Chaos dekonstruierte. Mir gefielen auch Harald Schmidt und später sogar Stefan Raab, weil sie sich über Deutschland lustig machten.

Obwohl ich lieber in München studiert hätte, schrieb ich mich in Augsburg ein, um Fahrtkosten zu sparen. Ich hatte bislang keinen Job und wollte Antonia nicht überfordern. Das Gebäude der Universität Augsburg war eine betonierte Bausünde der siebziger Jahre. Aber der Teich hinter dem Campus war idyllisch. Die Lehrangebote waren mager und das Bildungssystem zu kompliziert, um von einem Ausländer verstanden zu werden. Es gab keinen Stundenplan, wie ich es aus Ägypten gewohnt war, und so musste ich meine Vorlesungen und Seminare selbst wählen.

Diese verfluchte Freiheit. Zum Glück war der Studienberater der Universität ein Freund von Antonia. Außerdem war er Araber. Ein unglaublich sympathischer Mensch namens Durgham. Er war der Einzige an der Uni, an dessen Tür kein Schild mit der Aufschrift »Bitte nicht stören« hing. Durgham schrieb stattdessen »Herzlich willkommen«. Er war mein Trauzeuge und half mir, den Vorlesungsdschungel ein wenig zu durchblicken; er gab mir Tipps, wo ich arabische Studenten treffen konnte. Ich sagte ihm, dass ich keine Araber kennenlernen wolle.

Durgham war 60 Jahre alt und lebte seit 35 Jahren in Deutschland. Er sprach und dachte wie ein Deutscher und war dennoch gläubiger Muslim. Eine seltene Kombination, denn die Einwanderung führt viele Muslime in die totale Assimilierung oder den totalen Rückzug in die traditionellen Strukturen. Ich erfuhr von ihm, dass er erst vor wenigen Jahren zum Glauben zurückgefunden hatte. Der Körper wird schwächer, der Tod kommt näher, also flirtet man wieder mit Gott und wird gläubig.

Dazu kam, dass seine Bemühungen, sich einzufügen, kaum von Deutschen anerkannt wurden. Auch nach 35 Jahren sah man in ihm nur den Ausländer. »Man wird nicht Deutscher, sondern man ist als solcher geboren«, sagte er ironisch. Aber im Gegensatz zu den meisten Konvertiten, die in der Regel fanatisch und kompromisslos in ihrer Religiosität wurden, war Durgham ein rationaler und liberaler Mensch. Deshalb wurde er oft von muslimischen Emigranten als ungläubig abgetan, und so suchte er, wie ich, kaum Kontakt zu Arabern. »Die Deutschen sehen mich nicht als einen von ihnen und die Muslime auch nicht. Wie schön, dass ich wenigstens eine Familie habe«, sagte er.

Durgham und seine deutsche Frau Anna besuchten uns oft am Wochenende. Sie war eine liebevolle Frau, künstlerisch begabt und sehr spirituell. Dem Anschein nach war es eine perfekte Familie, aber mich machte die Art, wie Durgham Anna vor uns küsste und verwöhnte, skeptisch. Es sah unecht aus. Ich sagte Antonia, dass diese Beziehung inszeniert sei. Sie warf mir vor, meine Unzufriedenheit auf andere zu projizieren. Drei Monate später reichte Anna die Scheidung ein, weil Durgham sie jahrelang mit einer Studentin betrogen hatte. Die Beziehung zerbrach und unsere Freundschaft auch. »Ein arabischer Mann plus eine germanische Frau ist die Hölle«, war Durghams Fazit seiner Ehe.

Ich ging im Anzug zur Universität und war überrascht, dass die meisten Studenten in Jeans herumliefen. Auch Studentinnen erschienen meist ungeschminkt und in legerer Kleidung. Sogar mein Professor kam im Sommer in Shorts auf einem Fahrrad zur Uni. Ich war schockiert. Für mich passte die äußere Erscheinung meiner Kommilitonen und Professoren nicht zu dem Bild, das ich mir von deutschen Universitäten und dem akademischen Geist dort gemacht hatte. Nicht wenige Studenten nutzten die Universität als Flucht vor der schlechten Lage auf dem Arbeitsmarkt. Viele von ihnen lebten für das Wochenende und Partys. Kein Hauch der Achtundsechziger war mehr zu spüren. Aber ich wusste ja selbst nicht wirklich, was ich von der Uni wollte: bürgerliche akademische Bildung oder revolutionären Geist? Gleichwie, ich fand nichts von beidem.

Ich saß gelangweilt in den Vorlesungen. Anfangs verstand ich nichts. Meine Deutschkenntnisse reichten nicht aus, um dem flotten Vortrag zu folgen. Alle Professoren sprachen schnell und benutzten einen Fachjargon, obwohl viele ausländische Studierende im Hörsaal saßen. Auch ein Student aus Algerien namens Sami. Er hatte eine ähnliche Geschichte wie Durgham, obwohl er erst Ende zwanzig war. Er hatte ein hedonistisches Leben geführt und mit Religion nichts am Hut, bis seine deutsche Freundin ihn verließ und das Studium schlecht lief. Das machte ihn zu einem strenggläubigen Muslim, der schließlich nur noch Hass und Verachtung für Deutschland empfand. Ein weiterer Deutschlandhasser war der ägyptische Student Taher. Er war DAAD-Stipendiat, um seine Doktorarbeit über Goethes Verbindung zum Islam zu schreiben. Taher nutzte jede Gelegenheit, um seine Verachtung gegenüber Deutschland zu zeigen – jedoch nur vor Ausländern. Deutschen gegenüber gab er sich liberal und hielt emotionale Plädoyers für das Zusammenleben der Kulturen.

Einmal ging ich mit ihm die Straße entlang, plötzlich schrie er: »Schau mal!« Es war eine Frau, die sich oben ohne in ihrem Garten sonnte. Ich erfreute mich an dem schönen Anblick, Taher hingegen war entsetzt: »Dieses Volk hat Schnee wirklich verdient! Wäre es immer Sommer hier, wären die Deutschen immer nackt«, sagte er. »Und schau, ihr Mann sitzt daneben und hat kein Problem damit, dass fremde Männer die Brüste seiner Frau angucken. Diese Leute essen zu viel Schwein!«

»Was hat das Schwein damit zu tun?«, fragte ich.

»Das Schwein ist das einzige Tier, das nicht eifersüchtig wird, wenn sein Weibchen von einem anderen Schwein bestiegen wird. Und weil die Deutschen so viel Schwein essen, benehmen sie sich selbst wie welche.«

Die Haltung von Taher und Sami war typisch für viele Araber und Einwanderer aus der islamischen Welt. Man traf immer die gleichen Leute, schimpfte über Deutschland und verschaffte seinem Frust Luft. Gegenseitig befeuerten wir unsere Vorurteile. Taher ließ aber keine Gelegenheit aus, von Deutschland zu profitieren: Stipendien, Zuschüsse für neue Bücher. Er gab sogar vor, am Christentum interessiert zu sein und dass ihm Nächstenliebe über alles ginge, nur um an einer Pilgerfahrt nach Chartres und Paris mit der katholischen Studentengemeinde zu fahren. Vorwerfen konnte ich es ihm nicht, weil ich das Gleiche tat.

Kaum zu glauben, dass es Ende des zwanzigsten Jahrhunderts Studenten gab, die harte Erbsen in ihre Schuhe taten, damit der lange Gang zu Notre-Dame de Chartres noch qualvoller werde. Taher und ich nahmen den Zug.

Die arabische Literatur ist voll von faszinierenden Berichten über Paris, die Stadt der Liebe und Lichter, die Stadt der Engel und Dämonen. Eine Stadt, die jeden Schriftsteller aus dem Orient fasziniert, in der er eine Begegnung mit einer Europäerin hat, die ihn intellektuell überfordert und er sie sexuell. Aber Paris schien nicht mehr die Stadt zu sein, die sie einmal war. Oder haben uns unsere Literaten belogen und Geschichten über eine Stadt erdacht, die nie existiert hat? Oder lag es daran, dass der Papst gerade zu Besuch war? Die Stadt war schmutzig und von Pilgern überlaufen. Alle Mülleimer in den Straßen waren aus Angst vor Terroranschlägen algerischer Extremisten versiegelt. Versiegelt schien mir die ganze Stadt. Ich konnte Notre-Dame de Paris nicht betreten, da die Schlange schier unendlich war. Dafür betrat ich Notre-Dame de Chartres und feierte eine Messe mit den frommen Katholiken. Franzosen wissen, wie man in der Kirche feiert und singt. Ich sang mit Ihnen »Jésus est le chemin!«, Jesus ist der Weg! Taher saß neben mir und sagte, ich solle aufhören, ketzerische Sachen zu singen. Ich erwiderte, dass er ein Idiot sei, und beendete nach unserer Rückkehr die Freundschaft.

Sohn der Kreuzritter I

Mein einziger deutscher Studienfreund war Benjamin. Er studierte wie ich Politikwissenschaft und war sehr am Orient interessiert. Aber Benjamin war kein typischer deutscher Student. Obwohl er gut aussah, war er kein Partymensch. Er heiratete seine erste Freundin und hatte mit ihr ein Kind. Ich mochte ihn, aber seine Neugier am Islam war, ehrlich gesagt, nervtötend. Er wollte alles analysieren und erwartete von mir, Islamexperte zu sein. Die Art, wie er alles hinterfragte, war inspirierend und zugleich irritierend. Er sprach den Namen »Mohammed« ohne den Titel »Prophet« und den nachfolgenden Satz »Der Friede sei mit ihm« aus. Zum ersten Mal redete in meiner Gegenwart jemand über Mohammed als

Mensch und kritisierte sein Verhalten und seine Gedanken. In Ägypten hatten wir darüber gestritten, wie der Prophet wohl heute leben würde, aber nie darüber, ob er überhaupt ein Prophet gewesen war. Zweifel an meinem Glauben hatte ich auch schon in Ägypten, aber ich wollte nicht zulassen, dass andere diese Zweifel verstärken. Wie konnte ich andere über meinen Glauben belehren, wenn mir selbst so vieles unklar war?

Wie Benjamin über den Propheten sprach, ärgerte mich. Einmal nannte er ihn wegen seiner vielen Ehen einen Womanizer. »Wie kann ein Prophet ein neunjähriges Mädchen heiraten?«, fragte er. Meine Sprachlosigkeit schockierte mich so sehr, dass ich ihm beinahe die Freundschaft kündigte. Er entschuldigte sich und lud mich zu sich nach Hause ein. Ich wünschte, er hätte es nicht getan.

Am Abend bevor ich Benjamin besuchte, saß ich alleine im Wohnzimmer und sah die »Tagesschau« an. Eine Nachricht erfüllte mich mit Angst und Trauer: Die Leiche eines kleinen Kindes wurde an einem Waldrand gefunden. Ein Wiederholungstäter hatte das Kind vergewaltigt, ermordet und die Leiche vergraben. Auch hier blickte man also in menschliche Abgründe, und das trotz sexueller Freiheit und käuflicher Liebe. Ich zitterte die ganze Nacht, und Antonia wunderte sich, was los sei.

Am nächsten Tag besuchte ich Benjamin. Er war der erste Deutsche, der mich zu sich nach Hause einlud. Er stellte mir seine Frau und seinen vierjährigen Sohn Leonard vor. Leonard hatte ein Kreuzritterkostüm an und trug ein Holzschwert. Kreuzritter waren seine Leidenschaft. Benjamin und seine Frau waren in der Küche beschäftigt, und Leonard spielte mit mir Heiliger Krieg. Benjamin war sehr erstaunt, dass sein Sohn, der sonst Gästen gegenüber schüchtern war, so fröhlich mit mir spielte. Leonard stach mich mit seinem Schwert in den Bauch. Daraufhin fing ich an, ihn zu kitzeln. »Du Sohn der Kreuzritter!«, neckte ich ihn und kitzelte ihn weiter. Er lachte, und seine Augen leuchteten voller Unschuld und Lebensfreude. Ich blickte zur Küchentür und stürzte mich plötzlich auf Leonard und küsste ihn heftig auf die Lippen. Er begriff nicht, was ich tat, und lachte nur lauter. Danach stellte ich ihn auf meinen Schoß und kitzelte ihn weiter. Das Ehepaar kam kurz danach und bat mich zu Tisch. Benjamins Frau sah Leonard mit wenig Begeisterung auf dem Schoß eines Fremden sitzen. Ich konnte aber unmöglich aufstehen oder Leonard vom Schoß nehmen, da ich zu erregt war.

»Ich habe noch keinen Hunger«, sagte ich, um ein wenig Zeit zu gewinnen. Irgendwie schaffte ich, dass sie nichts bemerkten. Ich verstand nicht, was geschehen war, und rang um Fassung. Trotzdem zwang ich mich zu essen, musste aber, sobald ich das Haus verlassen hatte, alles erbrechen. Ich war wie benommen. Nun begriff ich, warum ich am Tag davor gezittert hatte, als ich die Nachrichten sah.

Ich kam nach Hause und lotste Antonia wortlos ins Schlafzimmer. Doch es ging nicht. Als ich mich auf sie legte, schüttelte es mich plötzlich. Ich ließ sie im Bett zurück, ging zum Wohnzimmer und schaute fern. Ich zappte durch die Fernsehkanäle und sah mir den typischen Schrott der Privatsender nach Mitternacht an. Einen armseligen Erotikfilm fand man am Samstagabend immer, und genau das war mein Ziel. Befriedigen konnte mich der Film nicht, aber masturbiert habe ich, zitternd, immer und immer wieder.

Benjamin besuchte ich nicht wieder und vermied auch alle Orte, wo ich mit einem Kind alleine sein könnte.

Davon abgesehen tat ich so, als wäre nichts passiert. Ich entdeckte meine Begeisterung für billige Pornos. Fast täglich sah ich welche an. Ich empfand diese Streifen als Segen. Ich erinnerte mich an meine ersten Studientage in Kairo, als mir ein Zeitungsverkäufer auf der Straße eine Sexillustrierte anbot. Er fragte leise und zögerlich, als wollte er Drogen verkaufen. Ganze zwanzig Pfund habe ich damals dafür ausgeben müssen. Der Verkäufer, der die Illustrierte in normales Zeitungspapier gewickelt hatte, ermahnte mich, das Magazin erst zu Hause zu öffnen, sonst würden wir beide womöglich von der Sittenpolizei verhaftet. Ich konnte es kaum erwarten, zum ersten Mal in meinem Leben die Bilder nackter Frauen zu sehen, ging zu einem Café und öffnete vorsichtig die Packung. Zu meiner Enttäuschung war kein Pornoheft drin, sondern die konservativste Zeitung Kairos.

Unterhaltsam fand ich auch die Sex-Hotline-Werbungen, besonders wenn eine alte Frau versuchte, sexy zu klingen, und wenn Osteuropäerinnen namens Eva mich um Rückruf baten. Ich konnte Eva leider nicht anrufen, sonst hätte Antonia das bei der nächsten Telefonabrechnung bemerkt. Auch ging ich gelegentlich zum Baggersee und beobachtete die Mädchen, die oben ohne in der Sonne lagen. Dieses Land hat keinen Schnee verdient, aber ich verdiente mehr sexuelle Freiheit. Warum konnte ich nicht einfach ein ungebundener Siebzehnjähriger sein, der nichts über die islamische Sexualmoral weiß? Dann hätte ich eines dieser Mädchen mit nach Hause nehmen und ihr die Geheimnisse der alten Pharaonen verraten können.

Die große Freiheit in Deutschland hatte ich mir jedenfalls anders vorgestellt. Aber immerhin lernte ich in den ersten Monaten in Deutschland Schwimmen und Radfahren.

Ich fing an, mal über Muslime und mal über die Deutschen zu schimpfen. Jede Diskussion mit Benjamin nutzte ich, um aufzuzählen, was mir in Deutschland nicht passte. Zum Beispiel, dass die Deutschen ständig meckern: über die Politik, die Rente, das Wetter und so weiter. Aber wenn ein Kellner sie fragt, wie ihnen das Essen geschmeckt hat, antworten alle: »Hervorragend!«, auch wenn es ganz offensichtlich nicht der Fall gewesen ist. Vor meiner Ankunft aus Ägypten hatte ich geglaubt, in Deutschland sei nach dem Mauerfall etwas in Bewegung geraten. Aber ich bin nur auf Stillstand gestoßen.

Denker und Philosophen habe ich keine getroffen. Um mich herum waren meist spießige Kleinbürger. Niemand schien sich dafür zu interessieren, ob Gott nun tot ist oder nicht. Die Zeit der großen und tiefen Gedanken schien vorbei. Die klügsten Köpfe Deutschlands befassten sich nicht mit dem Sinn, sondern mit den Kosten des Lebens. »Ist die Rente sicher?« und »Sterben die Deutschen bald aus?« schienen die wichtigsten Fragen zu sein. Wie die Ägypter in ihrer Tradition verhaftet waren, schienen die Deutschen im kapitalistischen System gefangen zu sein. Von Freiheit war nur im Zusammenhang mit Sexualität oder Konsum die Rede. Freiheit schien die Möglichkeit der Wahl zwischen Cola und Cola Light zu sein.

Die Gesellschaft übte einen ungeheuren Zwang auf die Bürger aus: Kein Zwang der Gebote, sondern der Angebote. Und so habe ich wirklich freie Menschen im Land von Nietzsche nur selten getroffen. Die meisten sind gleichgültige Gestalten, die erschreckend wenig über die Welt wissen, obwohl die Deutschen Weltmeister im Reisen sind. Gleichgültigkeit schien sich krebsartig in der satten Gesellschaft breitgemacht zu haben. Und die »Gutmenschen«, die sich den Luxus eines »gesellschaftlichen« Engagements leisten konnten, trauten sich zu viel zu. Nachdem sie zwei Weltkriege ausgelöst und fast sechs Millionen Juden ermordet hatten, entdeckten die Deutschen ihre Leidenschaft für den Umweltschutz, wollten den Regenwald retten und für die Menschenrechte in der Dritten Welt und in China eintreten.

Aber all das schien nur ein Nebenprodukt ihrer Konsummentalität zu sein. Sie zeigen mit dem Finger auf Menschenrechtssünder in aller Welt und erwarten, dass diese, weil den Deutschen danach ist, ihre Standards übernehmen. Deutsche spenden gerne für arme Kinder in aller Welt, trotzdem schotten sie ihre Märkte vor afrikanischen Agrarprodukten ab, um den Wohlstand der deutschen Bauern zu sichern. Sie demonstrieren gegen Krieg, reichen sich die Hände zu Lichterketten für den Frieden und beliefern die Welt nach wie vor mit Waffen, man beruhigt sein Gewissen mit einer sinnlosen Bedingung: Waffen werden nicht in Krisen- und Konfliktzeiten geliefert. Jeder Idiot kann erkennen, dass Waffen, die in Friedenszeiten verkauft, bald in Konflikten eingesetzt werden.

Wenn die Konflikte und Kriege ausbrechen, schauen die Deutschen fern und wundern sich über die verrückte Welt, in der sich unzivilisierte Völker gegenseitig umbringen und Massen von Flüchtlingen auf der Flucht ertrinken und erfrieren. Diktatoren in der ganzen Welt werden vom Westen unterstützt und aufgerüstet, um das eigene Volk zu unterdrücken, und dennoch macht der Westen diesen Ländern Vorwürfe, zu wenig für eine Demokratisierung zu unternehmen. Was die Deutschen nicht sehen: dass in diesen Ländern weder die gleichen wirtschaftlichen noch gesellschaftlichen Bedingungen herrschen wie zu Hause. Sie vergessen die Bedürfnispyramide der Menschen anderswo und betrachten Deutschland, diese Insel der Glückseligen, als das Maß aller

Dinge. Die Dokumentationen, die ich im Fernsehen gesehen habe, wenn ich gerade keine Pornos guckte, zeigten entweder die Verbrechen der Nazizeit oder das Elend der Dritten Welt. Es schien, als sollte eine Kultur des schlechten Gewissens mit öffentlichen Mitteln gefördert werden. Vielleicht war das ein Ausgleich für die Saturiertheit, oder vielleicht fehlt es den Menschen in ihrem langweiligen Leben an den großen Dramen. Oder schauen die Deutschen so gern auf die Armut und das Elend in unseren Ländern, damit sie beim Biertrinken mit umso größerer Berechtigung sagen können: »Uns geht es doch gut hier«?

Tatsächlich war das Gras nur vom anderen Ufer aus grüner. Aus der Ferne hatte ich ein stark idealisiertes Deutschland gesehen, das in Wirklichkeit so nicht existierte. Ich erinnere mich, dass unser Lehrer in der Klasse 4a erzählte, dass Klasse 4b viel besser sei als unsere. Er ermahnte uns, größere Anstrengungen zu unternehmen, um ihr Niveau zu erreichen. Ich träumte immer von Klasse 4b und wollte mein Wissen an ihrem messen. Einmal war der Lehrer der Klasse 4b krank und beide Klassen wurden zusammengelegt. Und da kam die Ernüchterung: Sie waren genauso doof und faul wie wir. Und auch die Deutschen entpuppten sich als genau solche Menschen wie wir, die nur mit Wasser kochen und das meist nicht besonders geschmackvoll.

Benjamin hörte meinem Wüten fast immer geduldig zu, um mir dann eine Frage zu stellen, die ich nicht beantworten konnte. »Hat dich jemand gezwungen, hierherzukommen? Warum gehst du nicht nach Ägypten zurück, wenn Deutschland so furchtbar ist?« Ich fing an, ihm aus dem Weg zu gehen.

Monate vergingen, und das Gefühl der Entfremdung wurde immer stärker, obwohl ich keine nennenswerten Erfahrungen mit Diskriminierung machen musste. Nur ein einziges Mal wurde ich von einem Deutschen beschimpft. Es war spät in der Nacht in der U-Bahn in München. Ein betrunkener Fan des Fußballvereins 1860 München näherte sich mir und brüllte:

»Was machst du hier, Scheißausländer?«

»Ich kam nach Deutschland, weil ich ein Sechzger bin.«

»Woher kommst du denn?«

»Aus Ägypten.«

»Gibt es denn in Ägypten überhaupt Sechzger?«

»Natürlich. Es gibt dort eine große Fangemeinde. Sie sagen: Die wahren Münchener sind die Sechzger, die Bayern sind nur arrogante, gekaufte Millionäre, die mit München nichts zu tun haben.«

»Genau!«, sagte er und strahlte. Und so gelang es mir, dem betrunkenen Mann so etwas wie Sympathie abzuringen. Interessanterweise glaubte ich diese Lüge später selbst und wurde Fan der Sechzger.

In Wirklichkeit aber waren die meisten Deutschen, die mir in meinen ersten Jahren begegneten, sehr freundlich.

Die Logik der Sprache, die unterschiedlichen Weltbilder und Prioritäten im Leben sowie meine eigene Unsicherheit über meine sozialen (In-)Kompetenzen in der neuen Umgebung machten die Kommunikation mit den Deutschen zunehmend schwer. Kaum einmal wurde ich nach meinem Befinden gefragt, sondern nur, warum ich gerade Deutschland ausgesucht habe, wann ich wieder nach Hause zurückkehren würde, und warum ein Muslim vier Frauen heiraten dürfe. Ich fühlte mich oft angegriffen und zog mich zurück. Allein der

Anblick von Schweinefleisch in der Mensa machte mich wütend auf Deutschland. Ich hörte auf, klassische Musik zu hören, und regte mich sogar auf, wenn Antonia dies tat. Antonia antwortete: »Und dein Korangeschreie und die arabische Musik kann ich auch nicht mehr hören. Das nervt langsam.«

Da die Assimilierung oder gar Integration in die deutsche Gesellschaft nicht erfolgreich verlief, zog ich die nächstliegende Karte im Identitätspoker: die Verherrlichung der eigenen Kultur und die Herabsetzung der Kultur der anderen. »Bei uns ist es wärmer, die Menschen sind freundlicher und glücklicher, und das Essen ist besser.« Meine Neugierde und mein Enthusiasmus verflüchtigten sich zusehends, stattdessen beschränkte sich mein Leben in Deutschland schon seit den ersten Monaten vor allem auf die Abwehr von vermeintlich negativen Einflüssen.

Obwohl ich mir ursprünglich vorgenommen hatte, nicht unmittelbar nach meiner Ankunft eine Moschee aufzusuchen, blieb mir keine andere Wahl. Ein türkischer Studiumskollege begleitete mich zu einer Moschee unweit des Zentrums von Augsburg, die auch einen Gemüseladen, ein Bistro und einen Friseursalon beherbergte. Ich besuchte sie jeden Freitag, hörte die Predigt auf Türkisch, verstand kein Wort, kaufte ein, und ließ mir ab und zu die Haare schneiden. Erst nach zwei Jahren erfuhr ich, dass dies eine Moschee der Milli Görüs ist, die als radikale Organisation vom Verfassungsschutz beobachtet wird. Ich merkte aber schnell, dass die Moschee und ihre Einrichtungen nur auf die Bedürfnisse der türkischen Arbeitsimmigranten zugeschnitten waren. Ich verfolgte seit Mitte der neunziger Jahre die Integrationsdebatte in Deutschland. Immer war die Rede von türkischen Gastarbeitern, die sich integrieren sollten. Vierzig Jahre lang ließen die Deutschen ihre ausländischen Arbeitskräfte ungestört in Isolation leben oder hatten sie sogar bewusst abgeschottet, und plötzlich erwachten sie und forderten die Einwanderer auf, sich zu integrieren. Nach vierzig Jahren nannte man sie immer noch Gastarbeiter, obwohl sie keine Gäste und viele von ihnen keine Arbeiter mehr waren. Gastarbeitslos hätte man viele nennen sollen. Immer war die Rede von einem Ausländerproblem, gemeint waren aber nur die Türken. Nicht die Japaner in Düsseldorf, die Dänen in Hamburg, auch nicht die italienischen Studenten und ungarischen Prostituierten waren gemeint.

Aus meiner Sicht waren die türkischen Emigranten perfekt integriert. Sie hatten die Wahl zwischen Binnenintegration in den zahlreichen türkischen Gemeinden und der Integration in die Gesamtgesellschaft; ich nicht. Mir fehlte die Identifikation mit Deutschland, Kindheitserinnerungen und Schulbildung, die eine vollkommene Entfremdung der Kinder der zweiten Generation gegenüber Deutschland verhindern und ein Mindestmaß an Zuneigung zu ihrem Geburtsland garantieren. Wie viele Studenten aus dem arabischen Raum empfand ich mich als Einzelkämpfer, ohne eine Familie im Rücken und mit geringen Chancen, mich in eine der zahlreichen, unübersichtlichen Einwanderersubkulturen zu integrieren. Meine Partnerschaft mit Antonia war in vieler Hinsicht mehr Belastung als Hilfe.

In den meisten Moscheen wurde ein aus der Türkei importierter Islam auf Türkisch gepredigt. Die wenigen Passagen, die ein türkischer Freund mir übersetzte, zeigten mir, dass das türkische Selbstverständnis und Nationalbewusstsein ein anderes ist und sich mit dem Glauben vermischt. Auch machte es mir mein Wissen um die osmanische Kolonialherrschaft in der arabischen Welt schwer, mich mit der türkischen Gemeinde zu identifizieren. Der Imam schimpfte die ganze Zeit auf die ungläubigen Deutschen und warnte die Türken davor, sich mit ihnen zu befreunden. Als er hörte, wie ich mit dem türkischen Freund auf Deutsch über Politik sprach, kam er erschrocken zu uns herüber: Keine Politik bitte!

In diesem Spagat leben die meisten muslimischen Gemeinden in Deutschland: den eigenen Anhängern eine Heilsvision über die Islamisierung Europas zu vermitteln und gleichzeitig gegenüber den deutschen Behörden den Anschein wahren, tolerant und unpolitisch zu sein. Sie nehmen teil an Dialogveranstaltungen von der Sorte »Friede, Freude, Eierkuchen« und zeigen die gleiche Doppelmoral wie der ägyptische Freund Taher. Ich fand diese Art von Veranstaltungen immer absurd. Man sagt nur, was der andere hören will, redet nur über Gemeinsamkeiten, und am Ende geht jeder mit dem gleichen Misstrauen nach Hause. Oder der Dialog wird zum Gerichtsverfahren, bei dem jede Seite die andere für alles verantwortlich macht. Aber wen interessiert es wirklich? Hauptsache die Fördergelder fließen. Ich besuchte die Gemeinde und besuchte diese Dialogveranstaltungen, um zu vermeiden, mit mir selbst in einen innerlichen Dialog zu treten. Kaum einer, ich damals auch nicht, konnte begreifen, wie schmerzhaft ein wirklicher Dialog sein würde. Ein Dialog, der bei sich selbst anfängt, in dem man sich entblößt und zuallererst mit sich selbst über Haltung, Gedächtnis und Weltbilder verhandelt, bevor man mit dem Finger auf andere zeigt.

Die meisten Türken sehen sich nicht als Verlierer der Geschichte, sondern als zukunftsträchtige Global Player. Viele junge Türken, die in Deutschland geboren sind, gehen in die

Türkei, weil sie sich dort eine bessere Zukunft erhoffen. Arabische Studenten kehren dagegen nach dem Studium nur im Ausnahmefall nach Hause zurück. Viele von ihnen tauchen unter oder suchen sich eine heiratswillige Deutsche, die ihnen einen stabilen Aufenthaltsstatus sichert. Darüber hinaus haben die Türken schon Erfahrungen mit der Säkularisierung im eigenen Land gemacht und werden damit nicht erst in Deutschland konfrontiert. Die meisten türkischen religiösen Vereine und Gemeindezentren predigen eine Theologie in Deutschland, die Islam und Vaterlandsliebe vereinbart. Dagegen gibt es kaum eine offizielle arabische religiöse Institution, die ihre Ideologie nach Europa exportiert. Die meisten arabischen Regierungen werden von der Mehrheit der Muslime als korrupte und unislamische Regime angesehen, die die religiösen Institutionen nur nutzen, um ihre Macht zu festigen. Viele arabische Emigranten fühlen sich deshalb von inoffiziellen Ideologien, wie derjenigen der Muslimbruderschaft, angezogen.

Auch wird die Konfrontation junger Türken mit der deutschen Gesellschaft selten der Anlass für einen Kulturschock sein, verfügen sie doch über mehrere Rückzugsräume, sowohl von den eigenen Familien als auch von der deutschen Gesellschaft. Egal, ob sie religiös oder areligiös sind, sie sind nie allein. Es gibt immer Gleichgesinnte, sei es im konservativen oder im liberalen Lager. Aber eines haben Türken und Araber in Deutschland gemein: Sie beschweren sich leidenschaftlich und fortwährend über ihre Diskriminierung, obwohl es meist gar nicht um Diskriminierung geht. Es handelt sich vielleicht um Gleichgültigkeit, Nichtbeachtung oder höchstens Kränkung, aber Diskriminierung ist eigentlich etwas anderes. Aber der Vorwurf der Diskriminierung dient oft als Ausrede für das Ausbleiben des eigenen Erfolgs.

Auch ich drehte es oft so, wie es mir gerade passte. War ich mit meinen Leistungen und mit mir selbst unzufrieden, hielt ich die Deutschen für schreckliche Rassisten. In guten Zeiten waren sie harmlose Friedenstauben. Das Gleiche geschieht vermutlich andersherum bei den Deutschen auch. Nach dem Zusammenbruch des Kommunismus bot sich der Islam als Feindbild an. Der Westen benutzte die Muslime nun, um die Konturen der eigenen Identität zu schärfen. Wenn man nicht genau weiß, wer man ist, dann will man zumindest sicherstellen, wer man nicht ist. Nach den Sowjets waren die Muslime als das personifizierte Böse an der Reihe. Plötzlich fingen die Menschen im Westen an, in den Muslimen all das zu sehen, was sie selbst einmal waren; das, was sie nie mehr sein wollten: Fanatiker, die sich bis aufs Blut in Religionskriegen niedermetzeln. Inquisition, Kreuzzüge, die Türken vor Wien – die Angst vor der eigenen Geschichte wird auf Muslime projiziert.

Viele verkennen dabei, wer Muslime wirklich sind. Sie sehen Muslime gerne als eine einzige Masse und übersehen die Vielfalt der Kulturen und Strömungen zwischen Marokko und Indonesien, die im Islam zu Hause sind. Früher fürchtete man auch nur »den Russen«, der vor der Tür stand. Keiner konnte sich vorstellen, dass einige Völker wie die Letten, die man früher den »Russen« zugeschlagen hatte, irgendwann Mitglieder der EU würden. Aber auch Muslime verallgemeinern. Sie sehen im Westen nur den Kreuzfahrer und Kolonialherrn, den sie für ihre Misere verantwortlich machen. Der Blick in die Vergangenheit lähmt beide Seiten, beeinflusst ihr Verhalten in der Gegenwart und erfüllt sie mit Angst vor der Zukunft.

Das Fehlen einer Gemeinschaft, mit der ich mich identifizieren konnte und die meiner Religiosität mit Respekt und Anerkennung begegnete, schränkte allmählich meine Moscheebesuche ein und verringerte auch das Maß meiner Religiosität. Meine Gebete verrichtete ich nun allein. Ich versuchte, mich zumindest finanziell von Antonia unabhängig zu machen, indem ich einen Job annahm.

Ich verdiente meinen Lebensunterhalt damit, den Deutschen ihre besten Stücke einzuseifen: als Autowäscher in einer Waschstraße. Es war der einzige Job, der mir wirklich Spaß machte. Ich liebte es, den Dreck von den Wagen abzuwaschen. Ich verspürte dabei etwas Mythologisches. Vielleicht war es mein Wunsch nach Selbstreinigung. Doch bei einigen Kunden platzte mir der Kragen. So kam einmal ein aufgeblasener Typ mit seinem frisch gewaschenen Mercedes zurück, den er besser pflegte als sich selbst, und reklamierte, dass die Felgen nicht sauber geworden seien. Ich seifte sie noch einmal ein und schrubbte, aber er war noch immer nicht zufrieden. Ich war mit meiner Geduld am Ende und brüllte ihn an: »Wenn du mit deinem Scheißwagen nicht sofort verschwindest, hole ich einen Hammer und schlage dir das Scheißding zu Schrott!« Der Mann verschwand reichlich verdattert. Ich spürte, dass sich in mir eine starke Abneigung gegen dieses Land angestaut hatte. Der Eisberg meiner Aggression zeigte seine Spitze.

Besonders die Weihnachts- und Karnevalszeit ärgerte mich. Jedes Jahr beobachtete ich, wie Freude, Besinnung und Familienleben inszeniert werden, wenngleich es nur um Konsum und Spaß geht. Jedes Jahr zur Bescherung musste ich mit Antonia und ihren beiden Kindern vor dem Weihnachtsbaum sitzen und so tun, als wäre ich überrascht, wenn ich die Pullover und Socken auspackte, die Antonia für mich gekauft hatte. Genauso musste ich sehen, wie enttäuscht die Kinder von unseren Geschenken waren. Felix fragte mich sogar nach dem Kassenbon, damit er nach den Feiertagen umtauschen konnte. Ich war beleidigt, aber Antonia erklärte mir, dass das in Deutschland üblich sei.

Für diese Menschen musste man den Karneval erfinden. Menschen, die sonst zum Lachen in den Keller gehen, maskieren sich und sind auf einmal fröhlich und ausgelassen. Der Karneval zeigt, wie unbeholfen, einsam und steif viele Deutsche eigentlich sind. Jedes Jahr zur Karnevalszeit erinnerte ich mich an die Trauerfeier meiner Großmutter. Damals hatte meine Familie ein bezahltes Klageweib engagiert. Ihre Aufgabe war es, bei der Zeremonie durch ihr Wehklagen und Schreien eine Trauerstimmung zu erzeugen. Sie zählte weinend und anrührend die Vorzüge meiner Großmutter auf, so dass die meisten Gäste in Tränen ausbrachen. So wie die Deutschen zur Heiterkeit, so müssen die Ägypter zur Trauer animiert werden. Die Deutschen brauchen den Narren und wir das Klageweib!

Ich schrieb meiner Mutter einen Brief.

»Mutter, deine Angst war unbegründet. Ich habe meine Seele in Deutschland nicht verkauft! Gerne hätte ich sie verkauft, aber niemand hier interessiert sich für meine Seele. Niemand hat Zeit. Keine Angst, Mutter, vergiss die Bilder, die du im Fernsehen siehst. Die deutschen Jungs, die in den Straßen marschieren und ihre rechten Hände strecken, sind keine Nazis. Sie rufen nicht ›Heil!‹, sondern ›Helau!‹. Ja, genau, es ist nämlich Karneval. Ich sage es dir, Mutter, die Deutschen sind so lustig. Aber sie haben Angst zu lachen, deshalb tragen sie immer diese Masken, damit es aussieht, als würde ein anderer lachen. Aber auch ich habe Angst, ich habe Angst zu weinen, Mutter. Auch ich habe tausend Masken. Und niemand hier kann mir meine Masken abnehmen. Deutschland ist genauso wie Ägypten: eine Bauchtänzerin, die mit ihren Besuchern flirtet, aber ihnen niemals gibt, was sie wünschen. Die Menschen hier sind genauso freundlich, genauso schrecklich und genauso lernunfähig wie wir. Ich will dir etwas sagen, was ich dir nie gesagt habe. Etwas, was du nicht verstehen wirst: mir ist kalt und du fehlst mir!«

Diesen Brief habe ich nicht abgeschickt.

Welcome to the Jungle

Antonia war gerade damit beschäftigt, ihre Beziehungen zu ihren heranwachsenden Kindern zu verbessern. Wir lebten immer noch in einer gemeinsamen Wohnung, und doch war jeder in seiner eigenen Welt. Im Bett lief nach wie vor nichts, aber ich wollte die verbotenen Früchte des Abendlandes kosten. Allerdings hatte ich in Deutschland nur selten wirklich attraktive Frauen gesehen, die ihre Weiblichkeit lustvoll zur Schau trugen. Die Illusionen der Gleichberechtigung schienen die Männer zu entmannen und die Frauen zu entweiblichen, dachte ich damals. Und ich vermied, Kommilitoninnen näher kennenzulernen, denn ich wollte nicht gefragt werden, wie ich lebe.

Als Ausgleich zum stabilen Leben suchte Antonia ab und an nach einem Abenteuer. Als sie auf einer Selbstfindungsreise in Indien war, beschloss ich, das Augsburger Nachtleben zu erkunden. In der Nähe des Zentrums gab es eine Diskothek, in der am Wochenende viele Studenten herumhingen.

Mit geputzten Zähnen und ausgewaschenem Bauchnabel zog ich mich schick an und ging voller Hoffnung in die Stadt. In der Diskothek hingen Rauch, Schweiß und billige Düfte in der Luft, es wurde eine monoton stampfende Musik gespielt. Ich bestellte ein Glas Rotwein, das ich aus religiösen Gründen nicht zu trinken beabsichtigte. Ich erinnerte mich an ein Gedicht des persischen Mystikers Omar Al-Khayyam, worin er schreibt, dass die Koranverse am schönsten sind, wenn sie auf ein Weinglas geschrieben sind. Was für ein Ketzer und was für ein schönes Bild! Ich beobachtete den funkelnden Wein in meinem Glas und stellte mir vor, mit einem Derwisch in einem persischen Garten zu sitzen und über Gott zu reden. Er würde zu mir sagen: »Wein ist verboten, aber auch Wein ist ein Weg, und alle Wege führen zu Allah.« Fanaa, baqaa, tawakkul – Vergänglichkeit, Ewigkeit, Vertrauen. Ich sah auf die Tanzfläche und dort junge Menschen, die sich rhythmisch nach der Musik bewegten und dabei den Kopf wie die Sufis unseres Dorfes schwenkten.

In Ägypten dauert es sehr lang, bis man eine Frau anspricht. Zunächst werden Blicke gewechselt. Das kann aber nicht nur Stunden, sondern manchmal Tage dauern. So lange, bis kein Zweifel mehr besteht, dass das Mädchen Interesse hat – ein schüchternes Lächeln oder wenn sie sich auf die Unterlippe beißt. Einer Frau in Ägypten solche Signale zu entlocken, gilt für den Mann schon als eine große Eroberung. Aber selbst danach kann der Mann die Frau nur selten direkt ansprechen. Mann muss zunächst einen Zugang zu ihrer besten Freundin finden und ihr andeuten, dass man ihre Freundin hübsch finde. Die beste Freundin muss aber mindestens genauso schön sein wie die Angebetete, und sie muss dazu noch vergeben sein, damit es zu keinen Eifersüchteleien kommt. Ist die beste Freundin aber vergeben, geht sie nie ohne ihren Mann oder Verlobten aus. In den wenigen Diskos, die es zu meiner Zeit in Kairo gab, sah ich selten ein Mädchen alleine auf der Tanzfläche. Immer war der Verlobte, der Bruder oder sogar der Vater in Reichweite.

Betuchte ägyptische Familien, die mit Religion wenig am Hut haben, gehen gemeinsam in die Disko. Dort gibt es ein breites Angebot an Musik: alte Schlager für die Eltern, ägyptische und westliche Popmusik für die Jugendlichen und Lieder für Kinder. Vor allem die Kinder werden von der Mutter oft beauftragt, aufzupassen, dass kein Fremdling die Tochter anspricht. Auch nichtreligiöse Ägypter sind wertkonservativ. Diskotheken sind deshalb nicht die besten Orte, jemanden kennenzulernen, Kinos, Einkaufspassagen und die Nilpromenaden schon eher. Am besten geht man mit seiner Schwester oder Cousine aus und stellt durch sie Kontakt zur Angebeteten her. Ein Ägypter muss sehr geduldig und sehr einfallsreich sein, wenn er einer Frau näherkommen möchte. Er muss lange, blumige Briefe schreiben, Zufälle erzwingen, bei denen er seine Angebetete trifft, oder sie stundenlang in den Straßen Kairos verfolgen: Verhaltensweisen, für die man in Deutschland als Stalker oder Psychopath angesehen wird. In Ägypten gelten sie jedoch als niedlich und öffnen die Tür.

Die Ägypterin ignoriert den Mann oft sehr lange und lässt ihn warten, um nicht als uninteressant zu gelten oder gar als leicht zu haben. Nur an der Universität haben Männer und Frauen einen relativ freien Zugang zueinander. Aber selbst dort muss das Kennenlernen im Rahmen der Sitten und Traditionen stattfinden. Man spricht sich höflich an, geht zusammen in die Cafeteria, macht einen Spaziergang am Nil, aber bevor es zum Händehalten kommt, muss der Mann die Familie der Frau besuchen und dort um ihre Hand anhalten. Beziehungen nach deutschem oder amerikanischem Verständnis werden in Ägypten nicht akzeptiert. Ein Paar darf nur ausgehen, wenn es verlobt ist. In vielen Familien sogar erst nach der Eheschließung. Sicher gibt es heute im Zeitalter des Internets und des Mobilfunks viele Freiräume, in denen sich junge Menschen an den starren Moralvorstellungen vorbeischleichen können. Von diesen habe ich als Jugendlicher allerdings noch nicht profitieren können.

Nach allem, was ich bislang gehört hatte, schien es in Deutschland weniger kompliziert zu sein, Frauen kennenzulernen. Ich schaute mich um. Mir fiel auf, dass die Mädchen in der Disko irgendwie alle gleich aussahen. Von wegen Freiheit und Individualität. Sie wirkten geradezu uniformiert.

Schließlich sah ich ein Mädchen, das allein am Rande der Tanzfläche ihren schönen Körper bewegte. Ich versuchte, Blicke zu tauschen, aber sie schien ins Leere zu schauen. Alle schienen irgendwie benebelt zu sein. Ich näherte mich ihr, wusste aber nicht, was man in so einer Situation sagt. Schließlich nahm ich meinen Mut zusammen und fragte sie, ob sie mit mir tanzen wolle.

»Nein, danke«, antwortete sie kühl, drehte sich um und tanzte weiter.

»Darf ich dich zu einem Drink einladen?«, versuchte ich es an der Bar bei einer anderen. Und wieder, kein Interesse.

Ich verstand es nicht. Ich dachte, ein Mädchen kommt in die Disko, um Männer kennenzulernen und sie anschließend nach Hause zu begleiten. Ich glaubte auch, bessere Chancen zu haben als ein farbloser Deutscher. Mehrere Tage lang versuchte ich mein Glück weiter, aber ohne Erfolg.

Antonias Urlaub war bald zu Ende. Eines Abends lehnte ich mit meinem Rotwein in der Hand in einer Ecke der Disko und hatte keine Lust, jemanden anzubaggern. Immer noch hatte ich nicht den Mut, den Wein auch zu trinken. Da sah mich ein hübsches Mädchen im Minirock an, das allein zu tanzen schien. Sie lächelte und verlangsamte ihren Tanz. Ich schaute mich um und wollte sichergehen, dass ihr Lächeln wirklich an mich gerichtet war. Bevor ich darüber spekulieren konnte, tänzelte sie heran und fragte: »Na, bist du allein hier?« Es schien der Standardsatz an diesem Ort zu sein. Ach so läuft das, dachte ich: Sie stehen doch auf arabische Wüstenhengste, aber sie hätten es gern, wenn der Mann schüchtern und zurückhaltend ist. Sie lieben den heißen Typ, der cool und distanziert bleibt.

»Ja, und du, bist du auch allein?«

»Ich bin immer allein.« Ihr Name war Nadine.

»Warum denn das? Sind alle Männer hier blind?«

Nadine ging auf meine Frage nicht ein. »Woher kommst du?«

»Aus Dubai«, sagte ich. Ich wusste, dass den Deutschen Dubai gefiel, und vielleicht nahm sie an, dass ich der Sohn eines Ölscheichs sein könnte. Und in der Tat, sie strahlte und bat mich, mit ihr zu tanzen.

Ich wusste nicht, wie ich mich bewegen sollte, versuchte aber, dem Rhythmus zu folgen. Ich war erregt und hatte nur eines im Sinn: »Du hast wunderschöne Augen!«

»Danke, du aber auch! Braune Augen sind ehrlich, aber in der Liebe gefährlich!«

Ich legte meine Hand auf ihre Taille, zog sie an mich und drückte sie gegen die Wand. Ich wusste, es war zu früh und möglicherweise riskant. Ich wusste wohl, dass Frauen es gern langsamer und romantischer angehen, aber ich konnte mich nicht mehr beherrschen. Außerdem stand ich unter Zeitdruck.

»Nadine, darf ich dich küssen?«

»Ja, aber nicht hier. Was hältst du davon, wenn wir zu mir fahren?« So schnell hatte ich es mir nun wirklich nicht erträumt. So leicht kann man deutsche Mädchen also rumkriegen, dachte ich. Wir verließen die Disko fluchtartig und nahmen ein Taxi zu ihrer Wohnung.

Wie es sich gehört, habe ich bezahlt, und wir gingen nach oben, allerdings nur ein einziges Stockwerk. In ihrer großen Einzimmerwohnung angekommen, verschwand Nadine für ein paar Minuten im Bad und kam noch verführerischer zurechtgemacht zurück. Sie setzte sich neben mich auf die Couch und sagte: »Aus Dubai also? Muss ganz schön heiß da unten sein!«

»Nicht heißer als du in deinem Outfit heute.« Ich schaute wie gebannt auf die Kaninchen, die aus ihrem Käfig springen wollten.

»Und verdient man gut in Dubai?«

»Es geht«, sagte ich, sah demonstrativ auf das Bett am anderen Ende des Zimmers und versuchte sie zu küssen. Doch sie lächelte nur und rutschte ein wenig zur Seite. »Wir müssen zuerst reden«, sagte sie ernst, wobei sie mich mit ihrem verführerischen Blick fixierte. »Ich weiß, ich hätte es dir früher sagen müssen, aber ich mache es nur für Geld. Was hältst du davon?«, fragte sie mit einem kindischen Lächeln. Sicher war ich enttäuscht, dass sie nicht auf mich, sondern auf meine vermeintlichen Petro-Dollars scharf war, aber ich war hierhergekommen, um mit einer Frau ins Bett zu gehen.

»Ich nehme hundert Mark und dreihundert, wenn du die ganze Nacht hierbleiben willst.«

»Jetzt muss ich dir auch etwas verraten. Ich bin kein Ölprinz aus Dubai, sondern ein Zigeunerkind aus Ägypten. Ich wasche Autos, um mein Studium zu finanzieren. Aber wenn ich hundert Mark in der Tasche hätte, dann würde ich sie dir geben, ich würde dir sogar tausend Mark geben, weil du die schönste Lügnerin bist, die ich jemals gesehen habe!« Das war gut und hat sie sogar noch mehr beeindruckt als die Lüge über Dubai. Frauen, die wir Männer für furchtbar kompliziert halten, können manchmal so einfach gestrickt sein. Vielleicht ist das der Grund, warum wir sie oft nicht verstehen: Wir halten sie für viel komplizierter, als sie tatsächlich sind. Nadine war keine professionelle Nutte. Sie machte das als Hobby, hatte keinen Zuhälter und kannte keine anderen Nutten. Sie ging in die Disko, um sich ihre Kunden auszusuchen. Sie angelte sich immer einen Mann, von dem sie dachte, er hätte entweder etwas in der Tasche oder wenigstens etwas in der Hose.

»Was trinkst du?«, fragte sie.

Ich bat sie um ein Glas Rotwein.

Sie kam mit einer Flasche und öffnete sie routiniert, nachdem ich zu meiner Schande eingestehen musste, dass ich das nicht konnte, und goss mir den Trank in ein Riesenglas. Wir unterhielten uns, und ich erfuhr, dass sie tagsüber als Friseurin arbeitete. Sie merkte, dass ich den Wein nur betrachtete, ohne ihn zu trinken.

»Warum trinkst du nicht?«

»Ich trinke keinen Alkohol.«

»Warum hast du dann nach Wein gefragt, wenn du keinen trinkst?«

»Ich liebe es, die Farbe des Weins anzusehen. Das berauscht mich genauso.«

»Woher willst du wissen, wie Wein berauscht, wenn du nie welchen getrunken hast?«

Ich hatte keine Antwort.

»Nicht einmal für mich würdest du trinken?«

»Es kommt darauf an, was du als Gegenleistung anbietest.«

Sie schlug ein Spiel vor: Ich saß auf dem Sofa, das Weinglas vor mir auf dem Tisch, und sie saß mir, ebenfalls mit einem Weinglas, auf der Bettkante in der anderen Ecke des Zimmers gegenüber. Sie sagte, dass jeder ein Kleidungsstück ausziehen und es dem anderen hinüberwerfen solle. Dann würden wir die Plätze wechseln und »unterwegs« in der Mitte des Raums jeweils einen Schluck aus dem Glas des anderen trinken, und zwar so lange, bis wir beide vollkommen nackt wären. Dann würden wir uns wieder anziehen. Immerhin sollte ich sie nackt sehen, und die Nacht war noch lang!

Also fingen wir an, begegneten uns in der Mitte des Zimmers, und ich trank zum ersten Mal in meinem Leben einen Schluck Wein. Ich habe ihn beinahe wieder ausgespuckt. So sauer? Ein paar Runden noch, bis sie die letzten Hüllen fallen lässt. Sie schien Spaß an dem Spiel zu haben, die Stimmung wurde lockerer. Bald trug sie nur noch Slip und BH. Die wenigen Schlückchen Alkohol hatten mich zwar nicht total berauscht, ließen es mir aber warm ums Herz werden. Ich war so scharf wie seit Langem nicht mehr. Sie saß nur mit einem durchsichtigen schwarzen Slip bekleidet auf dem Sofa, und ich in Unterhemd und Boxershorts auf der anderen Seite. Ich riss alles von mir und stand vollkommen nackt vor ihr. Sie schien beeindruckt. Schnell zog sie ihren Slip aus und kam mir mit dem Glas in der Hand entgegen. Ich trank ihr Glas aus und sie das meine. Als sie zum Sofa hinübergehen wollte, griff ich ihre Hand, zog sie sanft zu mir und küsste sie lange. Routiniert holte sie ein Kondom aus ihrer Handtasche. Es blieb nicht das einzige in dieser Nacht. Am Morgen ging ich nach Hause, getragen von einem seltenen Gefühl der Befreiung, vollzog die rituelle Waschung und betete ohne ein Gefühl der Schuld.

Bald danach kam Antonia aus Indien zurück. Ich freute mich, dass sie wieder da war. Sie erzählte viele amüsante Geschichten, ein schlechtes Gewissen hatte ich ihr gegenüber merkwürdigerweise nicht, denn was ich getan hatte, war nicht gegen sie gerichtet gewesen. Sie blieb wie zuvor meine einzige Bezugsperson in Deutschland, und wir hatten sehr interessante Diskussionen.

Kaum zu glauben, dass ich einmal ihr gegenüber behauptet habe, ägyptische Frauen genössen größere Rechte als deutsche, die in der hiesigen Gesellschaft in erster Linie als Lustobjekte für die Vermarktung von Waren missbraucht würden. Die »Frauenfrage« ist nicht die einzige dunkle Seite meiner Kultur, die ich in meiner ersten Zeit in Deutschland kompromisslos verteidigt habe. Das alte »System« war krebsartig in mir weitergewachsen und hatte mich fest in seinem Griff. Ich habe ihr gegenüber tatsächlich behauptet, der Islam sei die Alternative für das von Konsum und Spaß ausgelaugte Deutschland. Gleichzeitig nutzte ich jede Gelegenheit und genehmigte mir ein paar Stunden der »verbotenen Liebe«. Mal war es Nadine, die mich immer umsonst bediente, bis sie nach Hamburg zog, oder es waren Studentinnen aus Armenien, Polen, Italien, Korea, Russland und Brasilien. Emanzipierte Studentinnen aus Marokko und der Türkei waren auch in meinem Umfeld, aber ich tat mich sehr schwer, eine sexuelle Beziehung mit einer Muslimin zu haben. Am besten und unproblematischsten waren die Erasmusstudentinnen, die nur sechs Monate oder höchstens ein Jahr in Deutschland blieben. Sie veranstalteten andauernd Partys im Wohnheim und wollten nur ihren Spaß. Ich las ihnen ihre Zukunft aus der Hand oder aus dem Kaffeesatz, brachte ihnen Bauchtanz bei oder spielte mit ihnen das weinselige Stripteasespiel. Ich glaube, Antonia fing an, etwas zu ahnen, aber sie sprach mich nie direkt darauf an.

Aber das bedeutet nicht, dass alle Frauen in Deutschland leicht zu haben waren. Einmal lud mich eine deutsche Kommilitonin auf ihr Zimmer ein, um mit mir über ihre geplante Reise nach Ägypten zu reden. Ich verstand das als eine Einladung zum Geschlechtsverkehr. Als sie mir Tee servierte, versuchte ich sie zu küssen. Sie hat mich sofort hinausgeworfen.

Doppelte Entfremdung

Antonias Schweigen und das Fehlen jeglicher sozialer und moralischer Kontrolle ließen mich mehr und mehr die verbotenen Früchte kosten. Trotzdem achtete ich darauf, meine Beziehung zur Moschee nicht endgültig abzubrechen. Ich begann wieder das alte Spiel, das ich so gut aus der Zeit in Ägypten beherrschte: ständiger Seitenwechsel und Tanzen zwischen den Stühlen. Die eine Lebensweise war ein Fluchtort vor den Enttäuschungen oder Gefahren der anderen. Dies ging ungefähr zwei Jahre so, wobei der Sog der sogenannten westlichen Lebensweise zunächst stärker war. Ich fühlte mich wie ein Einrad-Tänzer, der ständig in Bewegung bleiben muss, weil er sonst stürzen würde.

Nach zwei Jahren Abwesenheit flog ich zu meiner Familie. Am Flughafen in Kairo handelte ich den Transportpreis von hundert Pfund mit einem Taxifahrer aus. Später, als er erfuhr, dass ich aus Deutschland komme, forderte er 150 Pfund. Die kleine löchrige Landstraße, die zum Dorf führte, und die umliegenden Felder schienen unverändert. Hamzawi saß wie gewöhnlich vor seinem kleinen Laden, wo er nur Zigaretten und Seife verkaufte. Doch als das Taxi weiter in mein Dorf hineinfuhr, merkte ich, dass sich einiges verändert hatte: Viele Frauen gingen nun verhüllt, es gab Satellitenanlagen, Handygeschäfte, Internetcafés und unzählige Müllhaufen an den Straßenrändern. Die letzten malerischen Ziegellehmhäuser waren aus dem Stadtbild verschwunden und durch Betonhäuser ersetzt worden. Bald verdient dieser Ort die Bezeichnung »Dorf« nicht mehr, die sich in Ägypten nicht nach der Größe oder Einwohnerzahl richtet, sondern nach der Infrastruktur. Das Taxi hielt vor unserem Haus an, ich bezahlte die vereinbarten hundert Pfund und ließ den fluchenden Fahrer zurück.

Meine Familie war enttäuscht, dass meine Frau nicht mitgekommen war.

»Alle Dorfbewohner wollen sie sehen«, sagte meine Mutter, während sie die Knoblauchzehe schälte.

»Sie hat zu tun.«

»Was macht sie so?«

»Sie ist Lehrerin.«

»Hoffentlich ist sie nicht hässlich.«

»Nein, sie ist es nicht.«

»Und wie alt ist sie?«

Ihre vielen Fragen reizten mich, und ich fühlte mich wie bei einem Verhör. Als ich es meiner Mutter sagte, unterstellte sie mir sogleich, dass ich überheblich geworden sei. Meine ältere Schwester Sabah kam ins Haus, begrüßte mich und half meiner Mutter beim Kochen.

»Hamed, wir werden meine Tochter Rabab nächste Woche beschneiden lassen. Wir haben auf dich gewartet, damit du ihr ein großes Geldgeschenk machst, in deutscher Mark natürlich, das ägyptische Pfund ist wertlos geworden.«

Die Selbstverständlichkeit, mit der meine Schwester über die Beschneidung ihrer eigenen Tochter sprach, schockierte mich. Ich bat sie, das arme Mädchen nicht verstümmeln zu lassen.

»Keiner will sie verstümmeln. Das ist nur ein kleines Stück, das weg muss, damit sie ruhiger wird.«

»Lass den Unsinn«, sagte ich.

»Alle Menschen tun das, mein Junge, das ist Tradition!«, mischte sich meine Mutter ein.

»Und wenn alle Menschen anfangen, nackt auf der Straße zu laufen, werdet ihr auch das Gleiche tun?«, erwiderte ich.

»Jetzt benimm dich bitte!«, antwortete meine Mutter verärgert.

»Ich will nicht, dass sie, wenn sie erwachsen ist, den Jungs auf der Straße hinterherläuft und mit einer Schande nach Hause kommt«, wiederholte meine Schwester die übliche naive Argumentation.

»Sabah, erinnerst du dich nicht, wie schmerzhaft dieser Akt für dich selbst war? Wieso musst du deiner Tochter das Gleiche antun?«

Sabah schwieg eine Weile und antwortete wütend: »Will jeder, der ein paar Jahre in Europa gelebt hat, uns beibringen, was richtig und was falsch ist?«

Damit war die Diskussion beendet. Jedes Mal, wenn eine Unterhaltung kontrovers zu werden drohte, ich anderer Meinung war als meine Familie, wurde nun mein Leben in Europa als schlagendes Argument angeführt, weshalb ich nicht mehr mitreden könne.

Ich verstand nicht, wie Sabah, die selbst unter dieser Verstümmelung gelitten hatte, ihrer Tochter das Gleiche antun konnte. Hatte sie vergessen, wie empfindlich dieser Teil des Körpers ist? Waren ihr die Konsequenzen nicht bekannt? Tatsächlich denke ich, dass sie es vor allem tat, um einen Sinn für ihren eigenen Schmerz von damals zu finden. Hätte sie meinen Argumenten gegen die Beschneidung zugestimmt, dann hätte sie sich eingestanden, dass alles, was man ihr damals angetan hat, bloß grausamer Unsinn war, und sie all die Schmerzen umsonst ertragen hat. Ich initiierte mit einigen jungen, gebildeten Nachbarn eine Kampagne gegen die Beschneidung im Dorf. Wir gingen von Tür zu Tür und versuchten, die Frauen aufzuklären. Die meisten Männer wollten damit nichts zu tun haben. Die Kampagne provozierte viele Menschen, auch meine Familie.

Anscheinend hatte ich Deutsch gelernt und dabei die Sprache meiner Leute verlernt. Meine emotionslose, sachliche Art zu reden erweckte bei ihnen den Eindruck, dass ich arrogant und respektlos geworden sei. Ich war »der Deutsche«. Ich stellte zudem fest, dass sie während meiner Abwesenheit viele familiäre Entscheidungen getroffen hatten, ohne Rücksprache mit mir zu halten. Sogar mein Vater hatte sich in die Zurückgezogenheit geflüchtet, betete nur noch daheim und predigte nicht mehr in der Moschee. Ich fragte ihn, warum er nicht mehr predige, worauf er mir antwortete: »Ich glaube, das Letzte, was die Muslime heutzutage brauchen, ist eine Predigt!« Als ich ihn fragte, warum er nicht ein Machtwort sprach, um seine Enkelin vor der Beschneidung zu retten, spielte er den Ahnungslosen.

Mich besuchten viele junge Männer aus dem Dorf und baten mich, ihnen zu helfen, nach Europa auszuwandern. Die meisten, weil sie nach Wohlstand strebten. Jeder wunderte sich, dass ich ohne Mercedes zurückgekommen war. Mein Bruder Mohammed schlug mir ein Geschäft vor: ein Jugendzentrum mit Billardtischen, Playstation, Internetcafé und Getränkeecke. Das Ganze sollte nur dreißigtausend Mark kosten. Ich sollte das ganze Geld bezahlen, und er würde das Projekt managen. Ich sagte ihm, dass ich in einer Autowaschanlage arbeite, um mein Studium zu finanzieren. Er sah mich ungläubig an.

Auch in Kairo sah man mehr muslimisch gekleidete Frauen auf der Straße, und der Buchmarkt war mit billigen, extremistischen Büchern überflutet, die zum größten Teil durch saudische Petrodollar finanziert wurden. Darauf antworteten viele koptische Christen mit dem demonstrativen Zurschaustellen ihrer religiösen Symbole in der Öffentlichkeit, was wiederum zu Konflikten mit extremistischen Muslimen führte. Die Religion als Austragungsort sozialer und politischer Konflikte war in meinem Land und in meinem Dorf angekommen. Auch Terroristen hatten im ansonsten so friedlichen Land am Nil Fuß gefasst, und mehrere blutige Anschläge erschütterten die Ägypter und schadeten der Tourismusindustrie, dem Haupterwerbszweig des Landes. Die wilden islamistischen Kämpfer, die man nach der Ermordung Sadats nicht mehr im Lande haben wollte und mit amerikanischer Hilfe nach Afghanistan exportiert hatte, wo sie gegen die Sowjets kämpfen sollten, waren nach Ägypten zurückgekehrt und praktizierten das Einzige, was sie gelernt hatten: sie töteten.

Aber nicht nur scheinbare Religiosität, auch Materialismus und westliche wie chinesische Produkte machten vor unserem Dorf nicht halt. Sogar Gebetsteppiche, Rosenkränze und Ramadanlaternen, die sonst in Handarbeit gefertigt worden waren, kamen mittlerweile aus China. Die Satellitensender und das Internet wurden nicht in erster Linie benutzt, um Informationen zu erlangen oder auszutauschen, sondern um

Pornografie zu konsumieren. Aber wie konnte ich das den Leuten übelnehmen? Ich hatte das Gleiche getan, nachdem ich nach Deutschland gekommen war. Im ganzen Land nahmen die Diebstähle zu. Männliche Diebe verschleierten sich wie Frauen, um unerkannt in die Häuser eindringen zu können.

In Kairo hörte ich eine amüsante Geschichte: Ein Taxifahrer wurde um vier Uhr nachts von einem Kunden gestoppt und gefragt, ob er ihn in eine Moschee im Zentrum bringen könne. Es war kurz vor dem Morgengebet. Der Mann sah alt aus, trug die weiße traditionelle Tracht und einen langen grauen Bart. Er setzte sich auf den Beifahrersitz. Wenige Meter weiter wurde der Fahrer von einem weiteren Kunden angehalten, der zufälligerweise auch in die Moschee wollte. Es ist in Kairo nicht unüblich, dass ein Taxifahrer zwei Kunden mitnimmt. Der neue Kunde stieg hinten ein. Der Taxifahrer unterhielt sich gerade mit dem alten Mann, als der Kunde von hinten verwundert fragte, mit wem er denn spräche.

Der Fahrer antwortete: »Mit dem Scheich neben mir«, worauf der Kunde ihn darauf hinwies, dass beide alleine im Auto säßen.

Der Taxifahrer wurde nervös und schaute auf den alten Mann neben sich.

Dieser lächelte und sagte: »Ja, mein Sohn, niemand kann mich sehen außer dir. Ich bin nur deinetwegen heute aus dem Himmel herabgekommen. Ich bin nämlich der Todesengel. Gott hat mich geschickt, um deine Seele zu ihm zurückzubringen.«

Der Fahrer wurde bleich und fing an zu weinen. Der alte Mann aber beruhigte ihn und sagte: »Du brauchst keine Angst zu haben, denn Gott wird dich ins Paradies schicken. Alles, was du tun musst, ist ein letztes Mal zu beten. Wenn wir zur Moschee kommen, gehe hinein, vollziehe die rituelle Waschung und bete. Während du dich vor Gott niederwirfst, komme ich zu dir und hole deine Seele ohne Schmerz. Das ist die größte Ehre für einen Menschen.«

Als sie die Moschee erreichten, sprang der Fahrer aus dem Wagen, eilte hinein, betete und betete. Jedes Mal, wenn er sich niederwarf, zuckte er zusammen und wartete auf den Todesengel. Doch der kam nicht. Nach dem Gebet verließen alle anderen Männer die Moschee, nur der Fahrer wartete im Inneren des Gotteshauses weiter auf seinen Tod. Erst als das Tageslicht die Moschee durchflutete, ging er hinaus und stellte fest, dass sein Wagen verschwunden war. Der Todesengel hatte zwar nicht seine Seele, dafür aber sein Auto mitgenommen.

Auf ähnliche Weise verloren auch viele Anleger in Ägypten ihre Ersparnisse, die sie bei einer islamischen Investment-Fund-Firma angelegt hatten. Ihnen waren mehr als 25 Prozent Gewinn versprochen worden, weil die Aktien angeblich von Gott gesegnet wären. Die Firma arbeitete nach dem Prinzip der Gewinnbeteiligung und nicht nach den üblichen Regeln der Kapitalverzinsung, welche ja islamisch verboten ist. Dies hielt allerdings den gläubigen Firmenboss nicht davon ab, mit dem Geld der Anleger an der Londoner Goldbörse zu spekulieren und alles zu verspielen.

Auch den Ort, wo das Haus meines Großvaters gestanden hatte, besuchte ich. Die Baugrube stand immer noch wie eine offene Wunde, die nie heilen wird. Ich ließ den Ort seine Fragen an mich stellen, für die ich keine Antworten hatte. Die Antworten lagen anderswo.

Hamed der Zweite

Ich bin ein Kind von Gewalt und Liebe. Meine Geschichte beginnt ein paar Monate vor meiner Geburt. Meine Mutter hatte zum zweiten Mal ein achtzehn Monate altes Kind zu Grabe getragen und war in eine tiefe Trauer verfallen. Von den drei Kindern, die sie zur Welt gebracht hatte, überlebte bislang nur eine Tochter. Aber das war für sie kein Trost. Die Frau wird von der Familie des Ehemannes immer unter Druck gesetzt, bis sie einen Sohn gebärt, der die Linie der Familie fortführen kann.

Im Bauch meiner Mutter muss ich die Depressionen, die Schuldgefühle und den Mangel an Zuversicht gespürt und verinnerlicht haben. Meine Mutter heiratete jung und ekelte sich vor Säuglingen. Sie wusste nicht recht, wie man mit Kindern umgeht. »So eine wie du darf keine Kinder in die Welt setzen«, demütigte sie meine Großmutter väterlicherseits. Sie war von der Wahl ihres Sohnes nicht allzu begeistert. Für ihn, der nach dem Tod seines Vaters und seines Onkels zum religiösen Oberhaupt des Dorfes geworden war, hatte sie sich jemand anderes vorgestellt.

Als ich zur Welt kam, war meine Mutter erleichtert, dass ich ein Junge war, und gab mir den Vornamen meines verstorbenen Bruders, Hamed. Ein schöner arabischer Name, der »dankbar« bedeutet. Ich sollte über diesen Namen eigentlich froh sein, denn es ist im Dorf üblich, wenn eine Mutter ihre ersten beiden Söhne verloren hat, dass der dritte einen hässlichen Namen wie Bettler oder Käfer bekommt, um ihn vor dem bösen Blick zu schützen. Meine Mutter war aber wohl enttäuscht, dass ich keine grünen Augen hatte wie das Kind vor mir und wie ihr Vater, den sie verehrte. Zumindest konnte sie sich darüber freuen, dass ich hellhäutig war wie sie und kein »verbrannter Affe«, wie meine Mutter die Bewohner des Dorfes nannte.

Wirklich rassistisch war meine Mutter eigentlich nicht, aber sie hasste unser Dorf. Kein Wunder, denn sie stammt aus Kairo und war nur meinem Vater zuliebe aufs Land gezogen. Sie war die einzige Frau aus Kairo im ganzen Dorf, und die einzige, die das Abitur abgelegt hatte. Es muss unglaublich schwierig für sie gewesen sein, die moderne Stadt zu verlassen, um in einem eintönigen Dorf im Nirgendwo zu wohnen. Noch schlimmer, mein Vater war bereits verheiratet und hatte einen zweijährigen Sohn. Sie musste mit meinem Vater, seiner ersten Frau, seinem Sohn, seiner Mutter und zwei seiner Brüder samt Familien in einem großen Haus leben, ohne fließendes Wasser und Strom. Weit und breit gab es keinen Arzt, keine Einkaufsmöglichkeiten und keine andere Unterhaltung als das Getratsche der Frauen. Meine Mutter fiel im Dorf auf, woran sie aber auch nicht ganz unschuldig war. Als Preis dafür, dass sie ihr bequemes Leben in Kairo für ihn aufgegeben hatte, überredete sie meinen Vater, kaum dass sie ein Jahr mit ihm verheiratet war, seine erste Frau zu verstoßen, ihr ein neues Haus aus Stein zu bauen, ein Auto zu kaufen, und eine Dienerin anzustellen.

Mein Vater verkaufte ein Drittel des Hofs, den er von seinem Vater geerbt hatte, um meiner Mutter ihre Wünsche zu erfüllen, obwohl es in unserem Dorf als Schande galt, wenn ein Mann ein Stück Erde, das er geerbt hatte, verkauft. Doch die Liebe meines Vaters und die Angst, sie zu verlieren, schienen für ihn größer zu sein als jede Tradition. Meine Mutter heißt Saadah, das bedeutet »Freude«. Die erste Ehefrau meines Vaters hat bald nach ihrer Scheidung einen alten Mann geheiratet und war mehr Krankenschwester als Gattin. Sie kümmerte sich um die Kinder des alten Mannes, aber sie durfte ihren Sohn, also meinen Halbbruder, nicht mit in die Ehe bringen, und so blieb er in unserem Haus. So geschieht es bis heute den jungen Frauen, die einmal verheiratet waren. »Die Jungfräulichkeit einer Frau ist wie ein Streichholz: Es brennt nur einmal«, sagt man in Ägypten. Eine geschiedene Frau hat keine andere Chance, außer eine Versorgungsehe zu schließen. Es ist ein Glück, dass diese jungen Frauen an Gott glauben und sich sicher sind, dass das, was ihnen geschieht, der Wille Gottes ist. In Wirklichkeit hat all das nur mit einem Gesellschaftsbild zu tun, das sich um das Ego des Mannes dreht, der weder eine Frau heiraten will, die keine Jungfrau mehr ist, noch sein Kind im Hause eines fremden Mannes leben lässt.

Ich bewundere den selbstverständlichen Umgang der Ägypterinnen mit Schmerzen. Sie lassen vieles über sich ergehen, um das Brot und die Sicherheit für sich und ihre Kinder zu garantieren. Aber manchmal denke ich, dass dies nicht immer mit dem Ego des Mannes, sondern auch mit dem Instinkt der Frau zu tun hat. Sie verhalten sich wie die wahre Mutter, die den Anspruch auf ihr Kind aufgab, als König Salomo es zweiteilen wollte. Sie ließ das Kind los, weil sie sein Bestes wollte, auch wenn es ihr weggenommen würde. Die verstoßene Frau lässt ihr eigenes Kind zurück, um die fremden Kinder des neuen Ernährers zu erziehen, in der Hoffnung, dass die neue Frau ihres Exmannes dies auch mit ihrem Kind tun würde. Unsere Gesellschaft lebt ironischerweise von dieser Balance, die weder etwas mit Religion noch mit Gesetz zu tun hat. Auf den ersten Blick mutet dieses System aus westlicher Sicht brutal an, aber aus unserer Sicht ist es menschlich. Menschlich bedeutet hier natürlich nicht human.

Es erklärt, warum die Scheidungsrate in Ägypten so niedrig ist. Deshalb machen wir gerne diese Not zur Tugend, vor allem, wenn wir uns mit Europa vergleichen.

Ich fragte mich, wie es um das Gewissen meiner Mutter stand, als sie die erste Frau meines Vaters aus dem Haus trieb. Aber sie tat ihr nur das an, was man auch ihr angetan hatte. Auch mein Großvater verliebte sich in eine junge hübsche Frau und heiratete sie, als meine Mutter noch ein Kind war. Alle lebten im selben Haus, bis meine Großmutter es nicht mehr aushielt und das Haus verließ. Kurz nach ihrer Eheschließung wurde meine Mutter enterbt. Da sie nun mit einem wohlhabenden Mann verheiratet war, konnte die Stiefmutter meinen Großvater überreden, ihr seinen gesamten Besitz zu übertragen. Aus diesem Grund misstraute meine Mutter wohl nicht nur dem Leben, sondern auch dem System und hielt wenig von Konventionen, die von Männern gemacht worden waren.

Als wären all die Zugeständnisse meines Vaters noch nicht genug gewesen, setzte meine Mutter gegen die heftige Ablehnung ihrer Schwiegermutter durch, dass sie im Dorf keine Kopfbedeckung aufsetzen musste und weiterhin ihre modische Kleidung aus Kairo tragen durfte. Dies löste eine Welle der Entrüstung aus, aber was wird ein Mann nicht alles tun, um seine geliebte hübsche Frau bei Laune zu halten? Meine Mutter hieß bei den Leuten nicht wie die erste Frau meines Vaters »die Frau des Imams«, sondern »die Frau aus Kairo«. Sie galt als arrogant, stur und unsittlich. Sie provozierte vor allem die Frauen des Dorfes und war oft Gesprächsthema Nummer eins. Zwar war sie auch ein Vorbild für einige junge Frauen, die vor ihren Hochzeiten den Rat meiner Mutter suchten. Die meisten aber gaben sich zurückhaltend oder gar ablehnend. Im Nachhinein glaube ich, dass viele Frauen meine Mutter hassten, nicht weil sie unsittlich war, sondern weil sie das tun durfte, was die meisten von ihnen tun wollten, ihnen aber immer vorenthalten blieb.

Meine Mutter brachte frischen Wind in das langweilige Dorf und war für alle ein Phänomen. Und was tut man, wenn man an so einem Ort etwas nicht erklären kann? Man schafft drumherum eine Legende. Da die meisten Mitglieder der Familie meiner Mutter helle Haut und grüne Augen hatten, spekulierte man, dass sie von den Kreuzfahrern abstammen müsse. Man erzählte nämlich, dass die Kreuzzügler, als sie im 13. Jahrhundert in den Norden des Nildeltas eindrangen, mehrere Dörfer überfielen und viele Frauen vergewaltigten. Diese gebaren hellhäutige, grünäugige Kinder, die nur im Norden des Landes zu finden seien. Und so war meine Mutter für die Dorfbewohner die Tochter der Kreuzzügler. Diese Zugehörigkeit ist bei meiner Geburt auch auf mich übertragen worden, obwohl ich die braunen Augen meines Vaters geerbt habe.

Es war eine leichte Geburt, sie habe es kaum gemerkt, sagt meine Mutter. Erstaunlich eigentlich, denn hätte ich gewusst, was das Leben für mich bereithält, wäre ich wahrscheinlich nicht so sanft aus ihr herausgeschlüpft. In meinem Geburtsjahr ereignete sich nichts Spektakuläres, weder in meinem Heimatdorf nördlich der Hauptstadt Kairo noch in Ägypten insgesamt. Auch weltweit gab es in diesem Jahr nicht viel zu berichten, außer vielleicht dem Olympiaattentat von München, bei dem palästinensische Terroristen neun israelische Sportler ermordeten. Diese nannte man damals in Ägypten natürlich nicht Terroristen, sondern Kommandos. Ägypter zeigten über das Geschehene entweder Gleichgültigkeit oder Schadenfreude, da es dem ungeliebten Nachbarn galt, der

Ägypten fünf Jahre zuvor überfallen hatte und die Sinaihalbinsel noch immer besetzt hielt. Also war das Attentat von München das Einzige, was sich im Jahre 1972, dem Jahr meiner Geburt, in der Welt an Bemerkenswertem ereignet hatte.

Genau 25 Jahre später raste ich aus einem Krankenhaus in München, rannte barfuß in den Straßen umher und versuchte die fahrenden Autos zu stoppen, bis ich ein Verkehrschaos verursachte. Daraufhin wurde ich in die Psychiatrie eingeliefert. Ob ein Zusammenhang besteht? Immer wieder erwische ich mich dabei, eine mythologische Dimension in meiner Lebensgeschichte zu suchen. Ich kann es nicht akzeptieren, dass ich ein durchschnittlicher Mensch bin, der weder Genie noch Held war oder jemals sein wird.

Ich war bereits über zwei Jahre alt und trank immer noch an der Brust meiner Mutter. Man erzählte mir, ich wäre mit einem Stück Brot in der Hand zu meiner Mutter gekommen, hätte mich auf ihren Schoß gesetzt, das Brot gegessen und dazu die Muttermilch getrunken. Zweimal hat man versucht, mich der Mutterbrust zu entwöhnen. Zuerst wurde die Brust meiner Mutter mit dem unerträglich bitteren Aloe-Saft beschmiert, kurz bevor sie mir die Brust gab. Aber das half nicht. Ich spuckte einmal aus und versuchte es weiter. Dann verließ meine Mutter unser Dorf für eine Woche und begab sich in das Haus ihres Vaters in Kairo. Doch nach ihrer Rückkehr habe ich mir ihre Brust sofort zurückerobert. Meine Mutter schien nicht unbedingt abgeneigt zu sein, mich weiter zu stillen, aber meine Großmutter bestand darauf, dass ihre Schwiegertochter mit dem Stillen aufzuhören hätte. Sie schlug mich, wenn ich nach der Brust meiner Mutter schrie. »Kinder, die zu lange gestillt werden, werden fett und dumm, und sie werden nie erwachsen sein.« Ich hasste sie. Zum Glück überlebte sie mein drittes Lebensjahr nicht.

Die alte Frau bestimmte fast alles im Haus und traf Entscheidungen, denen nicht einmal mein Vater widersprechen konnte. Sie war dafür verantwortlich, dass mein älterer Halbbruder Mohammed die Schule schon mit acht Jahren endgültig verließ. Als er einmal mit roten Augen aus der Schule zurückkam, fragte sie ihn: Was ist mit deinen Augen los, Junge? »Die Kinder in der Klasse furzen die ganze Zeit.« Daraufhin schwor sie bei Allah, dem Allmächtigen, dass er die Schule nie wieder betreten werde. Ich verstehe bis heute nicht, wie mein Vater, der gebildet ist, so etwas zulassen konnte. Der Schwur bei Allah stand der Zukunft meines Bruders entgegen, und Allah, der Allmächtige, siegte.

Man sagt, in Ägypten würden die Frauen unterdrückt, aber eine Frau wie meine Großmutter war imstande, im Alleingang alle Männer Ägyptens zu unterdrücken. Es ist wohl so: jeder unterdrückt jeden. Der Staat unterdrückt die Menschen, und die Menschen unterdrücken einander. Männer unterdrücken ihre Frauen, die Frauen unterdrücken ihre Schwiegertöchter und die eigenen Kinder. Den Kindern bleiben nur noch kleinere Kinder und Tiere übrig. In Wirklichkeit ist niemand in Ägypten grausamer als die Kinder. Aber es liebt jeder auch jeden, und die Menschen sind füreinander da und verlieren ihren Humor nicht. Trotz der Brutalität des Alltags überraschen mich meine Landsleute immer wieder mit ihrem Lächeln, das aus dem Herzen kommt, als würden sie in einer anderen Welt leben als der meinen. Ich weiß nicht, ob sie das tun, weil sie an Gott glauben und auf die Belohnung nach dem Tode warten. Ich denke eher, dass Optimismus und Humor die einzigen Waffen sind, die sie gegen das Elend und die Grausamkeit des täglichen Lebens besitzen. Je härter das Leben, desto solidarischer sind die Menschen, die nicht viel zu verlieren haben. Touristen, die vorsätzlich oder aus Versehen die vorgeschriebenen Routen in Ägypten verlassen und sich in einer elenden Wohngegend verlieren, wundern sich über kleine Kinder, die aus allen Winkeln hervorströmen und lächelnd um Kleingeld bitten. Was hat jemand, der in so einem Elend lebt, noch zu lachen, fragt man sich? Sie besitzen nichts außer ihrem Leben und haben sonst nichts zu verlieren. Touristen haben Uhren, Kinder haben Zeit.

Ich wünschte, meine Großmutter wäre ein Jahr früher gestorben, dann hätte ich zumindest ein paar Monate länger meine Muttermilch genießen können. Ich wollte die Brust meiner Mutter einfach nicht loslassen, als wollte ich nie erwachsen werden; als hätte ich geahnt, welche Überraschungen die kommenden Jahre für mich bereithielten. Meine Mutter schien ebenfalls Angst davor zu haben, denn wenn sie nicht mehr stillte, würde sie wieder schwanger werden und möglicherweise ihr Kind wieder verlieren wie ihre ersten beiden Söhne. Meine Ängste und auch die meiner Mutter waren berechtigt. Was meine Mutter angeht, so wurde sie prompt schwanger und verlor ihre Tochter, bevor sie ein Jahr alt geworden war. Auch diese Tochter trug denselben Namen wie ich, nur mit »a« am Ende für die weibliche Bezeichnung. Und so war ich der Überlebende zwischen zwei »dankbaren« Toten. Die Lücken vor und nach mir waren kalt. Manchmal spürte ich starke Schuldgefühle meinem Bruder und meiner Schwester gegenüber, weil ich leben durfte und sie nicht. Manchmal jedoch denke ich, dass das Schicksal es besser mit ihnen meinte, da ihnen erspart blieb, was mir widerfahren ist. Ich lebe zwischen zwei Gräbern, nicht weil ich gerne lebe, sondern einfach, weil ich keinen leichten Weg in den Tod fand.

Zigeunerkind

Nach dem Tod meiner kleinen Schwester blieben meiner Mutter nur meine große Schwester und ich. Uns wurde verboten, mit den Bauernkindern zu spielen, um keine Läuse oder Infektionen einzufangen. »Die Bauernkinder mögen euch sowieso nicht«, sagte meine Mutter. Es war selbstverständlich für mich als Kind, dass meine Umgebung von Natur aus mir gegenüber feindlich eingestellt war, und dass Menschen mich nicht mögen, obwohl ich ihnen nichts angetan habe.

Ich mochte meine ältere Schwester sehr, aber sie hatte wenig Zeit, mit mir zu spielen. Sie musste neben der Schule Kochen, Backen und Nähen lernen, und war damit voll beschäftigt. Sie hatte eine Stimme wie ein Engel und sang gerne, aber niemand außer mir hat sie jemals singen hören. Auch die Stimme der Frau gilt im Islam als eine Schamzone, weil sie, auch wenn die Frau vollkommen verhüllt ist, dem Mann den Kopf verdrehen kann. Aber meine Schwester sang für mich, wann immer mein Vater und meine Mutter außer Haus waren. Ich war ihr einziger Fan. Meine Schwester heißt Sabah und ist die Einzige unter uns, die keinen Namen hat, der »dankbar« bedeutet. Ihr Name bedeutet »Morgen«.

Mein älterer Halbbruder lebte zwar bei uns, aber ich hatte zu ihm wenig Zugang. Er kam immer kurz ins Haus, dann verschwand er wieder wie eine streunende Katze. Er ging nicht in die Schule und lernte keinen Beruf. Aus schlechtem Gewissen oder vielleicht aus Gleichgültigkeit ließ meine Mutter ihn tun und lassen, was er wollte. Mein Vater war viel zu beschäftigt, sich um ihn zu kümmern. Ein einziges Mal habe ich gesehen, wie mein Vater ihn an die Bettpfosten fesselte und brutal mit einem geknoteten Seil schlug, weil er drei Nächte bei seiner Mutter übernachtet hatte, ohne meinen Vater davor um Erlaubnis gefragt zu haben. Sonst war mein strenger Vater ihm wesentlich toleranter gegenüber als uns. Keiner hat so vieles im Haus zerbrochen wie er, ohne bestraft zu werden. Ab und zu sah ich ihn mit seinem Fahrrad spielen, ein Luxus, den sich nicht viele Kinder im Dorf leisten konnten. Er liebte sein Fahrrad sehr und schmückte es phantasievoll. Er sah lässig aus mit seiner Hippie-Frisur auf seinem Rad. Ich bat ihn, mitspielen zu dürfen, aber er antwortete verärgert:

»Lass mich in Ruhe, du Zigeunerkind!«

»Warum nennst du mich Zigeunerkind?«

»Weil es so ist. Mein Vater fand dich auf der Brücke, als du klein warst, nachdem deine Eltern Assal und Kadascha dich dort zurückgelassen hatten. Du lebst bei uns nur, bis deine Eltern wiederkommen, um dich abzuholen.«

Zwei meiner Cousins standen dabei und lachten sich halbtot, als sie das hörten. Ich zögerte, seine Lügengeschichte verunsicherte mich. Ich bin nicht der Sohn des Imams? Und meine hübsche Mutter ist in Wirklichkeit gar nicht meine Mutter? Wie großzügig, dass sie mich bei sich wohnen lassen. Jetzt begreife ich die wahre Bedeutung meines Namens: Ich soll jenen Menschen dankbar sein, die mich von der Straße holten und mir ein Zuhause gaben. Die Namen der beiden Zigeuner waren im Dorf bekannt. Assal war ein Clown und galt als Mann ohne Ehre. Er und seine Frau wurden quasi aus dem Dorf ausgestoßen, weil Kadascha sich für Geld den Männern angeboten haben soll. In einem ehrenhaften Dorf wie unserem gab es keinen Platz für solche Menschen. Mein Bruder fuhr mit seinem Fahrrad weg und meine Cousins wiederholten immer wieder, was er gesagt hatte, und amüsierten sich köstlich. Ich rannte zu meiner Mutter und fragte sie, ob die Zigeunergeschichte wahr sei. Sie lachte und fragte, wer mir so einen Unsinn erzählt habe. Ich sagte, mein Bruder Mohammed war's.

»Dieser verbrannte Affe. Er ist derjenige, der wie ein Zigeunerjunge ausschaut. Du hast eine schöne weiße Haut, aber er ist schwarz wie seine Mutter.«

Ich wollte meiner Mutter nicht glauben. Ich kokettierte mit der Vorstellung, ein Zigeunerkind zu sein. Zwar hörte ich, dass man Zigeunern nicht vertrauen kann, weil sie keine Bindung zu einem Ort haben, dass sie lügen und betrügen, und dennoch assoziierte ich mit einem Zigeuner ein gutes Temperament, ein freies Leben voller Umherstreifen, Tanzen, Singen und Erzählen: eine Freiheit, die ich im Haus des Imams nicht hatte. Die Brücke, auf der die Zigeuner mich angeblich zurückgelassen haben sollen, war mein Zufluchtsort. Auch als Erwachsener ging ich dorthin, wann immer ich traurig oder mir etwas Schlimmes zugestoßen war.

Da ich kaum Freunde hatte, meine ältere Schwester kaum Zeit für mich hatte und mein älterer Bruder nichts mit mir zu tun haben wollte, habe ich mich selbst unterhalten. Auch zu meinen Cousins hatte ich keinen guten Draht. Die Frau meines Onkels hasste meine Mutter. Bei einem Streit sagte sie über meine Mutter, dass sie die eigenen Kinder umbrächte. Die zwanzigjährige Nachbarstochter war gehbehindert. Sie saß immer auf der Türschwelle und schminkte sich. Manchmal saß ich neben ihr, und sie erzählte mir gruselige Geschichten.

Wir besaßen viele Felder, auf denen ich alleine spielen konnte. Mein Vater beackerte sie zwar nicht selbst und ließ auch keinen von uns je dort arbeiten, aber das Land blühte. Im Sommer waren immer Wassermelonen, Trauben, Tomaten und Gurken da, im Winter freute ich mich ganz besonders auf Orangen und Mandarinen. Weitere Jahreszeiten kannte ich eigentlich nicht. Das ägyptische Jahr bestand für uns nur aus einem kurzen Winter und einem langen Sommer. Es war meine große Freude, die Erde zu riechen. Ich beugte mich auf den Boden und schnupperte daran wie an einer Handvoll duftender Kaffeebohnen. Das Zusammenspiel der Düfte von Erdreich, frischen Früchten und Gemüseplantagen war betörender als jedes Parfüm.

Die Schätze der Felder schmeckten, wie sie rochen. Auch in fremden Feldern, die keine Zäune hatten, durfte man sich bedienen. Es gab eine Regel im Dorf: Man darf von jedem Feld so viel essen, bis man seinen Hunger stillen konnte, nur nach Hause darf niemand etwas mitnehmen. Oft lag ich unter einem Traubenbaum in unserem Feld hinter dem Haus in einer Hängematte und pflückte ohne Mühe süße Trauben. So in etwa ist die Beschreibung des Paradieses im Koran.

Mein Vater hatte früh entdeckt, dass ich ein gutes Gedächtnis hatte. Als ich drei Jahre alt war, fing er an, mir Lesen, Schreiben und Rechnen beizubringen. Mit vier habe ich bereits die ersten Kapitel des Korans auswendig gelernt, ohne ein einziges Wort davon zu verstehen. Auch Erwachsene im Dorf haben den Koran meist ohne zu verstehen rezitiert. Aber das war nicht notwendig, denn mein Vater verstand ihn und erklärte den Leuten alles, und sie versuchten danach zu leben. »Mit Hingabe und Konzentration kannst du den gesamten Koran auswendig lernen, bevor du zwölf Jahre alt wirst, so wie ich seinerzeit!«

Ich hatte damals die Bedeutung dieser Aufgabe nicht richtig verstanden. Ich wusste nur, dass ich ihn nicht enttäuschen durfte. Ich wusste auch, dass niemand im Dorf außerhalb unserer Familie je Koran- oder Religionswissenschaft studiert hatte. Seit Generationen war das Gelehrtentum ein Monopol unseres Clans. Nur ein Blinder im Dorf, der nicht zu unserer Familie gehörte, lernte bei meinem Vater den Koran auswendig. Es war seine einzige Möglichkeit, Geld zu verdienen. Er rezitierte den Koran auf dem Friedhof und bekam von den Angehörigen der Verstorbenen Almosen dafür. Ich fragte mich nur, warum ich mit vier Jahren stundenlang den Koran lernen musste, während mein acht Jahre älterer Halbbruder auf den Straßen seinen Tag vor sich hinschob. Ich habe meine Aufgabe dennoch stets erfüllt. Meine einzige Belohnung war die Zufriedenheit im Gesicht meines Vaters.

Abschied von der Kindheit

In diesem Jahr war es so weit. Mit einem Initiationsritual sollte ich der Welt der Erwachsenen ein Stück näherkommen. Das Haus war voll, und eine gelassene Stimmung herrschte. Ich war wie ein kleiner Prinz gekleidet, um mich herum standen meine Cousins, darunter auch welche, die mich nicht mochten. Im Nebenzimmer waren die Frauen versammelt, man hörte ihr Gelächter. »Herzlichen Glückwunsch, kleiner Bräutigam!«, begrüßte mich jeder, der ins Haus kam, und steckte mir ein Pfund in die Tasche. »Gott segne Sie!«, antwortete ich ohne zu verstehen, was eigentlich los war. Meister Fathi, der neben seinem Hauptberuf als Barbier auch der Krankenpfleger des Dorfes war, kam ins Haus. Die Frauen hießen ihn mit ohrenbetäubendem Getriller willkommen. Ich kannte Meister Fathi nur als den Mann, der zu uns kam, um meinem Vater ab und zu eine Beruhigungsspritze zu geben, da er nach seiner Rückkehr aus dem Sechstagekrieg nervös und jähzornig geworden war. Warum begrüßen die Frauen Meister Fathi mit lautem Jubel? Die Sache wurde rasch aufgeklärt. Plötzlich schwieg jeder, und mein Vater fing an, ein Gebet zu sprechen, dann packte Meister Fathi seine Werkzeuge aus: ein Messer, eine Zange, die einem Nagelzwicker ähnlich war, und Desinfektionsmittel. Meine Mutter brachte einen Topf heißen Wassers, in den Meister Fathi die Werkzeuge eintauchte. Mein Vater hielt meinen Kopf, zwei Cousins hielten meine Hände, zwei weitere Cousins zogen mir meine Hose aus und spreizten meine Beine. Alles ging rasend schnell. Meister Fathi nahm das Messer aus dem heißen Wasser, zog meinen Penis in die Länge und schnitt die Vorhaut weg. Ohne Betäubung. Mit meinem Schrei schwoll das Getriller der Frauen an. Meister Fathi wickelte meinen blutenden Penis in eine mit Desinfektionsmittel beschmierte Binde.

Das Messer war zum Einsatz gekommen, die Zange aber noch nicht. Was wird man mir noch abschneiden? Die Antwort folgte wenige Minuten später. Fathi nahm den Topf mit der Zange mit in das Nebenzimmer und bald hörte ich einen kurzen lauten Schrei, aber keinen Jubel danach. Obwohl ich mit dem eigenen Schmerz beschäftigt war, konnte ich erkennen, dass dieser Schrei von meiner älteren Schwester Sabah stammte. Aber was hat ihr dieser Mann abgeschnitten? Sie hat doch keinen Penis.

Danach begrub man meine Vorhaut hinter dem Haus und wickelte die Klitoris meiner Schwester in ein Stück Stoff und warf sie in den Nil: ein Brauch, der seit der Pharaonenzeit bekannt ist. Immer zur Erntezeit veranstalteten die alten Ägypter einen Miss-Egypt-Wettbewerb und suchten das schönste Mädchen im Lande, um es dem Nil zu opfern. Mit dem Mädchen warf man zahllose Klitorides in den Fluss, um ihm zu danken. Jedes Jahr zur Erntezeit gab es auch die Klitoris-Ernte. Trotzdem glauben viele Ägypter bis heute, die Beschneidung der Frauen sei eine islamische Tradition.

In dieser Nacht schlief ich neben meiner Schwester im gleichen Zimmer auf dem Boden. Wir lagen auf dem Rücken, jeder hatte einen großen Krug aus Ton zwischen den Beinen, um die Wunde zu schützen. Ich fluchte und weinte, während meine achtjährige Schwester ihren Schmerz mit Würde und in Schweigen ertrug. Sie hatte sogar noch die Kraft, mir Trost zuzusprechen. Ihren eigenen Schmerz schluckte sie herunter und schwieg, als verstünde sie, dass eine Frau an solch einem Ort ihren Schmerz besser für sich behalten sollte. Damals konnte ich nicht erahnen, was ihr genau widerfuhr und welche Schmerzen daraus entstanden. Ich konnte ihren Schmerz nur mit meinem vergleichen. Bald war meine Wunde verheilt, und der Anblick meines Penis erfreute mich. Er war nun viel appetitlicher als zuvor. Als ich erwachsen wurde, erfuhr ich, dass man meiner Schwester nicht ein Stück Vorhaut, sondern die gesamte Spitze ihrer Klitoris weggeknipst hatte. Das ist so, als hätte man mir die Eichel statt der Vorhaut weggeschnitten.

Was gibt einem Mann das Recht, einer Frau das anzutun? Wusste Meister Fathi irgendwas über die Klitoris meiner Schwester? Wusste er, wie viele Nerven sich da konzentrierten? Je älter ich wurde und je mehr ich darüber wusste, desto schockierter war ich. Wusste er, warum und für wen er das tat? Warum war ich der Prinz und sie keine Prinzessin? Das Einzige, was Fathi zu wissen schien, war, dass die Beschneidung eines Mannes früher stattfinden musste, damit die Wunde besser heilte. Bei den Mädchen wartete man, bis sie mindestens acht Jahre alt sind. Würde man die Klitoris früher abschneiden, würde sie nachwachsen. Doch was war so teuflisch an dieser Klitoris, dass man sie unbedingt weghaben will? Warum hat man Angst vor so einem harmlosen Stück Körper, mit dem die Natur die Frau seit ihrer Geburt ausgestattet hat? Warum hat man es nötig, Frauen auf diese Weise einzuschüchtern? Mit jedem Jahr als Erwachsener vermehrten sich meine Fragen. Die Fragen erwuchsen immer aus großen Ereignissen, aber die Antwort lag im System. Ein System, das davon lebt, dass die Leidensfähigkeit der Frauen größer ist als die der Männer. Mein Vater, Meister Fathi und die Mehrheit der Männer im Dorf waren keine bösen Menschen, sie hatten nur das Glück, als Männer geboren worden zu sein – und lebten ihren traditionellen Rollen gemäß. Aber genau wie beide, Männer und Frauen, dieses System stützen, sind ihm auch beide ausgeliefert.

Je geschlossener eine Gesellschaft ist, desto weniger kommt sie in Kontakt mit der Außenwelt. Isolation verhindert, dass die innere Spannung in einer Gemeinschaft nach außen getragen wird. Es kommt selten zur Explosion. Die Aggression richtet sich nach innen. Zwei Sorten von Menschen leiden besonders unter solchen Verhältnissen: die Schwachen, das heißt Frauen, Kinder und Tiere einerseits, und die Abtrünnigen andererseits, die das System infrage stellen. Die Angst, dass sich die Strukturen der verschlossenen Gesellschaft unter dem Druck und dem Einfluss der Außenwelt bald auflösen könnten, nötigt die Gemeinschaft dazu, ihren Mitgliedern mehr Geschlossenheit, mehr Solidarität zu zeigen. Auch die Hierarchie muss stimmen. Und diese Hierarchie schreit förmlich nach Opfern. Man mag sich wundern, dass die Religion nicht alles bestimmt; dass Gott hier nicht die Spitze der Pyramide bildet. Aber der wahre Gott sind die Dogmen, die Verborgenheit und Solidarität versprechen und dafür die Individualität des Menschen und seine elementaren Rechte aufsaugen. Misshandlung, Gewalt und Unterdrückung sind in so einem System zwar weder vorgesehen noch gewollt, sie sind jedoch vorprogrammiert.

Nun leben wir im 21. Jahrhundert, und die Beschneidung von Frauen ist seit einigen Jahren in Ägypten per Gesetz verboten, doch 95 Prozent aller Mädchen werden nach wie vor beschnitten. Erst jüngst erklärte der Großmufti von Ägypten, dass die Beschneidung von Frauen mit dem Islam unvereinbar sei. Er reagierte damit auf den Tod eines Mädchens im Süden des Landes, das nach seiner Beschneidung verblutete. Warum muss erst ein Mädchen sterben, ehe diese brutalen Bräuche infrage gestellt werden? Derartige Gesetze und »Fatwas«, nur selten von einer Aufklärungskampagne begleitet, werden als ein Teil eines amerikanisch-imperialistischen Projektes verstanden, das darauf abzielt, die Moral in der islamischen Welt zu unterminieren. Auch reformorientierten Eingriffen in die Schulbücher wurde viel Skepsis entgegengebracht. Die fragwürdigen Bräuche sind wie Krebssymptome. Nur die Symptome zu behandeln, ist nicht mehr als blinder Aktionismus. Wenn man sich nicht an den Tumor selbst herantraut, dann gibt es keine Chance auf Heilung. Unser Krebs sind die seit Jahrhunderten verankerten Gesellschaftsstrukturen. Solange dieses System selbst aus Verlegenheit ab und zu scheinheilige fortschrittliche Gesetze erlässt, um mit dem Westen zu flirten, bleibt das Problem ungelöst – und die Geisteshaltung der Menschen dieselbe.

Ich habe immer versucht, mir die Frage zu beantworten, warum Männer, die sonst im Grunde sehr freundlich und humorvoll sind, es nötig haben, ihre Frauen einzuschüchtern. Eine Erklärung dafür findet man in unserem Verständnis von

Ehre als Muslime und als Ägypter. Dem Islam ist es nicht gelungen, die vorislamischen arabischen Stammesstrukturen aufzulösen. Auch wenn es der Wunsch des Propheten Mohammed war, dies zu tun, musste er erkennen, dass er gerade diese Strukturen brauchte, um seine Botschaft zu verbreiten. Er kämpfte zwar für die Abschaffung des Kindsmordes an jungen Mädchen, die in vorislamischer Zeit von ihren Vätern lebendig begraben wurden, weil sich die Familie einen Jungen wünschte. Mohammed gestand auch der Frau die Hälfte des Erbteils ihres Bruders zu, was damals eine kleine soziale Revolution war. Aber auch seine Gesellschaft war eine Männergesellschaft. Die Krieger bestimmten alles. Sogar der Koran, der ja eigentlich zu Männern und Frauen ohne Unterschied spricht, gibt dem Mann das Recht, seine Frau körperlich zu züchtigen, wenn sie ungehorsam wird. Auch nach dem Tod des Propheten prägten die altarabischen Clanstrukturen das Herrschaftssystem und die Moralvorstellungen. Im Zentrum dieser Stammesstruktur liegt die Blutsverwandtschaft. Die Ehre des Menschen ist seine genealogische Abstammung. Diese Abstammung kann man nur bewahren und sicher zurückverfolgen, wenn die Frauen ihre Keuschheit bewahren und kein fremdes Blut in die Familie einfließen lassen. Die Frau, und nur die Frau allein, kann mit Sicherheit wissen, wer der Vater ihres Kindes ist, und muss daher überwacht werden. Und deshalb platziert man die Ehre der gesamten Familie direkt zwischen den Beinen der Frau. An dieser begehrten und zugleich gefürchteten Stelle lauert jene Kraft, vor der jeder Mann große Angst hat: Angst vor der weiblichen Emotion, Leidenschaft und Unberechenbarkeit. Die Klitoris ist eines von vielen Opfern, die eine Frau bringen muss, um diese kindische Angst des Mannes zu besänftigen.

Man sagt in unserem Dorf, ein Mann müsse seiner Frau schon in der Hochzeitsnacht seine Stärke zeigen, weil er sonst nie die Kontrolle über sie gewinne. Man soll die Katze schon am Tag der Vermählung schlachten, sagt das Sprichwort. Manche legen diese Aussage zu eng aus. Nicht wenige junge Männer in meinem Dorf schlagen ihre frischangetrauten Frauen mit einem Bambusstock auf die nackte Haut, bevor sie ihnen die geheiligte Jungfräulichkeit entreißen. Danach beflecken sie ein weißes Tuch mit dem Blut der Unschuld und übergeben es der Familie der Braut, die draußen gespannt wartet. Das ist der Beweis, dass ihre Tochter keusch war. Am kommenden Morgen besucht die Familie die Tochter, die über die Brutalität der vorherigen Nacht kein Wort verliert. Es gilt als eine Schande, wenn eine Frau ihren Ehemann schon so früh infrage stellt. Außerdem weiß jede Frau, welche Alternativen sie nach der Scheidung hat.

Nach einer Hochzeit jubelten in meinem Dorf Massen von Menschen auf Lastwagen, Karren und Traktoren. Ein Mann reckte das mit Blut beschmierte Tuch in die Höhe und schrie: Sharifa, Sharifa! Ehrenhaft, ehrenhaft! Unsere Tochter ist ehrenhaft! Bei manchen Familien war die Entjungferung der Braut nicht einmal die Aufgabe ihres Ehemannes, sondern der Hebamme. Sie betrat das Zimmer vor dem Mann, steckte ihren Daumen in das Mädchen, bis das ersehnte Blut herauskam. Somit hat sie den Weg für den Helden geebnet. Sollte aus irgendeinem Grund kein Jungfräulichkeitsblut dabei herauskommen, kratzte die Hebamme mit dem Fingernagel ins Innere der Braut eine Wunde, um eine Schande der Familie zu vermeiden.

Ich konnte nie verstehen, woher dieser Jungfräulichkeitsfetischismus kam. Und wenn die Jungfräulichkeit tatsächlich so wertvoll wäre, warum jubelt man, wenn ein Mädchen sie mit 16 bei ihrer Hochzeit verliert, aber keiner bejubelt eine Fünfzigjährige, die bis dahin keinen Mann hatte und ihre Jung- und Altfräulichkeit behielt? Heute habe ich einige Erklärungen für meine Fragen, aber letztlich verstehen kann ich es nach wie vor nicht.

Sogar meine rebellische Mutter, die sonst von den Moralvorstellungen der Männer nicht so viel hielt, konnte ihre Tochter nicht vor der Beschneidung schützen. Wer sollte die kleine Tochter vor diesem Übel bewahren, wenn nicht die eigene Mutter, die selber durch diesen Kreislauf von Beschneidung, Entjungferung, Schwangerschaft und Geburt gegangen war? Keiner unterstützt Gewalt gegen die Frauen in Ägypten so sehr wie die Frauen selbst.

Am Tag nach der Beschneidung hatte ich bereits meine Schwester und ihren Schmerz vergessen und war mit mir selbst beschäftigt. Ich fragte meine Mutter, warum man mir den Penis weggeschnitten hätte und ob ich jetzt nicht mehr pinkeln könne.

»Kein Mensch hat deinen Penis abgeschnitten. Es war nur ein kleines Stückchen Haut!« Meine Mutter erzählte mir eine gruselige Geschichte, die mir die Entstehung der Beschneidung erklären sollte. Den Sinn dieser Geschichte habe ich nicht verstanden. Sie handelte von einem alten Mann namens Abraham, der im Begriff war, seinen erstgeborenen Sohn zu schlachten, weil er das im Traum sah und davon ausging, dass Gott es so wollte. Abraham legte das Messer auf den Nacken seines Sohnes und wollte ihn töten, doch im letzten Moment wurde das Messer stumpf. Dann kam ein Lamm aus dem Himmel, das Abraham statt seines Sohnes für Gott opferte, und der Junge wurde gerettet. Muslime beschneiden ihre Kinder, um der Rettung von Abrahams Kind zu gedenken.

Ich verstand nicht, was genau diese Geschichte mit meinem Penis zu tun haben sollte, und hatte danach ständig Angst, mein Vater könne nach einem schlechten Traum auf die Idee kommen, mich Gott zu opfern.

Kairo, Stadt meiner Hoffnung

Meine Mutter wollte, dass ich eine sehr gute Bildung erhalte, in Kairo. Für meine Schwester kam dies allerdings nicht infrage, da eine Frau das Haus ihrer Familie nur verlassen darf, wenn sie in das Haus ihres Ehemanns zieht. Natürlich ging sie in die Schule, aber das nur, um die Zeit bis zu ihrer Heirat zu überbrücken. Sie fuhr nie mit in die Hauptstadt. Nach ihrer Beschneidung war ihre Kindheit vorbei. Sie war vollauf damit beschäftigt, im Haushalt zu helfen. Kein Mensch hat sie je gefragt, was ihre Interessen waren und wie sie ihre Zukunft gestalten wollte.

Ich war vier Jahre alt. Meine Mutter rang meinem Vater ab, dass ich die nächsten beiden Jahre bis zur Einschulung bei meinem Großvater verbringen durfte, um einen Kindergarten in Kairo zu besuchen. Damals, wie auch heute, gab es im Dorf keinen Kindergarten, weshalb mein Vater schweren Herzens zustimmte. Tatsächlich wollte meine Mutter, dass ich eine Weile unter besseren hygienischen Verhältnissen lebte, zumindest bis die kritischen Kindheitsjahre vorbei waren, in denen in unserem Dorf die Sterblichkeitsrate hoch war.

Ich war bereits mehrere Male mit meiner Mutter in Kairo gewesen. Immer wenn meine Mutter sagte: »Heute fahren wir nach Kairo«, war es für mich wie Zuckerfest, das Fest des

Fastenbrechens, und das Opferfest an einem Tag. Mein Großvater lebte in einem großen Dachgeschossappartement mitten in der Stadt, die Terrasse zur Hauptstraße war mein Fenster zur Welt. Von dort aus konnte ich die Autos und die Eisenbahn beobachten. Meine Lieblingsbeschäftigung war, die fahrenden Autos zu zählen, bis ich irgendwann aufgab, denn der Strom schien nie zu versiegen. Auf beiden Straßenseiten gab es Geschäfte und Restaurants, und es wimmelte vor Menschen. Die Vitalität der Stadt, die niemals schlief, steckte mich an, und die Lichter berauschten mich. Es faszinierte mich, dass ich den Wasserhahn aufdrehen konnte und Wasser hervorsprudelte, so viel ich wollte. Es war märchenhaft, im Badezimmer zu stehen und mich unter dem künstlichen Regen der Dusche zu waschen. Nachts gab es keine lästigen Moskitos und tagsüber keine Fliegen im Haus.

Manchmal kamen meine Cousins und Cousinen mütterlicher Seite vorbei, und die Kinder der Kreuzritter waren unter sich. Wir spielten und genossen die leckeren Speisen meiner Stiefgroßmutter. Natürlich nannte ich sie einfach Großmutter. Ein wenig Diplomatie lernt man schon, wenn man in so einem Dorf wie meinem aufwächst, auch wenn man erst vier Jahre alt ist. Ich habe ihr gesagt, dass ihre Speisen viel besser schmecken als die von Großmutter Amina, der Mutter meiner Mutter. Sie stritt das lächelnd ab, aber ich wusste, dass sie es gerne hörte. Sie behandelte mich fast wie ihre eigenen Enkelkinder. Sie musste ein schlechtes Gewissen gehabt haben, als sie meine Mutter enterbte, und kompensierte es, indem sie mir und meiner Mutter gegenüber freundlich und großzügig war. Zudem gefiel ihr, dass ich nicht die ganze Zeit herumspielte, sondern regelmäßig den Koran aus dem Kopf rezitierte. Das war eine Vereinbarung, die ich mit meinem Vater getroffen hatte: Ich darf nach Kairo, wenn ich die Suren, die ich bislang aus dem Koran lernte, nicht verlerne und ein paar neue mit der Hilfe meines Großvaters dazulerne. Ich nahm mein Versprechen sehr ernst, denn ich wollte ihn nicht enttäuschen, auch weil ich später in Kairo in die Schule gehen wollte.

Im Kindergarten hatte ich viel Spaß. Mit keinem der Kinder hatte ich Probleme. Da ich Kairoer Dialekt sprach, schöpfte niemand Verdacht, ich könnte in einem Dorf unter verbrannten Affen aufgewachsen sein, wo man Kairo »Die Mutter der Welt« nannte. Wir lernten zu malen und zu musizieren. Besonders das Xylophon faszinierte mich, und die Märchen der Kindergärtnerin waren spannend und nicht so angsteinflößend wie die der gelähmten Nachbarin. Im Kindergarten war nie die Rede von der Frau mit dem Eisenbusen, die Kinder entführte und verspeiste, oder von der Stiefmutter, die ihren Mann zerstückelte und in einer Suppe kochte, bevor sie ihn seiner eigenen Tochter servierte. Und zu Hause am Abend schauten wir fern. Amüsante und lustige Sendungen, von deren Existenz kaum einer im Dorf etwas ahnte. Ich stellte mir vor, mein ganzes Leben in dieser lebendigen Stadt zu verbringen.

ZWEITER TEIL

Gott, der Allmächtige, schwieg

Ich weiß nicht, wie ich erzählen kann, was mir in diesem ersten Jahr in Kairo geschah. Wie kann ich mit Gewissheit die Gefühle eines vierjährigen Kindes wiedergeben? Wie ist es möglich, einen Tag mit wenigen Worten zusammenzufassen, der zum wichtigsten Tag eines ganzen Lebens wurde. Das Kind in mir muss mit meiner nunmehr erwachsenen Stimme sprechen. Es ist nicht nur die Geschichte von damals, sondern auch die meiner Angst, der Enttäuschung und der Hilflosigkeit von heute.

Unter dem Moloch Kairo sind viele Namenlose bei lebendigem Leibe begraben. Sie erwachen jeden Morgen aus einem halbtoten Zustand und lassen sich von den Massen anderer Halbtoter verschlingen. Ihnen bleibt nichts übrig, als die Mühle zu betreten, die sie umwälzt und zermalmt, bis sie Mehl für das Brot des Volkes werden. Wenn sie aus der Mühle herauskommen, sind sie sich ihrer Menschlichkeit nicht mehr bewusst, und an die Menschlichkeit der anderen glauben sie auch nicht mehr. Weil sie das System im Stich lässt, fühlen sie sich nicht verpflichtet, einen Moralkodex und die Regeln des Systems mitzutragen. Selbstzerfleischung, aber auch die Zerstörung der anderen, der Schwächeren, ist ihre »Überlebensstrategie«. Manche gehen betteln, manche betäuben sich mit Benzin oder Drogen, manche stehlen Geld und manche einem vierjährigen Jungen die Kindheit.

Meine Stiefgroßmutter bat mich, in der Bäckerei gegenüber Brot zu kaufen. Als ich mich in der langen Schlange einreihte, kam der junge Automechanikerlehrling Schuckman zu mir und sagte, ich solle in der Werkstatt warten, er werde mir das Brot besorgen. Ich kannte ihn nur flüchtig. Er arbeitete in der Werkstatt von Salah, der ihn brutal schlug. Aber Schuckman musste dort arbeiten, denn er war fünfzehn, ging nicht mehr zur Schule und hatte seine Familie zu ernähren. Meine Cousins machten sich über seinen Namen lustig, denn er bedeutete so viel wie »Auspuff«. Natürlich hieß er nicht wirklich so, sondern hatte den Namen von seinem Boss erhalten. Ein Malerlehrling hieß gewöhnlich »Bürste« und ein Metzgerjunge »Knochen«.

Ich saß vor der Werkstatt auf einem Reifen, als er mit dem Fladenbrot zurückkam. Ich nahm das Brot und wollte gehen, aber er packte mich am Unterarm und sagte: »Warum sagst du nicht danke?« Ich bedankte mich bei ihm und wollte meine Hand zurückziehen, aber er gab sie nicht frei. »Nein, Süßer, ein ›Danke‹ allein reicht nicht«, sagte er und schleppte mich trotz meiner Gegenwehr in die Werkstatt. Er trug mich hinunter in den Keller. Ich flehte ihn an, mich herunterzulassen, aber vergebens. Ich hielt immer noch das Brot in der Hand, als er sich eilig die Hose auszog und sagte, ich solle mich bücken. Ich beugte mich vor und fing an, ein paar Verse aus dem Koran zu rezitieren, weil mir mein Vater beigebracht hatte, dass ich damit die Angst besiegen könnte: Ich suche Zuflucht beim Herrn der Menschen vor dem Bösen seiner Geschöpfe. Er zog mir die Hose aus und stürzte sich auf mich. Als er mich mit seinem Geschlechtsorgan berührte, fühlte es sich an wie eine Ratte, die gerade aus der Kanalisation kroch. Es gelang ihm zuerst nicht, in mich einzudringen, zu groß schienen die Größenunterschiede, und ich glaubte mich schon gerettet. Aber er versuchte es hartnäckig weiter. Jedes Mal bildete ich mir ein, die oberste Schmerzgrenze erreicht zu haben. Schließlich spuckte er zweimal auf meinen Anus und drang brutal ein. Als ich schrie, schlug er mir auf den Kopf und sagte, ich solle den Mund halten. Er stieß ein paar Mal, und jedes Mal, wenn er sich bewegte, fühlte es sich an, als werde ein stumpfes Messer in mich hineingebohrt. Vor Angst gelähmt rezitierte ich weiter aus dem Koran. Als er so weit war, ejakulierte er auf meinen Hintern. Etwas so Widerliches und Schmerzhaftes hatte und habe ich in meinem ganzen Leben nicht mehr gefühlt, obwohl es nicht das letzte Mal war, dass ich es erlebte. Ich weiß nicht, wie es überhaupt anatomisch möglich ist, dass ein Fünfzehnjähriger in einen Vierjährigen eindringen kann.

Ich hörte auf, aus dem Koran zu rezitieren und reinigte stumm und zitternd meinen Po mit einem Stück Fladenbrot. Ich hatte das Brot die ganze Zeit über in der Hand behalten.

»Wenn du irgendjemandem davon erzählst, breche ich dir das Genick. Hast du verstanden, du Hurensohn?« Erschrocken nahm ich das Brot und ging zurück zu meiner Stiefgroßmutter. Jede Treppenstufe war eine Qual, jeder Atemzug eine Schande. Ich gab ihr das Brot und verschwand sofort im Bett meines Großvaters, der nicht zu Hause war. Die Schmerzen waren so groß, dass ich nicht auf dem Rücken liegen konnte. Ich versteckte mich unter der Decke, obwohl es furchtbar heiß war, lag auf meinem Bauch und fing an, leise zu weinen. Niemand hörte mein Schluchzen.

Warum? Warum ich? Warum hier? Tausendfach echoten diese Fragen in meinem Kopf, aber es gab keinen, der mir eine Antwort gab. Auch am nächsten Tag unterdrückte ich meine Qualen beim Stuhlgang und ignorierte das Blut, das aus meinem Po tropfte. Wer weiß, welche Gewebe dieser Junge in mir zerstört hatte. Aber ich wollte niemandem verraten, was geschehen war.

Ich mochte keinen Tag länger in Kairo bleiben. Das Leben der Stadt ging weiter, als sei nichts geschehen, als wären nicht gestern einem Kind alle Hoffnungen und Träume mit einer glühenden Zange aus dem Leib gerissen worden.

Ich sagte meinem Großvater, dass ich zu meiner Mutter ins Dorf zurückkehren wolle. Er antwortete, dass mein Vater mich erst in zwei Monaten mit dem Auto abholen werde. Es gäbe kein Telefon im Dorf, um ihn zu bitten, schon früher zu kommen. Aber keiner konnte mich überreden, einen Tag länger zu bleiben. Mein Großvater sah keine andere Möglichkeit, als mich am nächsten Tag mit dem Zug ins Dorf zurückzubringen. Wir fuhren stundenlang, und ich stand die ganze Zeit auf dem Sitz, denn ich konnte mich noch immer nicht setzen. »Das ist kein zivilisiertes Verhalten, Hamed. In Kairo macht man das nicht«, tadelte mich mein Großvater.

»Gott verfluche Kairo!«, schrie ich.

Die Reise war zu Ende und kein Schaffner war gekommen, um uns eine Fahrkarte zu verkaufen. Nachdem wir ausgestiegen waren, ging mein Großvater zum Schalter und kaufte ein Ticket, das er auf der Stelle zerriss. »Der Staat hat seine Aufgabe erfüllt und hat uns einen Zug zur Verfügung gestellt. Wenn jeder Mensch mogelt, um seine Fahrkarte nicht zu bezahlen, dann fahren bald keine Züge mehr.«

Alle wunderten sich, dass ich so früh aus Kairo zurückkehrte, aber meinem Vater war es recht. Ich suchte für eine Weile den Menschen aus dem Weg zu gehen, aber das war unmöglich. Dreimal täglich traf sich meine Familie zum Essen. Alle saßen um einen runden Tisch auf dem Boden und warteten, bis mein Vater morgens die Eier und mittags und abends das Fleisch verteilte. Obwohl ich das Essen meiner Mutter sehr mochte, betete ich nun darum, nur ein Mal pro Woche essen zu müssen. Ich hasste es, beim Essen in die Augen meines Vaters zu schauen. Jede Gelegenheit nutzte ich, um nicht mitessen zu müssen.

Ich kaufte mir eine Steinschleuder und verbrachte die Tage damit, Tauben abzuschießen. Fast jeden Tag verabredete ich mich mit meinem Cousin zum Spatzenfangen. In meinem Cousin steckte eine destruktive und kriminelle Energie. Während des Wochenmarkts stahl er den Händlern regelmäßig das Geld aus der Tasche. Schließlich gründete er eine Gang, die die Händler ablenken sollte, während er das Geld stibitzte. Da war er gerade sechs Jahre alt. In der Familie galt er als Teufel. Gleichzeitig nannte man mich einen Engel. Aber ich war auf dem besten Weg, in seine Fußstapfen zu treten. Nachdem wir die Spatzen gefangen hatten, zogen wir an ihrem Kopf, bis ihnen das Genick brach. Anfangs verursachte es ein mulmiges Gefühl, aber nach zehn Hinrichtungen war das Töten Routine. Irgendwann entdeckte ich meine Lust daran, Vögel leiden zu sehen. Mit dem Brechen des Genicks starb gleich der Vogel, und der Spaß war zu Ende. Ich entwickelte eine Methode, den Spatzen die Federn auszureißen und sie in meinem Zimmer verhungern zu lassen. Der langsame Tod eines Spatzen unter meinem Bett war für mich der höchste Genuss.

Ich war nicht der Einzige, der grausam zu Tieren war. Ich sah oft, wie meine Mutter unsere Haustiere quälte. Sie schob Tauben und Gänsen Pfefferkörner und Pfefferschoten in den Hintern, damit sie sich bespringen. Ihre Methode schien zumindest bei den Vögeln zu funktionieren, denn es gab immer reichlich Gänse und Enten im Stall auf dem Dach unseres

Hauses. Einmal saß ich auf dem Dach und dachte an das, was in Kairo geschehen war. Ich stellte mir vor, es wäre nur ein Traum und ich würde bald aufwachen, oder dass ich vom Mechanikerlehrling weggelaufen wäre, bevor er mich erwischt hatte. Meine große Schwester kam und fragte mich, warum ich alleine dasäße. Das schwere Geheimnis lag schon an der Spitze meiner Zunge. Ich wollte ihr sagen, dass ich in Kairo »verdorben« worden bin. Aber ich konnte es nicht über die Lippen bringen. Meine Schwester ging wieder nach unten, und ich brach in Tränen aus.

Ich beobachtete, wie die weißen Kaninchen ihre Karotten und Salatblätter fraßen. Ich ging nach unten und holte eine Packung Pfefferkörner aus der Küche. Die Körner steckte ich den dreißig Kaninchen in den Hintern. Ich wartete ein paar Minuten, doch nichts passierte. Kein Anzeichen von Schmerz, auch die Tiere schienen ihre Rolle in der ägyptischen Gesellschaft zu akzeptieren.

Ich war verzweifelt und wurde immer unruhiger und aggressiver. Ich beschimpfte die Kinder auf der Straße und verfluchte unsere Religion. Meine Mutter hörte es und sagte zu mir: »Wenn du die Religion verfluchst, wird Gott dich in einen Affen verwandeln.«

Was meine Mutter mir da sagte, klang aber keineswegs beängstigend, sondern geradezu beruhigend. Eine neue Haut schien meine Rettung zu sein. Ich würde schwarz und hässlich sein und kein Mann würde mich jemals wieder anfassen wollen.

Also stieg ich aufs Dach unseres zweistöckigen Hauses und fing an, mit aller Kraft gegen den Himmel zu schreien: »Ich verfluche die Religion!«

Die Erde bebte nicht. Gott, der Allmächtige, schwieg.

Imamanwärter und Clown

Meinen Eltern war nicht entgangen, dass mein Benehmen, seit der Rückkehr aus Kairo, merkwürdig wurde. Sie fragten sich, warum ich mich wie ein verschreckter Vogel verhielt. Oft wachte ich mitten in der Nacht auf, wusste nicht, wo ich war, und fing an zu schreien. Die Koranverse meines Vaters konnten die bösen Geister nicht aus mir vertreiben. Auch die Rituale meiner Mutter, mit Weihrauch und Myrrhe den bösen Blick abzuwenden, halfen nicht. Schließlich war man sich einig, ich solle schon eingeschult werden. Mit viereinhalb Jahren brachte mich mein Vater zur Schule. Die anderen Kinder waren mindestens zwei Jahre älter als ich. Laut Gesetz darf zwar kein Kind vor dem sechsten Geburtstag eingeschult werden, aber das war kein Problem, denn mein verstorbener Bruder, der zwei Jahre älter war als ich, hatte auch Hamed geheißen. Und da mein Vater mit dem Schuldirektor befreundet war, war es kein Problem, die Geburtsurkunden auszutauschen. Ich durfte meinen toten Bruder spielen und für ihn leben. Merkwürdig war, dass auch die Sterbeurkunde meines Bruders in der Schublade meines Vaters lag. Immer wieder habe ich sie angeschaut: Eigentlich war ich schon längst tot.

Weil ich schon gut lesen und schreiben konnte und wegen der guten Beziehung meines Vaters zum Schuldirektor nahm ich eine privilegierte Stellung in der Klasse ein. Ich war ein Vorzeigeschüler. Mein Vater veranlasste, dass ich keine Hausaufgaben machen musste, damit ich in der freien Zeit zu Hause den Koran lernen konnte. Die pädagogische Methode meines Vaters galt als beispielhaft. Auch blieb ich von der körperlichen Züchtigung durch die Lehrer verschont. Ich musste einmal zusehen, wie mein Lehrer einem Nomadenschüler mit einem Bambusstock auf die nackten Füße schlug, bis er sich in die Hose machte, danach trug er ihn nach vorn und wischte die Tafel mit ihm ab. Er hatte keine Hausaufgaben gemacht, so wie auch ich jeden Tag. Weil ich von den Lehrern gehätschelt wurde, hassten mich meine Mitschüler. Aber ich hätte mich auch gehasst, wenn ich einer von ihnen gewesen wäre: Ich war der Sohn einer Städterin aus Kairo, die arrogant genug war, ihr Kind in der besten Kleidung, mit Lederschuhen, Ledertasche, Taschenrechner, teuren Stiften und leckeren Sandwiches mit dem Wagen in die Schule fahren zu lassen – während die übrigen Schüler die noch aus der sozialistischen Zeit stammenden blassgelben Uniformen trugen, aus deren grobem Stoff auch die Schultaschen genäht waren. Die mittellosen Kinder, die das Gros ausmachten, bekamen ihre Uniformen in einer einzigen Größe. Sie aßen tagein und tagaus Käse oder Halwa, eine Sesampaste mit Zucker, die die Schule kostenlos ausgab. Sie trugen billige, stinkende Plastikschuhe, manche auch keine. Viele von ihnen saßen im Klassenzimmer auf dem Boden, denn sie hatten keinen Stuhl, da jeder Vater für seinen Sohn oder seine Tochter Tisch und Stuhl selbst stellen musste.

Ich wurde von den Schülern ignoriert oder schikaniert. Beim Fußball durfte ich meistens nicht mitspielen. Ein christlicher Mitschüler und ich wurden gehasst. Aber der Christ durfte zumindest ab und zu beim Fußball mitspielen – wann immer er das muslimische Glaubensbekenntnis sprach. Mir wurden regelmäßig meine Stifte und Sandwiches gestohlen. Manchmal kam ich in der billigen Uniform in die Schule und versuchte, meine Pausenbrote unter den Schülern zu verteilen, aber auch das funktionierte nicht. Sogar meinen Kairoer Dialekt habe ich aufgegeben und begann, wie die Kinder im

Dorf zu sprechen. Aber es klang grauenhaft. Es wirkte so, als ob ein Gesunder vor einem körperlich behinderten Menschen hinkte und die Behinderung vortäuschte.

Einmal habe ich den Clown für meine Mitschüler gespielt, um von ihnen akzeptiert zu werden. Es war mein viertes Schuljahr und wir feierten Muttertagsfest in der Schule. Dreimal trat ich bei dieser Veranstaltung auf, so oft wie kein anderer. Ich wurde vom Schuldirektor beauftragt, das Fest mit ein paar Versen aus dem Koran über die Bedeutung der Mutter zu eröffnen. Gut, dass ich eine passende Stelle auswendig konnte, so musste ich nicht vorlesen: »Wir ermahnen den Menschen, seine Eltern mit Liebe und Zärtlichkeit zu behandeln. Seine Mutter trug ihn mit Schmerz und gebar ihn mit Schmerz. Und sollten sie (die Eltern) alt werden, so kränke sie nicht und sei ihnen wie zuvor demütig. Und bete für sie: Möge Allah ihnen beiden gnädig sein, so wie sie mir in meiner Kindheit auch gnädig waren.«

In dieser Sure zeigt sich der Koran der Frau gegenüber von seiner besten Seite. Als Mutter ist die Frau eine Heilige in unserer Kultur. Der Prophet Mohammed hat gesagt: »Das Paradies liegt unter den Füßen der Mütter!« Bleibt die Frau nach der Ehe aber kinderlos, so ist sie nur noch ein Kaktusbaum ohne Früchte. Auf jeden Fall habe ich meine Aufgabe gemeistert und die Eröffnung war geglückt. Zwanzig Minuten später wurde ich als bester Schüler meiner Klasse ausgezeichnet. Und wie ich die Veranstaltung eröffnet hatte, habe ich sie beschlossen, diesmal allerdings nicht mit einem Zitat aus dem Koran, sondern mit einer Bauchtanzeinlage, die ich lange zu Hause geübt hatte. Bei dem abschließenden Bauchtanzwettbewerb, an dem selbstverständlich nur Jungs teilnehmen durften, wurde ich allerdings nur Dritter. Lehrer und Schüler waren über mein Mitwirken verblüfft: Ist er nun ein schlauer Schüler, ein frommer Koranrezitator oder ein Clown? Einige amüsierten sich, die meisten jedoch fanden diese Posse geschmacklos.

Sohn der Kreuzritter II

Mittlerweile waren meine jüngeren Geschwister zur Welt gekommen, die Schwester war auch hellhäutig und mein jüngerer Bruder hatte dazu auch noch grüne Augen. Die Kinder im Dorf hatten gerade die Kreuzzüglerlegende vergessen, und jetzt kommt so ein Bastard und macht alles kaputt! Es war nur eine Frage der Zeit, bis die Geschichte wiederbelebt würde. Ich ging in die Offensive. Ja, ich bin ein Nachfahre der Kreuzritter. Ich genoss sogar diese neue Identität.

Mittlerweile war unser Dorf an das Strom- und das Wassernetz angeschlossen. Meine Mutter kaufte einen Fernseher, und ich interessierte mich vor allem für amerikanische Serien wie »Dallas« und »Falcon Crest«. Kaum zu glauben, dass der Preis des Fernsehers dem Wert eines kleinen Feldes entsprach. Ich saß direkt vor dem Bildschirm, um die blauen und grünen Augen der amerikanischen Schauspieler zu sehen. Aber ich konnte gar nichts erkennen, denn unser Apparat war schwarzweiß. Ich begann, mich für Fremdsprachen zu interessieren. Ich saß stundenlang bei einem älteren Cousin, den ich gebeten hatte, mir Englisch beizubringen. Wir hörten zusammen englischsprachige Poplieder, und ich fragte ihn, was der Text bedeutete. Was er mir sagte, klang verdächtig nach arabischen Schlagertexten, und ich begriff, dass ich professionelle Hilfe brauchte, um diese Sprache zu erlernen. Falls ich jemals vor meinen christlichen Vorfahren stehen sollte, dann wollte ich mich mit ihnen in ihrer Sprache fließend unterhalten. Aber bis zum Studium waren es acht Jahre, und ich musste meinen Vater erst noch überzeugen, dass ich Englisch studieren wollte und nicht Islamwissenschaft wie er.

Ich war vom Fernsehen fasziniert und verbrachte jede Stunde, die mein Vater außer Haus war, vor dem Apparat. In unserem Dorf von zwanzigtausend Einwohnern gab es damals nur fünf Fernsehgeräte. Cousins und Nachbarn kamen und schauten mit uns Fußballspiele und ägyptische Filme an. Aber meine ältere Schwester durfte nie zusehen. Auch Fernsehen war eine Männersache. Vor allem nachts durfte nur ich fernsehen. In den arabischen Filmen der Sechziger und Siebziger gab es Bauchtanz, Männer, die Frauen küssten, und andere teuflische Sachen zu sehen. Die Augen meiner Schwester sollten so etwas Unmoralisches nicht erblicken, sonst käme sie womöglich noch auf dumme Gedanken. Außerdem musste sie früher ins Bett, weil sie auch früher aufstehen musste, um meiner Mutter beim Backen und Frühstückmachen zu helfen. Meist wartete sie aber auf mich in ihrem Zimmer, damit ich ihr die Geschichte des Films erzählte. Mein gutes Gedächtnis half mir, ihr danach die gesamte Handlung wiederzugeben. Sogar von den Küssen habe ich bis ins kleinste Detail berichtet. Meine Schwester kicherte so süß, als ich die Küsse auf meinem Handrücken nachspielte.

Mein Vater war über mein Verhalten beim Muttertagsfest enttäuscht gewesen und sagte, ich hätte den Koran erniedrigt, indem ich ihn mit billiger Unterhaltung vermischte. Er war jedoch begeistert darüber, dass ich zum vierten Mal in Folge Klassenbester geworden war. An diesem Tag versammelten sich einige Familienoberhäupter des Dorfes bei uns. Einer beschwerte sich scherzhaft darüber, dass immer ich die Nummer eins in der Schule sei. Mein Vater erwiderte: »Ja, das liegt aber nicht in unserer Hand. Hamed wird am Tag der Prüfung immer von Engeln besucht, und sie verraten ihm alle Antworten.« Alle im Raum lachten, nur ich nicht. Ich war auf der Suche nach einer Erklärung, warum ich immer der Erste war, obwohl ich weder lernte, noch die Hausaufgaben machte. Und warum fiel es mir so leicht, lange Passagen aus dem Koran so rasch auswendig zu lernen? Ich mochte den Gedanken, von Engeln besucht zu werden. Vielleicht gelingt es ihnen, die Schmerzen in mir zu lindern und mir zu erklären, welchen Sinn die Grausamkeit besaß. In meiner verzweifelten Naivität stieg ich aufs Dach und wartete darauf, dass der Erzengel Gabriel auf mich herabkommt und mir eine erfreuliche Nachricht überbringt. Hoffentlich wird er meine Brust nicht mit einem Messer öffnen, um mein Herz mit dem heiligen Wasser vom Brunnen Zamzam zu reinigen, wie er es beim Propheten Mohammed getan hat. Ich dachte, langsam sei es Zeit für einen neuen Propheten. Gabriel, der Postbote Gottes, musste sehr gelangweilt sein, da er seit mehr als 1400 Jahren ohne Beschäftigung war. Aber selbst der arbeitslose Gabriel kannte mich nicht. Keiner kam. Keiner würde mir je erklären, warum die Dinge so sind, wie sie sind, warum die Menschen so sind, wie sie sind. Alles hat nichts genützt. Weder Gott noch einer seiner Angestellten meldete sich je bei mir.

Auch die Mitschüler waren kein bisschen freundlicher zu mir nach der Tanzshow. Ihre Väter küssten zwar meinem Vater ehrerbietig die Hand in der Moschee, aber mir gegenüber zeigten sie keinen Respekt. Sie spielten nicht nur ständig auf meine Abstammung von den Kreuzrittern an, sondern gaben mir auch noch einen Mädchennamen: Jihan. Ein besonders hübscher Name für Frauen aus Kairo. So hieß auch die Gattin des Staatspräsidenten Sadat. Sie war sehr beliebt und galt als modisch und intelligent.

Eines Tages kam ich nach Hause und fand meine Mutter weinend vor dem Fernseher. Ich schaute auf den Bildschirm und verstand nicht, was los war. Es waren nur Koranrezitationen und militärische Märsche zu hören; der Bildschirm war schwarz. Am Anfang dachte ich, sie weine, weil der Fernseher kaputtgegangen war. Immerhin hatte er ein Vermögen gekostet. Ich fragte sie, warum sie weine. Sie sagte mir, man habe unseren Präsidenten Sadat umgebracht. Meine Frage, ob die Israelis dahintersteckten, konnte meine Mutter nicht beantworten. Ich war auch sehr traurig, aber nicht weil Sadat gestorben war. Ich war traurig, weil ich wusste, wann immer jemand starb, würde es uns vierzig Tage nicht erlaubt sein, fernzusehen und gefüllte Kohlblätter zu essen. Auch damals, als meine Großmutter mütterlicherseits starb, war ich zwar traurig darüber, dass sie nicht mehr da war, aber noch trauriger war ich, weil meine Mutter nun wochenlang nichts Gutes kochen konnte und mich nicht fernsehen ließ. Für mich waren Fernsehen und Essen die einzigen Genüsse im Dorf. Wozu lohnte es sich denn zu leben, wenn man von den einzigen Freuden des Lebens ferngehalten wird, nur weil jemand gestorben ist?

Im Dorf war es Tradition, dem Toten zur Ehre kein aufwendiges Essen zu servieren und keine Feste oder Hochzeiten zu feiern. Das galt nicht nur für die engsten Familienangehörigen, sondern auch für Nachbarn und ferne Verwandte. Und da fast jeder mit jedem in irgendeiner Form verwandt war, und da jede Woche jemand starb, gab es selten eine Zeit, in der man uneingeschränkt alles essen konnte. Besonders die gefüllten Leckereien waren verpönt: Kohlblätter,

Weinblätter, Zucchini und Auberginen, die zu meinen Leibspeisen zählten. Ägypter scheinen eine merkwürdige Beziehung zur Trauer zu haben. Die gleiche Beziehung haben Deutsche im Übrigen zum Lustigsein. Ägypter lieben es, die Trauer zu ritualisieren und zu inszenieren, so wie die Deutschen den Karneval und die ausgelassene Stimmung einstudieren. Wenn ein Mensch in meinem Dorf stirbt, ruft der Muezzin in der Moschee die Dorfbewohner durch einen Lautsprecher dazu auf, an der Beerdigung und der Trauerfeier teilzunehmen. Der Verstorbene muss am Tag seines Todes oder spätestens am nächsten begraben werden. Es gilt als eine Ehre, den Sarg eines Toten zu tragen. Deshalb wechseln sich alle zehn Schritte vier Männer ab, bis die Prozession, die aus mehreren tausend Männern bestehen kann, nach etlichen Stunden zum Grab gelangt. Dann spricht mein Vater das Beerdigungsgebet und gibt dem Totengräber ein Zeichen, den Toten, der nur in ein weißes ungesäumtes Tuch gewickelt ist, ins Grab zu legen und seinen Kopf gen Mekka auszurichten. So wie der Mensch aus der Muttererde stammt, sollte auch Muttererde seine Leiche wieder aufsaugen. In diesem Sinne ist nichts natürlicher als der Tod. Und dennoch braucht man ein bezahltes Klageweib, um zu weinen.

Ich habe damals nicht verstanden, warum man Sadat umgebracht hat. Wenn er so böse war, warum weinte dann meine Mutter, als er erschossen wurde? Meine Mutter schätzte ihn sehr. Mein Vater dagegen mochte Sadat nicht, weil dieser sich entschieden hatte, nach Israel zu gehen, und mit dem Feind Frieden schloss. Für meinen Vater war das ein Verrat an den gefallenen Soldaten, die mit ihm zusammen 1967 in die bittere Niederlage gegangen waren. Mein Onkel, der auch unser Nachbar war, liebte hingegen Sadat. Er hielt ihn für einen Helden, der seiner Zeit um Jahrzehnte voraus war. Er liebte nicht nur Sadat, sondern auch Israel. Über Sadat schieden sich in Ägypten die Geister. Aber Israel? Die Israelis seien nicht zu besiegen, weil sie das Volk Gottes seien, meinte mein Onkel. Seine Begeisterung für unseren ungeliebten kleinen Nachbarn ärgerte meinen Vater, und die beiden hatten deswegen einmal einen großen Streit. Es war nicht das einzige Mal, dass die beiden Brüder sich stritten. Mein Onkel war ein seltsamer Mensch, mein Vater aber auch. Irgendwie schien unser gesamter Clan ein merkwürdiges Völkchen zu sein. Keine Familie war nach innen so zerstritten und nach außen so solidarisch wie die unsere. Bei keiner anderen Familie wurde so oft geheiratet und bald wieder geschieden wie bei uns. Und in keiner anderen Familie gab es so viele gebildete Menschen wie in unserer. Gewalt war in der Großfamilie Abdel-Samad an der Tagesordnung. Sie galten alle als impulsiv und kompromisslos. Obwohl mein Vater der jüngste von sechs Brüdern war, war er, aufgrund seiner Position als Imam, doch das Familienoberhaupt. Meinem älteren Onkel schmeckte das nicht. Außerdem lagen die Felder meines Vaters nah bei seinen, und dies führte zu Streitereien, wann immer mein Vater ein Stück Land an Fremde verkaufte. Bei einem Streit im Feld schlug mein Onkel meinem Vater eines Tages mehrmals mit einem dicken Stock auf den Kopf, bis er stark blutete. Mein Vater hatte eine schwere Gehirnerschütterung und wurde nach Kairo ins Krankenhaus gebracht. Mein Onkel wurde eingesperrt und wartete auf ein Gerichtsverfahren, doch mein Vater behauptete, als der Polizeibeamte ihn im Krankenhaus nach dem Streit befragte, dass niemand ihn geschlagen habe. Er sei nur auf einen Stein im Feld gefallen. Daraufhin wurde mein Onkel aus der Haft entlassen. Das galt als eine Heldentat, die nicht nur von unserem Clan, sondern vom gesamten Dorf gepriesen wurde.

Während seiner Abwesenheit vermisste ich meinen Vater sehr. Ich betete, Allah möge ihn heilen, so dass er bald zu uns zurückkäme. Ich vermisste es, den Koran vor ihm zu rezitieren und mit ihm in die Moschee zu gehen. Sein Gehilfe in der Moschee hatte eine monotone Stimme im Gebet und hielt langweilige Predigten am Freitag. Keiner konnte den Koran so schön singen wie mein Vater. Ich vermisste sein teures Rasierwasser, das sein Zimmer erfüllte, und seinen eleganten, selbstbewussten Gang. Ich vermisste sein übliches Bittgebet, mit dem er das Schweigen einer Unterhaltung unterbrach: »O du Barmherziger, sei mir gnädig!« Auch gab es in seiner Abwesenheit nichts Gutes zu essen, da meine Mutter die meiste Zeit bei ihm war und manche Kochversuche meiner Schwester schlicht ungenießbar waren. Meine Mutter kochte für ihren Mann mit Liebe. Sie sah nur ihn und wartete nur auf seine Reaktion, wenn er das Essen probierte. Sie strahlte immer, wenn er ihre Leckereien lobte. Eine solch bedingungslose Liebe, wie sie sie ihm entgegenbrachte, habe ich bei keiner anderen Frau je gesehen.

Ich vermisste merkwürdigerweise sogar meine Angst vor meinem Vater. Sein Zorn war mir lieber als die Leere, die er hinterlassen hatte. Die Freiheit, die ich durch seine Abwesenheit gewann, konnte und wollte ich nicht genießen. Ich lernte in jeder freien Minute neue Korankapitel auswendig, um ihm eine Freude zu machen, wenn er wieder nach Hause kam. Auch mein älterer Bruder und meine Schwester vermissten ihn. Wir wussten zwar alle, dass wir, wenn er wieder da wäre, uns verstecken und wie die Ratten in ihre Löcher fliehen würden, wann immer er das Haus beträte, aber wir wollten ihn wiederhaben. Das Haus und das Dorf waren ohne ihn unvorstellbar.

Meine Mutter

Nach dem Streit mit seinem Bruder beschloss mein Vater, das Haus zu verkaufen und ans andere Ende des Dorfes zu ziehen. Sieben Mal mussten wir das Haus wechseln, nur weil er an den Nachbarn irgendetwas auszusetzen hatte. Er liebte es, Häuser zu wechseln, aber liebte es auch, sie von Grund auf neu bauen zu lassen. Er ging darin auf, den Grundriss zu entwerfen, die Bauarbeiter zu kommandieren und die Steine selbst zu befeuchten. Die vielen Umzüge haben sicher dazu geführt, dass ich keine langfristigen Freundschaften schließen konnte und dass ich keine richtige Bindung an jenen Ort entwickelte, an dem wir lebten. Unser Dorf war natürlich nicht mit einer Großstadt wie Kairo zu vergleichen, die Wege zwischen den einzelnen Häusern und ihren Feldern konnten aber sehr weit sein. Ich wusste, es lohnte sich nicht, sich an einen Ort zu gewöhnen, wenn es bald wieder vorbei sein würde. »Es ist bald vorbei« ist zu meinem Lebensmotto geworden. Heute glaube ich, dass diese vielen Umzüge auch daran schuld sind, dass ich später so unverbindlich und sprunghaft in meinen Lebensentscheidungen wurde. Sie machten es mir leichter, Menschen und Orte zu verlassen und alle Brücken zu ihnen abzubrechen, als hätten sie nie für mich existiert.

Aber dieses ewige Umziehen hatte auch seine positiven Seiten. Wir wohnten in allen Ecken des Dorfes und lernten so viele Menschen kennen. Unser neues Haus lag unweit des Hauses meines ältesten Onkels, einem der letzten Männer im Dorf, der noch mit vier Frauen gleichzeitig verheiratet war. Mein Onkel lebte mit all seinen Frauen, Kindern und Enkelkindern in einem riesigen vierstöckigen Haus. 51 Menschen bewohnten den Großbau, den wir als Kinder das »Schiff« nannten. Später wurde er von den Enkelkindern in »Titanic« umgetauft. Dieses Haus war voller Leben. Man konnte vor dem Haus stehend irgendeinen beliebigen arabischen Vornamen rufen und sicher sein, dass jemand antworten würde. Freundschaften mit den Cousins waren nicht möglich, denn sie waren schon erwachsen, und ich war für sie sowieso nur der Sohn der Frau aus Kairo. Die Enkelkinder waren eher in meinem Alter, und ich hatte den Vorteil, dass ich in der Familienhierarchie einen Rang über ihnen stand. Sie nannten mich Onkel, und ich fand das angemessen. Zur Abwechslung schadete ein wenig Respekt seitens der Kinder auch nicht. Die meisten von ihnen waren nervtötend, aber einige auch recht nett. Auf jeden Fall kehrte mit diesem Umzug eine relativ lange Phase der Ruhe in mein Leben ein. Keiner von ihnen nannte mich Zigeuner oder Kreuzzüglerkind.

Ich spielte mit den Enkelkindern meines Onkels primitive und brutale Spiele. Wir bewarfen uns gegenseitig mit Kaktusfeigen oder wir vertrieben uns die Zeit mit einem Spiel, das wir Religionskrieg nannten. Ein Spieler trug seinen Kameraden auf dem Rücken, und die Aufgabe bestand darin, den Gegenspieler vom Rücken seines Trägers auf den Boden zu stoßen. Man durfte mit den Füßen treten oder mit einem geknoteten Hemd auf den Kopf des Gegenspielers schlagen. Es klingt brutal, und das war es auch, aber es hat uns Kindern Spaß gemacht. Es tat gut, einfach nur Kind zu sein und von anderen Kindern akzeptiert zu werden. Trotzdem neigte ich noch immer zur Einsamkeit. Ich saß gerne alleine nachts auf dem Dach unseres Hauses und beobachtete die Sterne. Unweit unseres neuen Hauses gab es einen Sandberg, zu dem ich bisweilen ging und bis zur totalen Erschöpfung immer wieder hinauflief und herunterrollte. Es war sehr schön, von dort aus den Sonnenuntergang hinter den Feldern zu beobachten: Ein Vergnügen, das nicht viele im Dorf zu schätzen wussten.

Einmal ging ich vom Sandberg durch ein Kaktusfeld nach Hause und durfte unterwegs ein erstaunliches Naturschauspiel betrachten. Eine Gruppe wunderschöner Schlangen formte einen perfekten Kreis und bewegte sich rhythmisch, als würden sie tanzen. Es ist schwer, diese Schönheit zu sehen, ohne zu glauben, dass es einen Gott gibt. Es war das mit Abstand schönste Erlebnis meiner Kindheit. Ich erzählte meiner Mutter von den Schlangen, und sie meinte, dass es eine Schlangenhochzeit gewesen sein müsse. Sie erzählte mir, dass auch Tiere Gemeinschaften und Rituale haben, weil sie wie wir Menschen soziale Wesen sind. Sie sagte, der Prophet Mohammed lehre uns, dass auch die Tiere an Gott glaubten und beteten, aber wir verstünden ihre Gebete nicht. Sogar die Pflanzen verneigten sich vor Gott und lobten ihn. Der Prophet ermahne uns, menschlich mit Tieren und Pflanzen umzugehen. Gott habe eine Frau in die ewigen Qualen der Hölle geschickt, weil sie eine Katze gefangen hielt, und er hätte einen sündigen Mann ins Paradies eingelassen, weil er einst einen durstigen Hund vor dem Tod gerettet hätte. Mich wunderte, dass die Frau immer die Böse ist. Wie in den Märchen waren auch viele religiöse Erzählungen der Frau gegenüber sehr misstrauisch. Ich fing trotzdem an, wegen all der Vögel, die ich zu Tode gequält hatte, ein schlechtes Gewissen zu haben. Ich betete und bat Gott um Vergebung. Zwei Jahre lang mochte ich deshalb kein Geflügel mehr essen.

Meine Mutter war mittlerweile eine reife Frau geworden. Auch sie gab ihren Kairoer Dialekt auf, trug ein Kopftuch und fühlte sich immer wohler in der Rolle der Ehefrau des Imams. Da unser Dorf nicht nachtragend ist, wurde meine

Mutter nun als dazugehörig akzeptiert. Ich konnte eine neue Seite an meiner Mutter beobachten, die mich verblüffte. Ich sah die Verwandlung meiner Mutter von einer egoistischen Rebellin in eine Wohltäterin, die viel Geld für die Armen im Dorf ausgab. Man mag meinen, sie habe dies nur getan, um sich die Liebe der armen Leute, die sie hassten, zu erkaufen. Das hätte der Grund sein können, wenn meine Mutter ihr Geld den Armen öffentlich gegeben hätte. Aber sie zog es vor, den Leuten ihre Zuwendungen heimlich zukommen zu lassen, so dass sie nie erfuhren, woher das Geld stammte. Als ich sie fragte, warum sie das mache, sagte sie: »Wenn ich den Leuten persönlich das Geld gebe, dann würden sie mir dafür danken. Ich will aber die Belohnung allein von Gott bekommen.« Einmal klopfte ein Bettler an unsere Tür und fragte meine Mutter, ob sie alte Kleidung für den kommenden Winter für ihn habe. Meine Mutter ging und holte, ohne eine Sekunde zu zögern, einen nagelneuen Kaschmirüberhang, den sie gerade für meinen Vater in Kairo gekauft hatte, und gab ihn dem alten Mann. Anfangs hielt der Bettler das für einen Witz. Ich fragte sie, wie sie so einen teuren Überhang einfach verschenken könne, worauf sie sagte: »Ich habe ihn Gott und nicht dem alten Mann gegeben, und Gott soll man nur das Beste geben!« Sie war mittlerweile eine gute Muslimin geworden, betete fünfmal am Tag und las häufig religiöse Literatur. Trotzdem blieb zwischen uns beiden immer eine Distanz. Seitdem sie mich abgestillt hatte, erinnere ich mich an keinen einzigen Körperkontakt mehr. Ich habe es sogar abgelehnt, von ihr im Bad gewaschen zu werden.

Meine Mutter wuchs im Zentrum von Kairo auf und war ein rebellisches Kind. Sie war klug, eigensinnig und schön. Seit ihrem zwölften Lebensjahr warben viele Männer um ihre Hand. Sie wussten, wenn man so eine Frau heiraten wollte, musste man rechtzeitig anfangen, sie zu zähmen. Aber sie lehnte alle Avancen ab, bis sie als gerade mal Sechzehnjährige einen 28 Jahre alten Soldaten vom Land traf. Sie war sofort in ihn verliebt und beschloss, ihn gegen den Willen ihrer und seiner Familie zu heiraten. Sie ergriff die Initiative und überzeugte meinen Vater davon, um ihre Hand anzuhalten. Die Tatsache, dass er schon einmal verheiratet war und dass Krieg herrschte, scherte sie nicht. Sie sah nur sich und ihn. Mit ihm durchlebte sie Phasen der Wandlung, aber sie blieb ein Sinnbild unserer Kultur: Sie schwankte stets zwischen Tradition und Moderne, trug beide in sich, konnte sie aber nie richtig miteinander versöhnen und in Einklang bringen.

Mein Vater war immer meine wichtigste Bezugsperson. Das habe ich zumindest lange Zeit gedacht. Heute weiß ich, dass ich von meiner Mutter genauso viele Gefühle und Lebensaufgaben übernommen habe.

Vergänglichkeit, Ewigkeit, Vertrauen

Ich lernte weitere Passagen des Korans auswendig, mein Vater war mit meinen Fortschritten zufrieden. Ich genoss es, den Koran zu rezitieren, aber das Gebet in der Moschee erfüllte mich noch immer nicht. Es war für mich nicht mehr als ein soziales Ritual. Viel stärker war ich am Tanz der Derwische interessiert. Jeden Donnerstagnachmittag veranstalteten die Sufis in der Moschee meines Vaters eine Tanzstunde. Sie drehten sich im Kreise und priesen Gott. Sie sangen »fanaa, baqaa, tawakkul« – Vergänglichkeit, Ewigkeit, Vertrauen.

Vertrauen war für sie die Brücke zwischen dem Nichts und der Ewigkeit. Ich durfte mit den Sufis tanzen, obwohl mein Vater sie für nicht genuin islamisch hielt. Er war aber immer freundlich zu ihnen und spendierte ihnen sogar ab und zu ein Mittagessen. Er war der Meinung, jeder soll zu Gott beten, wie er will, denn nur Gott alleine darf den Glauben der Menschen beurteilen. Es gefiel mir, mit ihnen im Kreis zu stehen und zu rufen: »Allah hayy«, Allah lebt!

Sie sagten, dass der Mensch ein ewig nach Gott Suchender sei. Der Atem Gottes sei unsere Seele, und wir seien sein Ruhm. Mit meinen elf Jahren war ich nicht in der Lage, zu begreifen, was das wirklich bedeutete, aber mich faszinierte die Idee, dass der Mensch ewig auf der Suche nach Gott ist. Denn genau so habe ich es immer empfunden. Ich verbrachte mehr und mehr Zeit mit ihnen und besuchte ihre privaten Tanzveranstaltungen, die sie »dhikr« nannten, was so viel wie Erinnerung bedeutet. Für sie ist das gesamte Wissen der Welt im Inneren des Menschen vorhanden: Man lerne nicht etwas Neues, sondern erinnere sich nur daran, wenn man an Gott denke. Die Wahrheit liege im Herzen des Menschen, und nirgendwo sonst. Gott habe von Beginn der Zeit an mit allen Menschen einen Pakt geschlossen: Er verlieh einen Teil seiner Macht an die Menschen, und deshalb trügen sie die Verantwortung für ihr Leben. Gleichzeitig aber sei alles vom Schicksal und vom Willen Gottes abhängig. Gott entscheide, was mit dem Menschen geschehe, und der Mensch entscheide, wie er darauf reagiere. Es war eine andere Welt als die des sunnitischen Islam, wo die Beziehung zwischen Mensch und Gott vertikal ist. Mir gefiel, dass die Sufis nicht die formalen Regeln und Rituale des Islam betonten. Sie sprachen nie über die Qualen der Hölle, sondern über das Feuer der Liebe. Keiner von ihnen hatte den Koran auswendig gelernt oder

Islamwissenschaft studiert, trotzdem argumentierten sie scharfsinnig und überzeugend.

Der Sog der Sufis ergriff mich, und meinem Vater gefiel es nicht, dass ich begann, den Koran zu vernachlässigen, und meine Zeit beim Tanzen verbrachte. Eines Tages kam er aus der Moschee zurück, rief mich zu sich und verlangte, dass ich eine Koransure rezitieren solle, die er mir schon vor zwei Jahren beigebracht hatte. Eigentlich war es eine leichte Sure, aber ich konzentrierte mich seit Langem auf die schwierigen Suren. So habe ich einige Fehler gemacht, die mein Vater mit harten Ohrfeigen bestrafte. Ein Bauernjunge hatte gerade vor ihm diese Sure in der Moschee fehlerfrei rezitiert.

Es war das erste Mal seit langer Zeit, dass mich mein Vater wieder ins Gesicht schlug. Anscheinend hatte die Gehirnerschütterung, die ihm sein Bruder beigebracht hatte, seine frühere Aggressivität wiederbelebt. Schon einmal hatte er mich als Kind so auf den Kopf geschlagen, dass ich tagelang an heftigen Kopfschmerzen litt und mit dem linken Ohr nicht richtig hören konnte. Danach war er kreativ bei meinen Bestrafungen: Manchmal schlug er mich mit dem Bambusstock, einem beliebten Folterinstrument, weil dadurch keine Knochen gebrochen und keine bleibenden körperlichen Verletzungen verursacht werden. Die seelischen Wunden zählen natürlich nicht. Mit dem Bambusstock wurden nur meine Mutter und ich geschlagen. Mein älterer Halbbruder blieb meist verschont, weil mein Vater sich wenig um ihn kümmerte, und meine beiden Schwestern, weil ein Vater aus Prinzip seine Töchter nicht schlagen darf. Mein jüngerer Bruder war noch zu klein, um bestraft zu werden.

Als ich zum ersten Mal sah, wie mein Vater meine Mutter schlug, brach für mich eine Welt zusammen. Warum tut er das? Und warum lässt sie das zu, nach all dem, was sie für ihn geopfert hatte? Immer stand sie bis zur Selbstverleugnung hinter ihm. Sie sah nur ihn, liebte nur ihn. Wann immer ich von ihm geschlagen wurde, kam sie danach zu mir, nicht um mich zu trösten, sondern um mich zu bitten, zu meinem Vater zu gehen und mich bei ihm zu entschuldigen. Auch wenn er sie schlug, suchte sie die Schuld bei sich und nicht bei ihm.

Gott hatte mehr als ein Gesicht für mich: mein Vater, mein Lehrer, der Polizist und der Staatspräsident. Alle waren mächtig, wussten alles und durften alles, und keiner durfte sie nach ihrem Handeln fragen.

Eine der schrecklichsten Erinnerungen meiner Kindheit war der Anblick meiner Mutter, die vor den Füßen meines Vaters kniete. Sie schützte nur ihr Gesicht und ließ sich von ihm mit Füßen und Händen schlagen. Sie unterdrückte ihre Schreie, um ihn nicht zu provozieren, und stand schweigend auf, nachdem er genug hatte. Mit gesenktem Haupt saß sie ihm gegenüber, als wäre nichts geschehen. Oft stand ich machtlos da und wollte ihn anschreien: »Du bist ungerecht!«, aber nie hatte ich den Mut dazu. Ich fragte mich, was meine Mutter verbrochen haben mochte, um so brutal geschlagen zu werden. Da ich ihn dafür nie bestrafen konnte, suchte ich immer nach einer Entschuldigung für meinen Vater und einer Erklärung für sein Handeln. Was geht in diesem Mann vor, den die Leute nur als ausgeglichen und weise kennen? Warum ist dieser Mann so einsam und gewalttätig? Jedes Mal, wenn mein Vater mich oder meine Mutter geschlagen hatte, betete ich zu Gott, dass dies das letzte Mal gewesen sein möge. Aber die Bestrafungen durch meinen Vater kehrten regelmäßig wieder, entweder, wenn er mich in Momenten beim Spielen erwischte, in denen ich den Koran hätte lernen sollen, oder wenn ich eine meiner Schwestern schlug. »Frauen darf man nicht schlagen, denn ihre Flügel sind gebrochen«, sagte er immer. Gerade er musste das zu mir sagen, wo ich mehrmals gesehen hatte, wie er meine Mutter wegen einer Nichtigkeit verprügelte.

Einmal habe ich meiner kleinen Schwester eine Kopfnuss gegeben, weil sie mein Schulbuch zerfleddert hatte. Sie schrie furchtbar laut, so dass mein Vater erschrocken aus seinem Mittagsschlaf erwachte. Das war ein zweifaches Verbrechen, denn er hasste es, geweckt zu werden. Es muss an seiner traumatischen Erfahrung im Sechstagekrieg gelegen haben. Als er vom Schlachtfeld geflohen war, versteckte er sich eine Zeitlang bei einer Beduinenfamilie. Wäre er von der ägyptischen Armee gefasst worden, hätte man ihn als Deserteur mindestens zu einer hohen Freiheitsstrafe verurteilt. Wenn die Israelis ihn erwischt hätten, wäre er in Kriegsgefangenschaft geraten. Wann immer jemand an die Tür der Beduinen klopfte, geriet er in Panik. Mein Vater kam also verschwitzt aus seinem Zimmer heraus und fragte, was los sei. Meine Schwester sagte, dass ich sie gehauen habe. Ohne meine Gründe anzuhören, fing er an, mich mit dem Bambusstock zu verprügeln. An diesem Tag schlug er mich länger als sonst. Er warf den Bambusstock weg und fing an, mich mit Händen und Füßen zu bearbeiten. Als er fertig war, saß ich in meinem Zimmer und weinte. Da kam er wieder, nahm mich ins Bad und bespritzte mich mit kaltem Wasser. Dann nahm er mich zum Barbierladen, um mir den Kopf kahlscheren zu lassen. Sonst kam der Barbier immer zu uns nach Hause, aber mein Vater wollte mich vor den anderen Kunden erniedrigen. Er galt für alle als der gerechte Imam, der nicht ohne Grund bestraft. Sie verstanden, dass ich nicht wie jedes Kind war. Ich brauchte besondere Züchtigung und Strenge, um die Aufgaben, die auf mich als Imam in der Zukunft warteten, meistern zu können.

Das Schlimme an den Strafen meines Vaters war, dass sie unberechenbar waren. So erwischte er mich mehrmals beim Fußballspielen auf der Straße. Einmal schlug er mich, ein anderes Mal beobachtete er mich beim Spielen und feuerte mich sogar an: »Schieß Junge!«, und des Öfteren reagierte er nicht. Am schlimmsten war es, wenn er mich im Zimmer einsperrte und den ganzen Tag nicht mit mir sprach. Ich wusste nie, war das schon die Strafe, oder überlegte er bloß, welche Strafe für mich angemessen wäre. Trotzdem achtete ich meinen Vater sehr. Er war mein Idol. Ich ignorierte seine negativen Eigenschaften und sah nur den fairen, selbstbewussten Imam. Da ich keine Zeichen von Gott bekam, trat mein Vater an dessen Stelle. Und da ich nicht wollte, dass unser Vater im Himmel genauso ist wie unser Vater auf Erden, machte ich meinen Vater dem Vater im Himmel gleich: perfekt und tadellos. Zornig und unberechenbar waren beide sowieso.

Es kränkte und ehrte mich zugleich, dass mein Vater mir so viel Aufmerksamkeit schenkte und unerschütterlich an mich glaubte. Er hatte immer Angst um mich, als spürte er, dass ein Kind wie ich das Böse in den Menschen um ihn herum provoziert. Ich durfte als Einziger seiner Söhne nicht Schwimmen lernen. Einmal wollte ich am Frühlingsfest zum Nil gehen, der nur ein paar Hundert Meter von unserem Haus entfernt lag. Mein Vater sagte: »Du darfst hingehen, aber wenn du das Wasser auch nur berührst, schlage ich dich tot. Auch wenn du ertrinkst, werde ich noch deine Leiche schlagen. Und glaube ja nicht, dass ich dich nicht sehen kann, denn ich habe tausend Augen!« Wie Gott war mein Vater allgegenwärtig. Wie Gott war er der Abwesende, der immer da war. Ich durfte zwar zum Nil gehen, musste aber zuvor bei Allah, dem Allmächtigen, schwören, dass ich das Wasser nicht berühren werde. Einmal habe ich geträumt, dass mein

Vater in der Moschee zusammengebrochen und gestorben sei, woraufhin ich zum Nil rannte, meine Kleider auszog und anfing zu schwimmen. Am nächsten Tag hatte ich ein schlechtes Gewissen und lernte den ganzen Tag den Koran und betete für meinen Vater, Allah möge ihm ein langes Leben schenken. Bis ich Ägypten verließ, wusste ich nicht, wie sich das Wasser des Nils anfühlt. Ich kam nie in Berührung mit dem Fluss, der für alle Ägypter mit dem Leben identisch ist.

Noch ein weiteres Mal habe ich meinen Vater in jenem Jahr schwer enttäuscht. Eines Tages waren einige meiner Onkel bei uns zu Besuch und fragten nach meinen Noten in der Schule. Mein Vater antwortete, dass ich durchgefallen war. Alle waren erstaunt, war ich doch bisher immer Klassenbester gewesen. Ein Bauernjunge war nämlich besser gewesen als ich, was für meinen Vater so viel bedeutete wie durchfallen. Danach gehörte die Vorstellung von den Engeln, die mir die Antworten vor den Examen einflüsterten, endgültig der Vergangenheit an. Mein Vater verpasste mir einen strengen Zeitplan, um drei neue lange Koransuren zu lernen. Ich durfte während dieser Zeit weder mit den anderen Kindern spielen noch mit den Derwischen tanzen. Das fehlte mir sehr, aber ich habe meine Aufgabe sehr ernst genommen. Ich war entschlossen, meinen Vater nie wieder zu enttäuschen. Fast jeden Abend saß ich nach dem Gebet vor ihm und rezitierte den Koran.

Ich kann jenen Freitag nicht vergessen, an dem Tausende von Menschen sich vor meinem Vater niederwarfen, während er souverän auf der Kanzel der Moschee stehen blieb und regungslos auf sie herabschaute. Er hatte in seiner Predigt eine Stelle aus dem Koran zitiert, bei der sich ein Muslim unverzüglich auf dem Boden vor Gott niederwerfen muss. Danach befahl er den Gläubigen, Demut im Angesicht Gottes zu zeigen, stieg aber selbst nicht von der Kanzel herunter und zeigte in seiner Körpersprache keine Anzeichen von Demut und Unterwerfung. Diese Szene, die den Höhepunkt der Macht meines Vaters darstellte, begeisterte mich und machte mir zugleich Angst. Niemand in unserem Zwanzigtausend-Seelen-Dorf konnte die Massen so begeistern wie er. Keiner wusste so viel über die Menschen, ihre Geheimnisse, Ängste, ja sogar Träume. Er war nicht nur der Imam, sondern auch der Richter, Arzt und Traumdeuter. Für all das liebten ihn die Leute und respektierten ihn, trotz seiner Flucht vom Schlachtfeld, trotz aller Provokationen meiner Mutter und obwohl er mittlerweile kein Stück Land mehr besaß. Kein Mensch faszinierte mich so sehr wie er.

Das ist mein Gott

Es war eine Freude, neue Passagen aus dem Koran zu lernen. Es ist und bleibt für mich das schönste Buch der Welt. Keine Sprache ist so überwältigend, keine Musik berührt meine Ohren wie der Klang seiner Worte: »Gott ist das Licht von Himmel und Erde«, »Ich bin dem Menschen näher als seine Blutvene«, »Und wenn meine Diener dich fragen, wo ich bin, so sage ihnen, dass ich ihnen sehr nahe bin und ihre Gebete höre«, »Er ist der Vergebende, der Liebende«. In diesen Passagen lagen mein Ergötzen und meine Hoffnung. Und ich hatte den Vorteil, dass mir mein Vater die Bedeutung der Wörter und die Hintergründe der Prophetengeschichten erklärte.

Mich faszinierte die Ambivalenz der Position Ägyptens in den Geschichten der Propheten. Denn die Ägypterin Hagar, die Sklavin Abrahams, war die Mutter seines Sohnes Ismael, des Urahnen des Propheten Mohammed und Ahnherren aller Araber. Ismael, der von der Bibel übergangen wird, ist im Islam auferstanden. Ismael war mein Vorbild. Nachdem der große Abraham Sara zuliebe sein Kind und dessen Mutter in der Hitze der Wüste Arabiens ausgesetzt hatte, schaffte es Ismael, in der Wüste zu überleben, und baute die Kaaba, die bis heute das Herz des Islam ist. Der Koran sieht in Ismael den Sohn, den Abraham für Gott opfern wollte. Bis heute beeinflusst die Geschichte die Beziehung der Muslime zu Juden und Christen. Als die Enkelkinder des rechtmäßigen Erbens Abrahams sehen sich die Muslime gerne als die verstoßenen Außenseiter. Ägypten war das Land der Ungerechtigkeit, aus dem Moses mit dem Volke Israel wegziehen musste. Andererseits fanden Joseph und Jesus in Ägypten Zuflucht vor Ungerechtigkeit und Verfolgung. »Und betretet Ägypten mit Gottes Willen in Sicherheit!«, sagt Joseph zu seinen Brüdern in der Erzählung des Korans. Dieses Zitat heißt in der Empfangshalle des Kairoer Flughafens die Reisenden willkommen.

Andere Geschichten des Korans, wie die des Propheten Jonas und die des Hiob, fand ich allerdings beängstigend. Jonas zweifelte an Gott, er lehnte es ab, dessen Botschaft zu verkünden, und musste dafür vierzig Tage lang im Bauch eines Wals verweilen, bis er zu der Erkenntnis kam, dass er vor Gott nicht fliehen kann. Und der Prophet Hiob ertrug ein Unglück nach dem anderen, bis Gott ihn am Ende, wegen seiner Geduld und seines Festhaltens am Glauben, heilte und alle Sorgen von ihm nahm. Am schrecklichsten waren jedoch die Geschichte Abrahams, der seinen Sohn für Gott opfern wollte, und die Geschichte des Khidr, der ein Kind auf der Straße ohne Grund tötete. Als Moses Khidr fragte, warum er das getan habe, antwortete er: »Du kannst den Sinn doch nicht verstehen.« Später gestand er Moses, dass er das Kind umgebracht habe, weil er in die Zukunft schauen könne und gesehen habe, dass das Kind, wenn es weitergelebt hätte, seine eigenen Eltern misshandeln würde. Der Koran ist voller solcher Passagen, die versuchen, das Unerklärliche zu erklären und das Unveränderliche im Menschen zu verändern.

Einmal hatte ich gerade begonnen, für meinen Vater aus dem Koran zu rezitieren, als Kinder auf der Straße trommelten und sangen:

»Fatima, Tochter des Propheten,
kochte Milchreis.
Aber sie schwor, ihn nicht zu essen,
bis der Mond freigelassen wird.

O, schöne Kinder des Paradieses, lasst doch den Mond in Ruhe.

O, schöne Paradiesjungfrauen, lasst doch den Mond in seinen Kreis zurückkehren!«

Man glaubt nämlich, es käme zu einer Mondfinsternis, wenn die Huri, Jungfrauen des Paradieses, den Mond entführen. Daraufhin gehen die Kinder auf die Straße und bitten um die Freilassung des Mondes. Ich wäre gerne auch auf der Straße gewesen und hätte mit ihnen gesungen. Und wie es der Zufall wollte, kam der Mond zum Vorschein, als ich folgende Passage rezitierte:

»Und denke daran, wie Abraham zu seinem Vater Azar sprach: Nimmst du Götzenbilder zu Göttern? Ich sehe dich und dein Volk in offenbarer Irrung! Also zeigten wir Abraham das Reich der Himmel und der Erde, auf dass er rechtgeleitet sei und er zu den Standfesten im Glauben zählen mochte. Als nun die Nacht ihn überschattete, da erblickte er einen Stern. Er sprach: Das ist mein Gott. Doch da er unterging, sprach er: Ich liebe nicht die Untergehenden. Als er den Mond sah, sein Licht ausbreitend, da sprach er: Das ist mein Gott. Doch da er unterging, sprach er: Wenn Gott mir den Weg nicht weist, dann würde ich unter den Verirrten sein. Als er die Sonne sah, ihr Licht ausbreitend, da sprach er: Das ist mein Gott, das ist das Größte. Da sie aber unterging, sprach er: O mein Volk, ich habe nichts zu tun mit dem, was ihr anbetet. Siehe, ich habe mein Angesicht in Aufrichtigkeit zu Gott gewandt, der Himmel und Erde schuf, und ich gehöre nicht zu den Götzendienern!«

Mich begeisterte diese Botschaft. Sogar der Koran legt uns nahe, immer weiter nach Gott zu suchen und uns nicht mit der Tradition unserer Väter zufriedenzugeben. Der Mensch hat Verstand und seine Sinnesorgane, mit denen er seinen Gott selbst suchen kann.

Abraham hat seinen Gott gefunden, nicht den Gott der Massen. Der Ahnherr von Juden, Christen und Muslimen legte sich danach mit seinem Volk an und zertrümmerte alle ihre Götzenbilder mit einer Axt. Er ließ nur die Statue der größten Gottheit stehen und hängte die Axt um ihren Nacken. Als sein Clan, über das Geschehen entsetzt, fragte, wer die Götter zerschmettert habe, antwortete Abraham ironisch: »Der Größte von ihnen ist's gewesen!«

Wenn Abraham das darf, warum nicht auch ich? Auch ich habe Verstand und Sinnesorgane. Der Unterschied war aber, dass ich grenzenlos naiv war. Am kommenden Morgen saß ich nach dem Morgengebet vor dem Haus. Als sich die Sonne hinter den Palmen zeigte, rief ich:

»Das ist mein Gott, das ist das Größte!«

Mein Vater hörte mich und kam zu mir. Lächelnd legte er seine Hand auf meine Schulter und blickte mich fragend an.

»Ich suche nach Gott«, sagte ich.

»Gott ist nicht verloren, es besteht kein Grund, ihn zu suchen.«

»War er verloren, als Abraham ihn suchte?«

»Nein, Gott ist immer da, nichts ist vor ihm und nichts ist nach ihm. Er ist außerhalb von Raum und Zeit. Abraham hat ihn gefunden, weil die Vernunft immer zu Gott führt.«

»Aber Abraham hat die Religion seines Volks abgelehnt, warum kann ich nicht das Gleiche tun?«

Mein Vater lächelte und sagte: »Weil das Volk Abrahams die falsche Religion hatte. Unsere Religion aber ist die richtige.«

»Aber das Volk Abrahams glaubte doch auch, dass seine Religion die richtige sei. Und Abraham zerschlug all ihre Götter mit der Axt, und sie haben ihn deshalb ins Feuer geworfen. Kann es sein, dass unsere heutige Religion auch falsch ist?«

Mein Vater lächelte verlegen und schwieg. Schließlich fragte er: »Und warum willst du Gott suchen?«

»Ich will wissen, wer er ist und was er mit uns vorhat.«

»Hör zu mein Sohn: Die Suche nach Gott ist eine Tugend, die Erforschung seiner Identität aber ist eine Gotteslästerung. Denn er ist nicht wie wir, und nichts ist ihm ähnlich.«

»Wo war er, bevor er uns zum Leben erweckte, und warum hat er uns erschaffen?«

»Gott schwebte mit seinem Thron über dem endlosen Wasser. Und er wollte erkannt werden, deshalb hat er uns erschaffen.«

»Das heißt, Gott war einsam ohne uns?«

»Halt deinen Mund, du Sünder, möge Gott dir verzeihen!«

Mein Vater wurde vor Wut richtig rot und schrie mich an: »Hör auf mit diesem Schwachsinn. Ich weiß nicht, wer dir diesen Unsinn ins Hirn bläst, aber glaube nicht alles, was dir diese verrückten Derwische erzählen. Sie ziehen sich aus dem Leben zurück und denken, dass sie mit Singen und Tanzen Gott erreichen können. Aber Gott hat uns nicht erschaffen, um zu tanzen, sondern um die Erde zu bevölkern, um zu arbeiten und die Herrlichkeit der Schöpfung Gottes zu erkennen. Vergiss also diesen Schwachsinn! Und wenn ich dich noch einmal so reden höre, dann werde ich dir das Genick brechen!«

Mein Vater ging und ließ mich mit tausend weiteren Fragen über Gott zurück. Ich hatte keine Angst, dass mein Vater mir mein Genick brechen würde. Gewaltrhetorik ist eine ganz gewöhnliche Sache im Dorf. Oft bedrohte mich meine Mutter, sie würde von meinem Blut trinken, wenn ich zu spät nach Hause käme, und sie war beileibe kein Vampir. Diese Gewaltbilder sind nur Nebenprodukte der tatsächlichen Gewalt unserer Gesellschaft. Mich ärgerte nur, dass mein Vater meine Zweifel nicht ertragen konnte. Was ist denn der Unterschied zwischen ihm und dem Vater Abrahams?

Ich verstand den Ärger meines Vaters nicht. Er sagte einmal zu mir: »Wenn du redest, klingst du entweder als wärest du zehn Jahre jünger oder zehn Jahre älter.« Vielleicht hatte er Angst, dass der Junge, der das Erlernen des Korans nächstes Jahr abschließen sollte und bald der Imam des Dorfes sein würde, all diesen unislamischen »Mist« im Kopf hatte. Er wusste selbst, dass dieser Beruf viel Hingabe erfordert, und machte sich nun Sorgen, ob ich dieser Aufgabe auch gewachsen war. Oder vielleicht fühlte er sich, als wäre all seine Mühe, sein Leben, alles, wofür er steht, sinnlos gewesen?

Ich war elf Jahre alt und stand unter massivem Druck, den Koran vollständig aus dem Gedächtnis rezitieren zu können, bevor ich zwölf Jahre alt wurde, wie es mein Vater geschafft hatte. Das war für mich zugleich eine Hoffnung und eine Chance, endlich die Welt der Erwachsenen zu betreten. Ich werde der nächste Imam sein und jeder wird mir die Hand küssen, auch diejenigen, die mich Kreuzzüglerkind genannt haben. Ich paukte zwar fleißig, lag aber nicht sehr gut im Zeitplan, denn ich pflegte auch den Kontakt zu meinen Schulkameraden. Obwohl ich ihren Humor abstoßend fand und die meisten von ihnen mich nicht sonderlich mochten, habe ich versucht, mit ihnen rumzuhängen. Aber sie ließen keine Gelegenheit aus, sich über mich lustig zu machen. Eines Nachmittags trafen wir uns auf dem Friedhof, und es kam den Buben in den Sinn, ihre besten Stücke zu messen. Alle ließen ihre Hosen herunter, nur ich nicht. Die sechs anderen Jungen waren alle über 13 Jahre alt und mehr oder weniger erwachsen, ich konnte nicht mithalten. Nach dem Messen konkurrierten sie darum, wer am schnellsten einen Samenerguss zustande brachte. Ich stand nur da und weigerte mich, mitzumachen. Ich weiß nicht, warum ich nicht weggelaufen bin. Sie waren für eine Weile von mir abgelenkt, da sie einen von ihnen hänselten, weil er den kleinsten Penis hatte. Er hieß Ahmed und war ein sehr sensibler und intelligenter Junge. Doch schließlich richteten die Jungs ihr Augenmerk auf mich. Einer nach dem anderen näherte sich. Einzig Ahmed hielt sich in einer Ecke des Friedhofs verborgen.

Es war ein zweites Mal passiert.

Religionsfreie Zone

Ich ging heim und versuchte, so zu tun, als wäre nichts geschehen. Ich versteckte mich nicht in meinem Zimmer, sondern duschte, ging zu meinem Vater und rezitierte wie üblich den Koran vor ihm. Irgendwie spürte ich, dass mich von nun an nichts mehr kränken könnte. Als ich fertig war, nickte mein Vater zufrieden. Ich schlief erstaunlich ruhig in dieser Nacht. Alles, was an diesem Tag geschehen war, war für mich wie ein Film, den ich nicht selbst erlebt hatte. Am nächsten Morgen ging ich wie üblich in die Schule und versuchte, mich unbefangen zu geben.

Ich wollte nicht mehr über mein Leben nachdenken und keinen Sinn suchen hinter all dem, was geschehen war. Ich wollte nur das Leben beobachten, ohne selbst daran teilzunehmen. Plötzlich entdeckte ich mein Interesse für meinen älteren Halbbruder. Er war gerade zwanzig Jahre alt geworden und hatte vor wenigen Wochen zum dritten Mal geheiratet. Er wohnte immer mit seinen wechselnden Frauen in unserem Haus. Man nannte ihn im Dorf den Jungfrauenkiller. Kaum hatte er eine hübsche junge Sechzehnjährige geheiratet und ihr das Jungfernhäutchen zerrissen, ließ er sich von ihr scheiden und suchte sich eine andere. Viele Männer in unserem seltsamen Clan waren dafür bekannt, die Ehefrauen wie die Unterwäsche zu wechseln. Alle Exfrauen meines Bruders hatten nach der Scheidung keine andere Wahl gehabt, als einen alten Mann zu heiraten, da sie ihre Jungfräulichkeit bereits verschenkt hatten. Das war das Schicksal seiner eigenen Mutter. Doch die sozialen Strukturen sind nach oben und unten hin offen, so dass kein Opfer nur Opfer bleibt. Wenn alle Opfer irgendwann zu Tätern werden, bleibt eine Revolution jedoch aus. Mein Vater ließ meinen Bruder tun und lassen, was er wollte. Er übernahm die Kosten seiner Hochzeiten und seiner Scheidungen. Auch seine zahlreichen gescheiterten Geschäftsabenteuer musste mein Vater finanziell ausgleichen. Ein Stück Land nach dem anderen musste dafür verkauft werden, und bald galt mein Vater nicht mehr als reicher Mann. Damals gründete mein Bruder eine kleine Baufirma, und es schien, als habe er sich endlich für einen Beruf entschieden. Ich bat ihn einmal, mich mitzunehmen, um bei der Arbeit zu helfen, doch er wiegelte ab. Meine verwöhnten Hände seien nicht geeignet für schwere Arbeiten. Schließlich willigte er aber doch ein, als ich versprach, keinen Ärger zu machen und auch keinen Lohn zu verlangen.

Es war Freitag, und ich hatte schulfrei. Aber Bauarbeiter haben keinen Feiertag. Mein Bruder baute gerade ein Haus am Rande des Dorfs, und ich ging mit. Es war nicht unüblich, dass Elfjährige als Bauarbeiter ein paar Pfund für ihre Familie mitverdienten. Die körperliche Arbeit auf der Baustelle erschöpfte mich zwar, erfüllte mich aber mit einem Gefühl der Zufriedenheit. Mein Bruder hatte darauf gewettet, dass ich keine zwei Stunden durchhalten würde, und hatte schließlich sogar Respekt, dass ich den ganzen Tag lang gearbeitet hatte, ohne mich zu beschweren. Er gab mir sogar drei Pfund, die Hälfte des Tageslohnes eines erwachsenen Arbeiters. Ich war sehr stolz auf mein erstes Geld, das ich mit den eigenen Händen verdient hatte. Mein Körper schmerzte, meine Hände und Schultern waren vom Tragen der Zementsteine wund.

Nach der Arbeit ging mein Bruder zum Haus seiner Schwiegereltern, und ich hatte zum ersten Mal die Chance, sein Zimmer zu betreten. Was für Musik hört er? Liest er Bücher? Und wenn ja, welche? Über seinem Bett hing ein

Bild der algerischen Schlagersängerin Warda. Von ihr waren auch die meisten Musikkassetten auf dem Nachttisch. Ein seltsamer Geschmack, denn Jungs seiner Generation hörten lieber moderne ägyptische Popmusik. Nur verträumte Romantiker fanden Gefallen an den Liedern von Warda. Und mein Bruder war beileibe nicht romantisch veranlagt. Oder hatte ich ihn bisher verkannt? Auch eine englische Grammatik lag da. Lernte mein Bruder etwa Englisch? Ich öffnete vorsichtig die Schublade des Nachttischs und fand neben dem Nagelzwicker ein in eine durchsichtige Folie gewickeltes Stück Schokolade. Ich öffnete die Packung und aß ein kleines Stück von der vermeintlichen Schokolade, die gar nicht danach schmeckte. Ich wickelte es wieder ein, legte es zurück an seinen Ort und rätselte, was es wohl sein könne. Es dauerte nicht lange, bis ich deutliche Veränderungen in meinem Körper spürte. Zunächst schien alles um mich herum zu verschwimmen. Mir war schwindelig, und ich schwitzte stark. Ich wollte zu meinem Zimmer gehen und wusste nicht, ob die Treppen nach oben oder nach unten führten. Ich lag in meinem Bett und zitterte. Trotz des komischen Gefühls waren diese Momente die friedlichsten seit Jahren. Ich sah die Welt für ein paar Minuten ganz anders. Ich bildete mir ein, die Stimmen von Engeln zu hören. Mir war, als wäre mein Herz in einen Brunnen gefallen und ein für alle Mal gereinigt worden. Jetzt begriff ich, wann mein Bruder Warda hörte. Es war das einzige Mal, dass ich mich selbst und die Welt so gesehen habe, wie sie der Koran beschreibt: harmonisch, tiefgründig und voller Weisheit. Dank des Haschisch meines Bruders erkannte ich, wozu mein Gehirn imstande war.

Es waren die einzigen Minuten meines Lebens, in denen ich die Existenz Gottes ohne jeden Zweifel gespürt habe.

Gott war da, so nah wie noch nie – bis ich mich übergeben musste. Da war es aus mit der Herrlichkeit und der Offenbarung.

Drogen im Hause des Imam? Die Schublade meines Bruders war die einzige religionsfreie Zone in unserem Haus, so dachte ich zumindest damals. Sie war immer voller Schätze, und ich erlaubte mir von nun an, gelegentlich kleine Stücke daraus zu stibitzen, die mich ins Reich der Sinne entführten. Übergeben habe ich mich nur die beiden ersten Male, danach lernte mein Körper, die Glücksträger zu akzeptieren. Aber eines Tages war der Bissen anscheinend zu groß gewesen und die Sache flog auf. Zunächst lief ich benommen im Haus herum und fing an zu weinen. Dann habe ich mir fast die Seele aus dem Leib gekotzt. Die Heulkrämpfe wechselten sich mit unkontrolliertem Lachen ab. Meine Mutter begriff, dass etwas nicht in Ordnung war, und mein Bruder wusste sofort, worauf diese Symptome zurückzuführen waren. Er trug mich ins Bett, sprühte etwas von seinem Rasierwasser auf mein Gesicht und kochte mir bittere gelbe Samen, die die Nebenwirkungen von Opium und Hasch beseitigen sollten. Es war schön, zum ersten Mal zu sehen, dass ich einen älteren Bruder hatte, der für mich da war. Er bat mich, in meinem Zimmer zu bleiben, weil sonst womöglich unser Vater von der Sache erfahren hätte. Auf meine Mutter war Verlass. Sie war immer die Grabkammer aller Geheimnisse dieses Hauses.

Das Volk Gottes

Die Drogen entfesselten viele Gefühle in mir, die ich nicht zuordnen konnte. Ich spürte eine Menge Hass, aber komischerweise richtete sich mein Hass nicht gegen die Jungs von der Schule, auch nicht gegen den Automechanikerlehrling. Mein Hass war auf niemanden gerichtet. Er kam in Wellen und verging wieder. All diese Menschen waren zu klein, zu unbedeutend, um von mir gehasst zu werden.

Wie schön, dass wir Israel haben: ein richtig potenter Gegner, der uns ständig nervt. In der Schule lernte ich, dass Israel unser Erzfeind ist. Im Geschichtsunterricht drehte sich vieles um unseren Konflikt mit dem ungeliebten Nachbarn. Auch die Nationalkunde beschäftigte sich mit unserem jüdischen Widersacher, als wäre unsere Nation ohne Israel bedeutungslos. Unser Religionslehrer zitierte den Propheten Mohammed: »Der Tag des Jüngsten Gerichts wird nicht kommen, bevor Muslime gegen die Juden kämpfen. Juden werden sich hinter Bäume und Steine verschanzen, aber die Bäume und Steine werden sprechen: O, Muslim, hinter mir versteckt sich ein Jude, töte ihn!« Im Kunstunterricht malten wir immer und immer wieder Bilder zum Yom-Kippur-Krieg. Meine Version des Krieges zeigte ägyptische Flugzeuge, die israelische Panzer bombardieren, und einen ägyptischen Soldaten, dem die Munition ausgegangen war, der aber trotzdem weiter auf einen israelischen Soldaten zuläuft und diesen trotz mehrerer Treffer erreicht und mit seinem Messer tötet. Das war eine berühmte Szene aus einem ägyptischen Propagandafilm. Der Lehrer mochte mein Bild »voller Bewegung und Emotionen«. Von Ahmed, dem Jungen vom Friedhof, war der Lehrer allerdings nicht so begeistert. Er malte nur einen ägyptischen Soldaten, der versucht, mit einem Wasserschlauch eine Mauer, die die Israelis als Schutzwall errichtet hatten, zu zerstören. Obwohl es sich um eine wahre Geschichte handelte, war sie für unseren Lehrer nicht dramatisch genug.

Zu dieser Zeit war ein Teil der ägyptischen Sinaihalbinsel noch immer von den Israelis besetzt. Dieses Stück Land war geraubt worden, als mein Vater an der Front war, um unsere heilige Erde zu verteidigen. Dieser Krieg hat sein Leben grundlegend verändert. Während ägyptische Radiosender noch die frohe Nachricht vermeldeten, die ägyptische Artillerie habe täglich mehr als fünfzig israelische Flugzeuge abgeschossen, hatten die Israelis bereits die gesamte ägyptische Armee vernichtet. Mein Vater ist von der Front geflohen, als sein bester Freund bei einem israelischen Angriff vor seinen Augen verbrannte. Er versteckte sich sechs Monate lang bei Beduinen. Offiziell galt er als vermisst. Nach seiner Rückkehr in unser Dorf versteckte er sich weiter. Ihn plagte Scham; zum einen wegen der schmachvollen Niederlage der stolzen ägyptischen Truppen, und zum anderen, weil er geflohen war und nicht wie sein bester Freund bis zum Tod gekämpft hatte. Mein Vater heißt mit Vornamen Nagy, der Überlebende. Er war nach diesem Krieg nicht mehr der humorvolle Mensch, der er einmal gewesen sein soll. Er wurde gewalttätig und unberechenbar in seiner Wut und Trauer. Von dieser Katastrophe war eine ganze Generation betroffen.

Ägypten hatte sich damals auf einem guten Weg der Modernisierung befunden, wären da nicht Nassers Träume von der arabischen Einheit und der Vernichtung Israels gewesen. Der Glaube an Panarabismus, Marxismus und Sozialismus war mit dieser Niederlage erloschen. Stattdessen wuchs eine neue Form von Fundamentalismus krebsartig in der Gesellschaft. Und trotzdem behielt das Bildungssystem die alten nationalistischen Durchhalteparolen bei. In der Schule sangen wir: »Lass meinen Kanal, sonst ertränkt dich mein Kanal. Lass meinen Himmel, sonst verbrennt dich mein Himmel. Das ist mein Land, mein Vater opferte sein Blut hier, und mein Vater sagte uns: Zerfetzt unseren Feind!« Ich sang mit, auch wenn ich wusste, dass mein Vater sein Blut nicht auf dem Schlachtfeld geopfert hatte. Auch wenn dieser Feind so unnahbar war, tat es mir gut zu wissen, dass er existierte. Ich wurde zu einem überzeugten Antisemiten, obwohl ich bis dahin noch nie einem Juden begegnet war. Ich hasste Israel, weil es aus meinem liebevollen Vater einen gebrochenen Mann gemacht hatte. Eigentlich sollte ich auch Deutschland dafür hassen, dass es Millionen unschuldiger Juden ermordet und damit die Entstehung Israels provoziert hatte. Dann müsste ich aber auch die Alliierten hassen, die Deutschland in Versailles gedemütigt und damit den Aufstieg Hitlers begünstigt hatten. Aber eigentlich war die Militarisierung Europas für den Ersten Weltkrieg verantwortlich. Die Europäer wollten sich einen Platz an der Sonne erkämpfen und die Welt unter sich aufteilen. Der Kolonialismus stammt aus der Idee der Entdeckung der Welt, die wiederum dem Geist der Aufklärung entspringt. Wo beginnt und wo endet diese Kette von Gewalt und Hass? Wieso ist der Samen der Gewalt so hartnäckig? Er verharrt in der Erde und treibt immer dann Knospen, wenn man denkt, jetzt gibt es Frieden.

Mein Onkel war ein großer Befürworter der Israelis, obwohl auch er die Erniedrigung der Niederlage als Soldat im gleichen Krieg erlebt hatte. Er hörte nur Radio Israel, weil aus seiner Sicht der Sieger keinen Grund hat zu lügen. Mein Onkel sagte: »Ein winziges Volk, das zweimal fünf arabische Armeen vernichtend besiegt hat, muss das Volk Gottes sein.«

Er hielt die Juden für die klügsten Menschen der Erde und vertrat die These, dass in unserer Familie jüdisches Blut fließe. Das sei der Grund, warum die Kinder unseres Clans lange Nasen haben und die Besten in der Schule sind. Das sei auch der Grund, warum die Gelehrtheit ein Monopol unserer Familie ist. In der Tat stammte mehr als die Hälfte aller gebildeten Menschen im Dorf aus unserem Clan, obwohl unser Clan nur fünf Prozent der Dorfbewohner ausmacht. Wenn das keine jüdische Dimension ist! Das sei auch der Grund, warum sich unser Clan so verschlossen und rücksichtslos gegenüber dem Rest des Dorfes verhalte, meinte mein Onkel. Er sagte, dass er unser Abstammungsbuch untersucht und festgestellt habe, dass unser Ururgroßvater möglicherweise mit einer jüdischen Frau verheiratet gewesen war. Nach dem jüdischen Gesetz wären wir also eigentlich auch Juden. Und so gingen die beiden Brüder unterschiedlich mit der Scham der Niederlage um: Mein Vater verfluchte die Juden und mein Onkel glorifizierte sie und versuchte, sich mit ihnen sogar zu identifizieren. Beide wollten sich damit der Suche nach den wahren Gründen der Blamage entziehen.

Die Juden waren sowieso immer an allem schuld. Wenn ein Schaf in unserem Dorf tot am Straßenrand lag, wollte man nicht ausschließen, dass der Mossad, der israelische Geheimdienst, seine Finger im Spiel hatte. Die Juden regieren die Welt und kontrollieren die Medien und die Banken. Sie produzieren unmoralische Filme in Hollywood, um unsere Jugend vom richtigen Weg abzubringen. Doch selbst wenn das alles wahr wäre, warum sind es Juden, die das tun, und nicht wir? Warum kontrollieren wir nicht mal zur Abwechslung die Wall Street in New York? Warum regieren wir die Welt nicht? Und sollten wir die Welt, Gott behüte, je regieren, wie würden wir dann wohl mit den anderen umgehen? Würden wir Filme produzieren, um die jüdische Jugend moralisch zu verwirren? Ich glaube, sollte das Schicksal der Welt jemals in unserer Hand liegen, dann würden wir eine islamische Schlachtung von ungeahnter Dimension veranstalten! Sind wir eigentlich den Juden so wichtig, dass sie uns ständig avisieren? Ich glaube, wir sind den Juden vollkommen gleichgültig, wenn wir nicht gerade ihre Busse und Pizzabuden in die Luft jagen. Sie sind uns wichtig, weil sie uns mit unserer Scham konfrontieren. Sie sind uns wichtig, weil sie unsere ewige Entschuldigung dafür abgeben, dass wir nicht vom Fleck kommen. Dafür hassen wir die Juden. Ich habe die Israelis dafür gehasst, dass sie meinen Vater gebrochen hatten. Aber uns blieb nach der schmachvollen Niederlage nichts anderes übrig, als die Juden zu verteufeln. Aber auf »Dialogveranstaltungen« behaupten wir gerne, dass Araber keine Antisemiten sein könnten, weil sie selber Semiten sind. In Wirklichkeit hasst keiner die Juden heutzutage mehr als die Muslime, und das nicht nur wegen des Nahostkonflikts.

Entdeckung meiner Sexualität

Ich konnte es kaum erwarten, erwachsen zu werden, nicht weil ich mich auf das Erwachsenenleben freute, sondern weil ich feststellen wollte, ob ich homosexuell geworden bin oder nicht. Das dreizehnte Jahr meines Lebens war im Begriff zu enden, und ich hatte den Koran immer noch nicht komplett auswendig gelernt. Die Ereignisse auf dem Friedhof hatten dazu geführt, dass ich mich nicht richtig konzentrieren konnte. Außerdem wechselte ich auf das Gymnasium in der zwölf Kilometer entfernten Kleinstadt Wardan. Ich kam immer erst spät aus der Schule nach Hause und musste lernen. Mein Vater verfügte an dieser Schule über keinen Einfluss, und so musste ich nun auch die Hausaufgaben machen. Auch musste ich in den Ferien mit meinem Bruder auf dem Bau arbeiten, um ein bisschen Geld für die Schule zu verdienen. Mein Vater war sicher enttäuscht, dass ich seinen Traum noch nicht erfüllt hatte. Ich konnte keine Wunder mehr vollbringen. In der neuen Schule hatte ich keine Lust, wieder den Klassenbesten zu geben. Ich wurde von einigen Lehrern sogar als unmotivierter Unruhestifter kritisiert.

Mein Großvater in Kairo ging in Rente und seine Frau, die vom Dorf stammte, wollte nicht mehr in der Großstadt bleiben. Sie verkauften die Wohnung in Kairo für viel Geld und bauten sich ein großes Haus im Dorf meiner Stiefgroßmutter. Meine Mutter hoffte, vom neuen Reichtum ihres Vaters profitieren zu können, da inzwischen jeder wusste, dass mein Vater kein reicher Mann mehr war. Doch das Geld wurde unter den fünf anderen Halbbrüdern und -schwestern aufgeteilt, die damit Eigentumswohnungen in Kairo erwarben. Meine Mutter war verbittert und brach den Kontakt zu ihrem Vater ab, obwohl er nun nur wenige Kilometer von uns entfernt lebte. Sie schrieb ihm sogar einen Brief, in dem sie ihm mitteilte, dass er für sie gestorben sei. Ich fand es nicht schlimm, dass mein Großvater sein Geld seinen anderen Kindern und deren Mutter überließ. Meine Eltern hatten genug Geld in ihrem Leben gehabt, aber alles verschwendet. Zwei Jahre lang gab es überhaupt keinen Kontakt, und meine Mutter verbot uns, unseren Großvater zu sehen. Dann erfuhr ich von einem Mitschüler aus dem Nachbardorf, dass mein Großvater sehr krank war. Ich wollte ihn besuchen. Mein Taschengeld reichte für die

Fahrtkosten nicht aus, und es war unmöglich, meine Mutter in dieser Sache nach Geld zu fragen. Also entschied ich mich spontan, die Schule für einen Tag zu schwänzen und zum fünfzehn Kilometer entfernten Dorf meines Großvaters zu laufen. In der Hitze war das eine große Anstrengung, und ich musste regelmäßig eine Pause machen. Als ich außerhalb der Grenzen unseres Dorfes zu einem Gebüsch kam, saß da ein ungefähr achtzehnjähriger, dunkelhäutiger Mann und rauchte eine Zigarette. Als ich weitergehen wollte, fragte er mich, ob ich Geld bräuchte. Ich verneinte überrascht.

»Ich gebe dir fünfzehn Pfund«, sagte er und drückte mir das Geld gleich in die Hand. Irgendwie hatte ich keine Angst vor ihm und habe das Geld sogar eine Weile in meiner Hand gehalten.

»Und was muss ich dafür tun?«, fragte ich und versuchte dabei, Selbstbewusstsein vorzutäuschen. Ich wollte ihm das Geld zurückgeben, als ich hörte, was er dafür erwartete, doch er wollte es nicht nehmen. Ich wollte seine Geschichte hören und bin deshalb nicht sofort abgehauen.

»Wieso gibst du Leuten Geld, um mit dir zu schlafen?«

»Ich bin schwul und finde niemanden, der es umsonst täte. Ich bin schwarz und kein hübscher Junge wie du.«

»Wurdest du schon schwul geboren?«

»Nein, ich wurde als Kind vergewaltigt, und seitdem fühle ich mich zu Männern hingezogen.«

»Tut es nicht weh?«

»Nein, nicht mehr, es macht sogar Spaß, mehr als man denkt.«

»Aber weißt du nicht, dass Schwulsein im Islam verboten ist?«

»Aber was kann ich machen? Man wird entweder so geboren oder dazu gemacht.«

»Wird jeder schwul, der als Kind vergewaltigt wurde?«

»Ich weiß nicht, aber viele von den Schwulen, die ich kenne, wurden als Kind vergewaltigt.«

»Und wie erkennt man, ob man schwul ist oder nicht?«

Er wurde unwirsch und unterbreitete mir seinen Vorschlag erneut.

»Ich kann das leider nicht. Ich muss zu meinem Großvater. Er ist sehr krank. Außerdem bin ich nicht schwul.«

Es tat mir wirklich leid für ihn. Erstaunlicherweise akzeptierte er meine Entscheidung gelassen und bestand sogar darauf, dass ich das Geld behielt.

Es war eine interessante Begegnung, aber die Frage war noch nicht beantwortet: bin ich nun schwul oder nicht? Ich habe mir ausgemalt, mich bei meinem neuen Lehrer an der Schule so vorzustellen: »Mein Name ist Hamed Abdel-Samad. Ich bin ein schwuler Kreuzzüglerbastard mit jüdischem Blut in den Adern.«

Mein Großvater war glücklich, mich zum ersten Mal seit Jahren wiederzusehen. Nach der ersten Vergewaltigung war ich nicht mehr in seinem Haus gewesen, und er besuchte uns wegen seiner Krankheit nur selten. Schließlich war noch der Boykott meiner Mutter dazugekommen. Er war überrascht, dass ich aus eigener Initiative gekommen war. Er dachte anfänglich, meine Mutter habe mich geschickt, um ihm ein schlechtes Gewissen wegen des Erbes zu machen. Er lag krank und schwach in seinem Bett. Er spürte, dass er nicht mehr lange leben würde. Er fing an zu weinen und fragte mich, ob Gott ihm seine Untaten wohl verzeihen würde.

»Ich bin nur dreizehn Jahre alt und weiß nicht, was Gott so denkt. Aber wenn er nicht sündigen Menschen verzeiht, was wäre sonst seine Aufgabe? Ich glaube, du solltest zuallererst diejenigen um Verzeihung bitten, denen du unrecht getan hast.«

»Du hast recht. Sag deiner Mutter, auch wenn ich es nicht verdiene, hoffe ich doch, dass sie mir verzeiht. Und sag ihr, dass ich sie sehen will, bevor ich sterbe! Wäre ich nicht krank, dann würde ich selbst zu ihr gehen.«

Um weitere zwanzig Pfund reicher ging ich zurück nach Hause und sprach mit meiner Mutter. Ich erinnerte sie daran, dass auch sie meinen Vater aus seiner Familie herausgerissen und das Leben einer anderen Frau damit ruiniert hatte. Sie besuchte ihren Vater und trug ihn drei Monate später zu Grabe. Sie war sehr glücklich, dass ich sie mit ihm versöhnt hatte.

Ich war vierzehn Jahre alt geworden, als sich etwas Schreckliches im Dorf ereignete, das neue und alte Ängste in mir aufleben ließ. Ein geistig zurückgebliebener Mann vergewaltigte im Feld ein neunjähriges Mädchen. Es war eine Katastrophe, aber nur für das Mädchen und ihre Familie, denn Katastrophen darf es im Dorf nicht geben. Unsere Wunden sind jahrtausendealt. Unsere Kraft scheint für die Heilung dieser Wunden nicht auszureichen. Die in uns verbliebene Energie reicht gerade noch für die Verschleierung der Wunden. Eine verlogene Gesellschaft lebt davon, dass die Familienoberhäupter die großen Dramen vertuschen und die Untertanen sie verdrängen. Da der Vergewaltiger ein Verwandter des Bürgermeisters war, wurde keine Anzeige gegen ihn erstattet. Seine Familie wollte den unzurechnungsfähigen Sohn nicht in die staatliche Psychiatrie in Kairo stecken, wo man die Patienten mit Elektroschocks und Medikamenten quält. Stattdessen einigten sich die Familienoberhäupter, dass sich der Vergewaltiger verpflichtet, das Mädchen zu heiraten, sobald es sechzehn Jahre alt wird.

Mein Vater war eines der Familienoberhäupter, die das Schicksal des Mädchens besiegelten. Unfassbar, wie vermeintlich vernünftige Menschen im Namen der Ehre ein Opfer seinem Peiniger so eiskalt ausliefern können. Wozu hatte man ihr denn die Klitoris weggeschnitten? Warum die Schmerzen, das Blut, das Leiden? Hatte sie diese Gewalt damals nicht ertragen müssen, um ihre Keuschheit zu bewahren? Warum musste sie noch einmal Gewalt ertragen, um diese Keuschheit während der Vergewaltigung zu verteidigen? Und schließlich musste sie noch die soziale Gewalt der Heirat auf sich nehmen, um die Ehre der Familie zu bewahren. Von nun an musste sie Misshandlungen und Vergewaltigungen ihres Ehemannes als ihre Aufgabe akzeptieren. Außer ihr wurde niemand bestraft, ihr einziges Verbrechen hatte darin bestanden, als Frau in einem Dorf in Ägypten geboren worden zu sein.

Ich bin ein Mann und kann nur erahnen, welche Qualen dieses Mädchen erleiden musste. Aber ich stelle mir vor, dass der Automechanikerlehrling zur Strafe die Erlaubnis bekommen hätte, mit mir unter einem Dach zu wohnen und sich meiner, wann immer er wollte, zu bedienen. Ich litt mit dem Mädchen und dachte oft an sie. Ihre Familie war ungeduldig und wollte sie so bald wie möglich loswerden. Sie wussten, kein anderer Mann würde eine entehrte Frau heiraten wollen. Also besorgte man der Fünfzehnjährigen vom Arzt ein Heiratsfähigkeitszeugnis, und sie wurde zu jenem Mann überführt, der ihre Kindheit und ihr Leben zerstört hatte. Ein Mann, der seinen riesigen Phallus schon verschiedentlich in der Öffentlichkeit gezeigt hatte. Auch beim Geschlechtsverkehr mit einem Esel hatte man ihn häufig beobachtet. Man lachte über seine Brunftschreie und ließ ihn frei herumlaufen, bis er seine Untat verübte. Aber auch danach sah man ihn ungehindert umhergehen, als wäre nichts geschehen. Die Dorfbewohner unterhielten sich eine Weile mit dieser Geschichte, aber bald redete kein Mensch mehr darüber. Die Hochzeitsnacht dieses Mädchens und ihr Leben mit diesem Mann mag man sich nicht vorstellen.

In diesem Jahr war ich vor allem mit mir selbst beschäftigt. Ein feuchter Traum, in dem es um Frauen und nur um Frauen ging, überbrachte mir die frohe Botschaft: Ich bin nicht schwul. Ich freute mich ungeheuerlich über den Samensegen. Die sexuelle Lust steigerte sich von da an rasant. Ich verlor die Kontrolle über meine Hormone, und der Alltag verlor seine Kontrolle über mich. Alles drehte sich nur noch um meine Körpermitte. Ich fing an, meinen ganzen Körper, der allein in diesem Jahr um zehn Zentimeter gewachsen war, wahrzunehmen. Ich berührte bewusst jedes Körperteil und nannte es laut beim Namen: Fuß, Wade, Knie, Hüfte, Bauch, Rücken, Schulter, Nacken, Lippen, Augen, Ohren, Stirn, Haare, Penis. Auch er war um einiges gewachsen. Und feuchte Träume waren nicht genug, die in mir drängende Energie zu entladen. Bald lernte ich die Künste der Selbstbefriedigung. Ich verschwand täglich mehrmals im Bad und probierte alle möglichen Varianten des Obelisk-Polierens aus. Die Ejakulation war für mich mehr als nur ein Genuss. Sie war existenziell. Ich fühlte mich nur am Leben, wenn ich mich berührte. Ich fühlte mich sozial rehabilitiert. Ich genoss die heimlichen Gewohnheiten im Bad, bis meine Mutter Verdacht schöpfte. Sie wunderte sich über mein langes Verweilen und erinnerte mich, dass andere auch einmal ins Bad müssen.

Die Gabe der Beobachtung

Es gab in der Nähe des Dorfes zahlreiche abgelegene Felder, wo junge Männer unbeobachtet ihre Lust ausleben konnten. Einer dieser Orte war ein Bananenfeld am Nil. Dorthin ging ich fast täglich und spielte an mir herum. An einem heißen Tag saß ich dort und ruhte mich nach dem Ritual aus, als ich Stimmen im Feld hörte. Drei junge Männer aus dem Dorf kamen mit einer hübschen jungen Frau herbei, die vielen als Prostituierte galt. Offiziell hieß es aber, in unserem Dorf gäbe es weder Huren noch Schwule noch Diebe. Wann immer etwas aus dem Dorf verschwunden war, waren es immer böse Menschen aus der Stadt gewesen, die es gestohlen hatten. Auch kamen ab und an einige Huren aus Kairo und versuchten ihr Glück in unserem ehrenhaften Dorf, doch es gab, wie es so schön heißt, keinen Bedarf. Und die etwa dreißig namentlich bekannten homosexuellen Männer seien tatsächlich nur neugierig; sie waren alle verheiratet und hatten Kinder.

Die Prostituierte war die Tochter einer hübschen Frau, die ihren Mann verloren hatte, als sie noch jung war. Sie wurde Hausdienerin bei einer reichen Familie. Bald wurde sie die Geliebte des Hausherrn, der sie aber bald verstoßen musste, als sein Familienoberhaupt für das Parlament kandidieren wollte und sich wegen des schlechten Rufs seines Cousins Sorgen machte. Der jungen Frau blieb nichts übrig, denn als Prostituierte zu arbeiten. Das Schicksal der Mutter wurde auf ihre Tochter übertragen, denn wer will schon eine Frau heiraten, deren Mutter Hure ist, so schön sie auch sein mag?

Ich saß also versteckt hinter einem Bananenbaum, wollte die Show genießen und versuchte, die Parallelen zur Szene auf dem Friedhof zu verdrängen. Die junge Frau legte sich auf den Rücken, zog routiniert ihre Hose aus und die drei Männer schliefen mit ihr. Wenn der eine so weit war, kam der Nächste an die Reihe. Dieses unästhetische, ja unappetitliche Geschehen vor meinen Augen zerstörte für eine Weile die Mystik jenes Aktes, auf dessen Vollzug ich noch einige Jahre warten sollte.

Ich fragte mich, warum ich immer in solche Situationen gerate, in denen ich auf eine ernüchternde Art und Weise mit meinen eigenen Schwächen und der Doppelmoral meiner Landsleute konfrontiert werde. Übe ich eine besondere Anziehung darauf aus oder sind dies in meiner Welt einfach alltägliche, allgegenwärtige Momente? Ist die ägyptische Gesellschaft tatsächlich so verdorben? Ich habe damals noch nicht erahnen können, dass diese starke Männlichkeit in mir mich genauso kränken würde, wie sie mich befreite. Als Mann kann ich eine Vergewaltigung nicht so einfach als Teil meiner Geschichte hinnehmen.

Ich habe versucht, das Beste aus dieser Szene zu machen, und stellte mir später beim Onanieren vor, dass ich diese Prostituierte zufällig im Feld treffe und sie vergewaltige, bis sie schließlich Spaß an der Sache findet und gerne mit mir schläft.

Ich fragte mich, ob alle jungen Männer genauso viel sexuelle Lust in sich tragen wie ich. Sind wir nur ein Volk von Wichsern? Es kam noch schlimmer. Unser Religionslehrer klärte uns über die Gefahren der Masturbation auf und sagte, die gesundheitlichen Folgen davon seien Peniskrebs, Impotenz und eine neuerdings in Amerika aufgetretene, unheilbare Krankheit namens AIDS. Und als wäre all das nicht schon schlimm genug, erzählte er uns, dass der Prophet gesagt haben soll: »Wer sich selbst mit der Hand zwei Mal befriedigt, ist einem Mann gleich, der seine Mutter begattet hat. Und wer mit seiner Mutter schläft, wird nie das Paradies erblicken.« In einer weiteren Überlieferung des Propheten steht geschrieben: »Wer sich mit der Hand befriedigt, wird am jüngsten Tag mit einer schwangeren Hand vor Gott stehen.«

Obwohl ich diese religiöse Angstmacherei instinktiv ablehnte, war ich nicht imstande, sie zu ignorieren. Ich hatte häufig Alpträume, in denen ich entweder vor meiner Mutter weglief oder meine schwangere Hand hinter dem Rücken versteckte.

Komisch, dass gerade in Ägypten die Selbstbefriedigung so verpönt ist, wo alles im Lande der Pharaonen eigentlich mit dem Onanieren Gottes begann. In einem Pyramidentext mit der Schöpfungsgeschichte des alten Ägyptens steht geschrieben, dass der Schöpfer Atum-Ra die ersten Menschen aus seinem Phallus durch Masturbation hervorbrachte. Auf diese Weise kamen aus ihm die Zwillinge Shu und Tefnut hervor. Warum bleibt es uns dann verwehrt? Auch die Religion im alten Ägypten begann mit dem Penis. Nachdem Seth seinen Bruder Osiris, den rechtmäßigen König von Ägypten, getötet, ihn zerstückelt und in den Nil geworfen hatte, weigerte sich Isis, die Frau des ermordeten Königs, seinen Bruder zu heiraten, und machte sich auf die Suche nach den Körperteilen ihres Mannes. Es gelang ihr, alle Teile zu finden, nur den Penis nicht. Nach jahrelanger Suche entdeckte sie das begehrte Stück aber doch noch unter einem Zedernbaum im Libanon, und Osiris erwachte wieder zum Leben. Sie schlief mit ihm und wurde mit Horus schwanger, der das Reich seines Vaters wieder errichtete und die Religion des alten Ägypten prägte. So unverkrampft waren die Ägypter einmal gewesen, wenn es um die Sexualität ging.

Wie dem auch sei, die glorreiche Zeit der Pharaonen war vorbei und mein Projekt der lustvollen Selbstbefriedigung wurde vorerst eingestellt. Ein Hilfsmittel war, meine Hände ständig mit gemahlenem Pfeffer einzureiben, um nicht unbewusst an die verbotene Zone zu greifen. Eine weitere Maßnahme bestand darin, keine Galabiyya mehr zu tragen, jenes ägyptische nachthemdartige Gewand, mit einer Öffnung an der Seite, durch die man leicht und unbemerkt an sein Geschlechtsteil gelangen kann. Ich habe ständig versucht, die Phantasiebilder nackter realer und virtueller Frauen aus dem Hirn zu vertreiben. Es ist verboten, verboten, habe ich mir eingeredet. Aber Verbote haben eine seltsame Eigenschaft: je strenger die Regel, desto stärker der Drang, sie zu brechen. Wenn mir jemand ständig sagt: Denke an alles, nur nicht an einen grünen Elefanten, dann werden alle anderen Bilder aus meinem Kopf verschwinden, und nur der grüne Elefant wird vor mir tanzen. Es war nicht einfach, aber die Vorstellung von der schwangeren Hand im Angesicht Gottes erschreckte mich wirklich, mehr noch als die Angst vor Krankheiten und die Vorstellung, mit meiner Mutter zu schlafen. Der sträflich naive Teil in mir reagierte immer noch auf die sinnlosesten Geschichten. Es war aber nur sehr schwer auszuhalten. Keine Gebete, kein Sport konnten diese sexuelle Energie in mir bändigen.

Zwischen Moschee und Libido

Ich stand in der Morgenparade der Schule. Hand auf der Stirn, Augen auf die ägyptische Flagge gerichtet, Penis steinhart. Die Flagge wehte, und ich sah nur noch Schenkel, Hintern und Brüste vor mir. Während meine Mitschüler unsere Nationalhymne sangen, konnte ich nur daran denken, ob unsere Nationalkundelehrerin heute mit dem weiten oder dem engen Rock unterrichtete. Ich konnte kaum lernen und hatte Angst, in der Schule zu versagen.

Man erzählte sich von einem Einsiedler in der Wüste am anderen Ufer des Nils, der mittels schwarzer Magie junge Bräutigame in der Hochzeitsnacht impotent mache. So glauben es zumindest die Menschen im Dorf. Häufig kam ein junger Bräutigam nachts zu meinem Vater und sagte weinend, dass er »gebunden« sei und um einige Rituale bitte, um die Magie wirkungslos zu machen. Gewöhnlich gab mein Vater dem angeschlagenen Helden ein Amulett mit Koranzitaten und Bittgebeten. Ich habe mir ernsthaft überlegt, zu diesem Magier zu gehen und ihn zu bitten, meine sexuelle Energie bis zum Tag meiner Heirat, oder zumindest bis ich mit dem Abitur fertig war, zu blockieren. Dieser Mann war allen ein Rätsel, und ich interessierte mich für jeden, der als Außenseiter galt. Was muss so einem Menschen widerfahren sein, dass er so viel Hass auf die Menschen entwickelt hat? Was hat er davon, wenn er jungen Menschen die größte Freude am schönsten Tag ihres Lebens verweigert? Man wusste über ihn nur, dass er vor vierzig Jahren aus Südägypten vor der Blutrache geflohen war und alle paar Jahre den Ort wechselte. Er hatte sich erst vor vier Jahren an der anderen Dorfseite niedergelassen. Ohne groß zu überlegen, machte ich mich auf den Weg zu ihm und fragte, ob er mich für eine Weile von meiner Sexualität befreien könne. Zu meiner Überraschung sagte er, dass er so etwas nicht mache. Die Leute würden das nur denken, weil er allein in der Wüste meditiere. In Wirklichkeit stünden die jungen Männer unter massivem psychischem Druck und verfügten über keine sexuellen Erfahrungen, weshalb sie dann in der Hochzeitsnacht versagten. Auch seien ihre Bräute viel zu jung und hätten Angst. Ich erinnerte mich an die vielen gruseligen Szenen bei den Hochzeiten im Dorf. Jeden Mann muss eigentlich sein Geschlechtsapparat im Stich lassen, wenn Massen von Menschen draußen auf das Blut der Jungfräulichkeit warten.

»Warum gibt mein Vater Ihnen dann Amulette?«

»Weil dein Vater ein kluger Mensch ist. Worte allein helfen den Leuten manchmal nicht. Menschen brauchen etwas Fassbares, um beruhigt zu werden.«

»Die Leute im Dorf halten Sie für einen Magier.«

»Menschen an so einem Ort mangelt es an Unterhaltung, deshalb neigen sie dazu, alles, was sie nicht kennen, zu mystifizieren. Vielleicht schweige ich einfach mehr, als es den Leuten lieb ist.«

»Glauben Sie, dass alles, was im Koran steht, wahr ist?«, fragte ich ihn, wohl wissend, dass er kein Religionsgelehrter war.

»Alles in der Welt ist nur Illusion. Nur was wir fühlen und was uns anspricht, ist wahr. Manche Sufis verneinen Gott, um seine wahre Identität zu finden.«

»Mein Vater sagte zu mir: Die Suche nach Gott ist eine Tugend, aber die Erforschung der Identität Gottes ist Gotteslästerung. Was halten Sie davon?«

»Das ist auch wahr, für deinen Vater jedenfalls. Das Schöne an Wahrheit ist, dass niemand ein Monopol auf sie hat. Jeder hat seine Wahrheit, und das ist gut so.«

»Sind Sie also ein Sufi? Die Leute nennen Sie Derwisch.«

Er nickte. »Aber ich tanze allein.«

»Beten Sie auch?«

»Ein Herz, das nicht betet, ist ein totes Herz.«

»Ich bete viel und spreche oft zu Gott, aber ich bekomme keine Antwort. Manchmal denke ich, es gibt ihn überhaupt nicht«, sagte ich und blickte ihn ratlos an. Es war das erste Mal, dass ich meine Zweifel jemandem derart offenbarte.

»Ich habe dir bereits gesagt: Alles ist eine Illusion. Nur was wir selbst zum Leben bringen, ist lebendig. Nur was wir sind, ist wahr. Du bist noch zu jung, um aufzugeben. Ein Sufidichter sagte einst: Siebzig Jahre lang klopfte ich an die Tür des Gartens Gottes, aber mir wurde nie geöffnet. Nach siebzig Jahren verließen mich die Kräfte, und ich konnte die Arme nicht mehr heben, um anzuklopfen. Ich drehte mich um und wollte mich ausruhen, und da sah ich, zu meinem Erstaunen, den Garten vor mir. Ich hatte siebzig Jahre von innen an die Tür geklopft. – Zweifel ist immer besser als Gleichgültigkeit. Du bist noch viel zu jung, um aufzugeben.«

Mir gefiel der Gedanke, dass Zweifel eine Tugend sei, aber die Worte des Derwischs beunruhigten mich. Ich wollte nicht siebzig Jahre meine Zweifel mit mir herumschleppen.

»Wovon leben Sie?«

»Es gibt viele Menschen, die ein gutes Herz haben, sie geben mir etwas. Und es gibt Menschen, die Angst davor haben, dass ich ihre Kinder impotent mache, und auch sie geben mir etwas. Geben zu können ist eine große Tugend, aber nehmen zu können ist eine noch größere!«

Plötzlich erinnerte ich mich, dass mein Vater die Sufis als Parasiten beschrieben hatte, die davon leben, dass andere arbeiten, während sie nur tanzen. Aber die Worte dieses Mannes waren viel wertvoller als jede Predigt, die ich je vom Vater gehört hatte.

Ich hätte dem alten Mann noch stundenlang zuhören können, aber er schien von meiner Neugier ermüdet zu sein. Besonders als ich ihn fragte, ob es wahr sei, dass er aus Angst vor der Blutrache auf der Flucht ist.

»Ja, das ist wahr. Die Leute nennen es unehrenhaft, dass

ich aus meinem Dorf geflohen bin. Ich sollte mit einem Todestuch zu den Leuten gehen, die mich umbringen wollten, und sie um Gnade bitten. Aber wenn ich das getan hätte, dann wäre ich in den Augen meiner eigenen Familie ein Verräter gewesen und hätte ebenfalls mit dem Tod rechnen müssen. Beide Seiten nennen mich nun feige und sind vermutlich immer noch hinter mir her, aber ich sage dir: keine Ehre ist es wert, dafür zu sterben.«

»Darf ich Sie wieder besuchen?«

»Schau, dass du allein zurechtkommst. Aber wenn du mir Kräuter oder Heilmittel abkaufen willst, kannst du gern kommen.«

Ich habe nie wieder so viel Weisheit in einer Person gefunden, und trotzdem waren meine Probleme immer noch nicht gelöst.

Mit tausend Gedanken im Kopf ging ich heim. Warum kann ich nicht einfach wie unser Nachbar sein: sorg- und gedankenlos? Welche kosmische Konstellation ist dafür verantwortlich, dass manche Menschen von Natur aus gesund, glücklich und optimistisch sind, und andere zu Depressionen und Selbstzerfleischung neigen? Was veranlasst manche Menschen, über ihr Leben nachzudenken, während andere einfach leben? Warum berührt Gott bestimmte Menschen und andere nicht?

Anhaar

Der ägyptische Dichter Manfaluti erzählt, dass er sich einmal in eine Frau verliebte, die er nur hinter ihrem Schleier gesehen hatte. Tag für Tag kam er an ihrem Haus vorbei und sah sie am Fenster sitzend. Er stellte sich oft vor, wie ihr Gesicht wohl aussehen mochte, und träumte davon, den Schleier zu heben, um ihre Schönheit zu erblicken. So ging es eine Weile, bis er wieder einmal unter dem Fenster stand und sie anstarrte, als eine wenig attraktive unverschleierte Frau ans Fenster kam und den Schleier von seiner Angebeteten nahm. Da war seine Überraschung groß: Es war überhaupt keine Frau, ja nicht einmal ein lebendiges Wesen, sondern nur ein großer Wasserkrug. In unserem Dorf herrschte eine ähnliche Atmosphäre. Es gab hier wie überall auf dem Lande kaum eine Gelegenheit für die Liebe. Man durfte kein Mädchen nach Hause einladen oder sie auch nur auf der Straße ansprechen. Das Wort Ehre war im Prinzip mit der Keuschheit der Frau identisch. Aber die Verschleierung hatte auch etwas Erotisches an sich. Als ich erwachsen wurde, erregte mich alles an einer Frau, was ich zu sehen bekam, eben weil nicht so viel zu sehen war. Aber wir, die in der Wüste geboren sind, wurden mit einer Phantasie ausgestattet, die vertrocknete Pflaumen in einen saftigen Pfirsich verwandeln kann! Wann immer mich eine Frau auf der Straße begrüßte, ging ich danach heim und ersann daraus die heißesten Liebesspiele, die vorstellbar waren. Ich verjüngte und verschönerte die Frauen in meinen Träumen, und keine war vor meiner lustvollen Phantasie sicher.

In der Schule gab es ebenfalls keine Möglichkeit, ein Mädchen kennenzulernen. Kaum kamen wir in die achte Klasse, da sahen wir uns – ganz abgesehen davon, dass Jungs von Mädchen nun getrennt wurden – mit zwei weiteren Problemen konfrontiert: Mädchen wachsen wesentlich schneller als Jungen. In meinem Fall war das noch gravierender als bei den anderen Jungen, denn ich war ja zwei Jahre jünger als meine Klassenkameraden. Das zweite Problem waren die Lehrer in der Schule, die nur darauf zu lauern schienen, bis eine hübsche Schülerin kleine Brüste bekam. Kaum waren die ersten biologischen Veränderungen bei einem Mädchen sichtbar geworden, da wurde es von irgendeinem Lehrer oder einem ihrer Cousins vorgemerkt, dann verlobt, worauf sie bald aus der Schule verschwand. Das nächste Mal sah man sie mit siebzehn Jahren schwanger auf der Straße. Das trifft auch auf meine beiden Schwestern zu, die mit sechzehn die Schule verließen und ihre Lehrer heirateten. Meine ältere Schwester war bereits mit 38 Jahren Großmutter.

Siebzig Prozent der Ägypter sind unter dreißig. Die Mehrheit der jungen Männer kann nicht mehr wie früher üblich mit sechzehn oder achtzehn heiraten. Viele Männer können sich die Gründung eines eigenen Hausstandes und die Eheschließung erst leisten, wenn sie schon über dreißig sind. Die meisten von ihnen verfügen vor der Ehe über keine sexuellen Erfahrungen, nicht nur aus Rücksicht auf Religion und Gemeinschaft, sondern auch aus Mangel an Gelegenheiten. Die Mehrzahl von ihnen lebt wie ich in ihrer Phantasie und hofft darauf, dass Gott, der Allmächtige, sich irgendwann ihrer erbarmen werde. Die Moscheen sind jeden Freitag gefüllt von diesen im sexuellen Notstand lebenden jungen Menschen.

Eines Tages war meine Mutter nicht zu Hause. Sie war für ein paar Tage nach Kairo gefahren, um ihre Halbschwestern zu besuchen. Seit dem Tod ihres Vaters hatte sich die Beziehung zum Rest der Familie gebessert. Ein Korangelehrter aus der Nachbarstadt war bei meinem Vater zu Gast, und die beiden saßen im Wohnzimmer, rauchten Wasserpfeife und sahen fern. Es war das erste Mal, dass ich meinen Vater vor dem Fernseher antraf. Beide Männer lachten laut, was mich irritierte, denn ich war es nicht gewohnt, meinen Vater lachen zu hören. Irgendwann wurde das Gelächter noch lauter und komischer. Ich ging näher hinzu, versteckte mich aber, um nicht gesehen zu werden. Die beiden Männer sahen sich gerade eine Musiksendung an. Seit wann hörte mein Vater eigentlich Musik? Und wieso rauchte er so genüsslich die Wasserpfeife? Das passte überhaupt nicht zu seinem Ruf. Der Geruch, der nun aus dem Zimmer strömte, war anders als der von Tabak. Ich wollte meinen Sinnen nicht glauben, aber das war ohne Zweifel Haschisch. »Es scheint, als würden nur Frauen mit perfekten Busen zu dieser Sendung eingeladen«, sagte der Gast. Mein Vater lachte obszön und erwiderte: »Und die Hälse sehen aus, als wären sie von einem Skulpturenmeister gemeißelt worden.« Da waren all meine Zweifel beseitigt. Mein Vater war im Drogenrausch. Die letzte Erklärung für das rasante Verschwinden seines Geldes war gefunden. Mir war, als wäre die große Pyramide von Gizeh vor meinen Augen zusammengebrochen. Mein Vater, mein Vorbild, der Mann, den ich bewunderte und achtete, war ein ganz normaler Mensch voller Schwächen und Laster. Ich verschwand in meinem Zimmer und wollte ihm ersparen, zu bemerken, dass ich ihn in diesem elenden Zustand beobachtet hatte. Was macht dich so einsam, Vater? Was ist gebrochen in dir?

Am nächsten Freitag ging ich mit ihm zur Moschee. Als er zur Kanzel emporstieg und mit seiner Predigt begann, wurde mir schlecht. Ich konnte ihn nicht in dieser Position ansehen. Ich hatte keine Lust, mir seine Weisheiten anzuhören. Ich nahm meine Schuhe und schlich mich aus der Moschee. Unter den Tausenden von Menschen war ich sowieso nicht aufgefallen. Ein paar Kinder schlugen gerade brutal zwei Hunde auf der Straße, die aneinanderklebten. Immer wieder bestiegen sich die Hunde, obwohl sie wissen sollten, dass das dazu führte, dass sie einander danach nicht loslassen konnten. Schlugen die Kinder die Hunde, um sie voneinander zu lösen, oder war es nur die Kette der Gewalt, die weitergeleitet wurde? Oder war es vielmehr Neid darauf, dass die Tiere keine Rücksicht auf gesellschaftliche Regeln nehmen mussten? Hörten sie denn nicht, was mein Vater gerade über die Qualen der Hölle der Gemeinde zubrüllte? Die Kinder schlugen brutal mit Stöcken auf die Hunde ein, die verzweifelt bellten.

Ich ging nach Hause und stieg aufs Dach. Es war ein heißer Tag und kein Windhauch zu spüren. Ich ließ meinen Blick über die Felder schweifen. Die Palmen standen wie versteinert, kein Grashalm regte sich in der Mittagsluft. Mein Blick wanderte über die Zwerghäuser in unserer Nachbarschaft. Plötzlich sah ich etwas, was ich nie für möglich gehalten hatte, das Letzte, was man sich an einem Freitagmittag vorstellen kann: eine nackte Frau. Sie saß in einer kleinen Aluminiumwanne mit dem Rücken zu mir und badete im Hof ihres Hauses. Es musste Anhaar sein, die Frau von Hassan Abu-Agami, die nicht aus unserem Dorf stammte. Ich kannte sie flüchtig, wir hatten uns ab und an auf der Straße begrüßt. Wenn ich mich nicht irrte, hatte auch sie grüne Augen. Ihr Mann hatte lange um sie kämpfen müssen, weil sie in ihrer Heimatstadt nahe Kairo schon mit einem anderen Mann verlobt gewesen war. Er war überglücklich, als er sie endlich heiraten durfte. Er lief durch die Straßen und sang lauthals ihren Namen, so dass einige Dorfbewohner schon dachten, die Schönheit seiner Frau habe ihm den Verstand geraubt. Aber kaum waren sie ein Paar geworden, da ließ er sie im noch unfertigen Haus zurück und verdingte sich als Gastarbeiter in Saudi-Arabien. Er war einer von fünf Millionen Ägyptern, die ihre Felder und Familien verließen, um als Arbeitssklaven in den reichen Ölstaaten am Golf ein paar Pfund mehr zu verdienen.

Die Männer waren in der Moschee, die Frauen beim Kochen, und Anhaar konnte sich nicht vorstellen, dass sie gerade von einem Mann beobachtet wurde, dessen Penis lustvoll angeschwollen war. Sie schien eine schöne Figur zu haben, was bei verheirateten Frauen im Dorf äußerst selten ist. Viele nahmen stark zu, sobald sie verheiratet waren. Ich setzte mich und wandte meinen Blick nicht von Anhaar ab. Es war beinahe mythologisch, mit offener Hose diese nackte Frau zu beobachten, während aus den Lautsprechern der Moschee die Stimme meines Vaters ertönte. Ich hörte seine Stimme, während ich mich selbst befriedigte.

Ich hörte, wie mein Vater die Predigt beendete und mit dem Gebet anfing. Ich ging schweren Herzens nach unten und erledigte das Unerledigte im Bad. Ich weiß nicht mehr, wie oft ich es tat, immer und immer wieder. Danach vollzog ich die rituelle Reinigung, die ein Mann nach dem Geschlechtsverkehr vollziehen muss, kam erschöpft aus dem Bad, ging in mein Zimmer und holte das Gebet nach.

Am nächsten Freitag schlich ich mich wieder aus der Moschee und wollte erneut aufs Dach. Diesmal fing meine Mutter mich jedoch ab und fragte: »Warum betest du nicht in der Moschee? Was ist mit dir los? Und warum hast du einen Scheitel in den Haaren wie ein Schlagersänger?« »Ich will nur ein bisschen Ruhe haben. Koch du nur weiter und kümmere dich nicht um mich.« Würde Anhaar heute auch da sein? Ich stieg aufs Dach und schaute in ihren Hof hinab. Sie hatte sich gerade die Haare eingeseift und stand auf, um Wasser über sich zu gießen. Ich beobachtete, wie das seifige Wasser von ihrem Haar auf ihren wohlgeformten Hintern herunterlief. Die Art, wie sie ihren Körper berührte, zeigte, wie sehr sie ihn liebte und wie sehr sie sich danach sehnte, geliebt zu werden.

Sie war die Art Frau, die die Dichter lieben: naiv, unbeschwert, mit einem ewigen Lächeln. Verspielt, einladend und doch gefährlich. Ich war sehr glücklich, sie beobachten zu können. Jeder betet auf seine Art, und das war mein Gebet. Ich wünschte mir, ihr so nah wie möglich zu kommen. Ich stellte mir vor, nackt mit ihr im Nil zu schwimmen, wie zwei Kinder Hand in Hand mit ihr sorglos über eine Wiese zu laufen, sie zu küssen, zu liebkosen und unter einer Palme heiß und innig zu lieben.

Plötzlich und wie aus heiterem Himmel drehte sie sich um und schaute mich direkt an. Ich hatte nicht einmal die Zeit, ihre Brüste anzuschauen. Erschrocken sprang ich auf, raste die Treppe hinunter und versteckte mich in meinem Zimmer. Sie hatte mich gesehen und bestimmt auch, was ich getan hatte. Sie kennt meine Mutter und wird sich bestimmt beschweren. Ich erinnerte mich an ein Zigeunerlied: »Wenn du Gott folgst, wird Eisen in deinen Händen biegbar sein, und wenn du Frauen folgst, wird dein Ende miserabel sein.« Ich betete zu Gott, dass er mich verschonen möge.

Zwei Tage gingen vorüber, niemand sprach mich auf diese Sache an, und ich ging davon aus, dass die Sache keine Folge haben würde. Aber anscheinend hatte ich mich zu früh gefreut. Es war Sonntagabend und mein Vater hielt seine Sprechstunde nach dem Nachtgebet. Da kommen gewöhnlich die Dorfbewohner und fragen ihn nach religiösen Rechtsgutachten bezüglich Erbschaftsrecht oder Almosen und erbitten seinen Rat in weiteren alltäglichen Dingen aus Sicht der Religion. Ich saß während der Sprechstunde neben meinem Vater, um Erfahrungen zu sammeln für meine künftige Aufgabe als Imam. Plötzlich kam Anhaar ins Zimmer und küsste meinem Vater die Hand. Ich wünschte, unser Haus wäre in diesem Moment in einer Erdspalte versunken. Ich schwitzte und mein Herz schlug rasend. Sie vermied es, mich anzusehen, saß am Boden und fing an zu reden. »Mawlana, ich sah gestern einen merkwürdigen Traum und hoffe, bei Ihnen eine Deutung dafür zu finden. Ich träumte, dass ich in einem unendlichen Meer schwamm und dann von einem Fisch gebissen wurde.«

»Hast du in deinem Traum geblutet?«, fragte mein Vater.

»Nein, aber als ich das Wasser verließ, war mein Bauch offen und ich konnte meine Därme sehen.« Mein Vater richtete sich auf dem Sofa auf und sagte: »Nur Allah, der Allmächtige, kennt die Wahrheit über deinen Traum, aber hier ein Versuch der Deutung: Ein Fisch im Traum ist immer etwas Positives, er steht für eine Gabe Gottes. Entweder wirst du bald schwanger sein, oder dein Mann wird in diesem Jahr reichlich Geld verdienen. Schwimmen steht für Verwirrung und innere Unruhe. Normalerweise steht ein offener Bauch für die Geburt eines Kindes. Da du aber deine eigenen Därme sehen konntest, bedeutet das, dass ein Geheimnis, das du lange bewahrt hast, bald verraten wird.«

Ich fragte mich, ob er in die Geheimnisse der Traumdeutung eingeweiht war. Er ist dessen ungeachtet aber ein hervorragender Psychologe, der die Schwächen der Menschen nur zu gut kennt. Er weiß alles über jeden im Dorf, er kennt alle Träume und all ihre Ängste. Er weiß, was sie hören wollen und was sie brauchen. Er hat eine Gabe, Dinge knapp und schlüssig zu formulieren, so dass man nicht wagt, zu widersprechen. Anhaar schien mit der Antwort zufrieden zu sein und wollte eine weitere Frage stellen, doch mein Vater unterbrach sie, auch andere müssten noch an die Reihe kommen. Sie küsste ihm erneut die Hand und verschwand. Ich war erleichtert und verwirrt zugleich. Was für ein Geheimnis verbirgt Anhaar? Hatte sie tatsächlich etwas geträumt, oder war das alles nur ein Spiel?

Ich habe bald mein Versprechen gegenüber Gott vergessen und eilte am nächsten Freitag wieder aus der Moschee, sobald mein Vater seine Predigt mit dem Lob Gottes und seiner Propheten eröffnete. Dieses Mal ging ich direkt zum Haus von Anhaar und wollte klopfen. Sie musste gerade in der Wanne sitzen. Aber warum überhaupt klopfen? Sollte ich die Tür nicht einfach gewaltsam öffnen, und nicht nur die Tür? Soll ich ihr nicht zeigen, wie ein richtiger Mann ist und sie Schmerzen dabei spüren lassen, wie noch nie in ihrem Leben? Die Angst vor den Konsequenzen ließ mich doch weiter zu unserem Haus laufen, wo ich eilends auf das Dach stieg. Sie saß wie gewöhnlich in ihrer Wanne, aber diesmal mit dem Gesicht zu unserem Haus, als hätte sie auf mich gewartet. Ich saß am gewohnten Platz und schaute ihr tief in die Augen. Sie hielt den Augenkontakt eine Weile, senkte dann aber ihren Blick und biss aus Verlegenheit auf ihre blutroten Lippen. Wir schienen uns zu verstehen. Ich griff mir ungeniert in die Hose und vergaß dabei die Stimme meines Vaters und die ganze Welt um mich herum. Sie saß nur da und schaute ab und zu lächelnd und ein wenig benommen zu mir hinauf. Ich schickte ihr einen Luftkuss, den sie flüchtig erwiderte, und ging schnell nach unten, vollzog die rituelle Waschung, ging in mein Zimmer und betete. Auch wenn ich mich alleingelassen fühlte, auch wenn ich wusste, dass ich beim Beten nichts spüren würde, konnte ich mein Bedürfnis zu beten nicht ignorieren.

So ging es ein paar Wochen weiter. Der Freitag war der Tag, für den ich lebte.

Einmal kam ich aus der Schule und sah sie auf der Türschwelle ihres Hauses sitzend, das von uns nur ein paar Meter entfernt war. Ich begrüßte sie flüchtig mit einem hinterhältigen Lächeln. Sie antwortete in der schönsten Stimme, die ich bis dahin gehört hatte: »Herr Hamed, möge Gott dir Sicherheit und Ruhe geben.« Niemand hatte mich zuvor jemals so angesprochen. »Können Sie für mich einen Brief an meinen Mann schreiben?«, fragte sie in einem gelassenen Ton. Niemand war auf der Straße. Ich nutzte die Gunst der Stunde und eilte in ihr Haus.

»Möchten Sie Tee trinken?«

Ich lehnte höflich ab. Ich wollte etwas anderes.

»Dann vielleicht Limonade?«, fragte sie lächelnd und ging in die Küche, bevor ich antworten konnte. Nach einer Weile kam sie mit der frisch gepressten Limonade zurück und setzte sich direkt neben mich. Ich zitterte am ganzen Körper. Ich stand plötzlich auf und sagte: »Ich gehe nach Hause, um Papier zu holen.«

Sie griff nach meiner Hand und sagte: »Ich habe welches gekauft.«

Selbst nachdem ich mich wieder gesetzt hatte, ließ sie meine Hand nicht los. So warm und so weich! Sie schien meine Nervosität zu genießen. Ich versuchte den Spieß umzudrehen.

»Kannst du denn nicht lesen und schreiben?«

»Doch, aber nicht so gut wie du«, erwiderte sie verschmitzt. Sie ließ meine Hand los und holte Papier und Stift unter dem Sofa hervor, als hätte sie alles geplant.

»Mein geliebter Mann. Ich hoffe, mein Brief findet dich in guter Gesundheit. Ich wünsche dir und allen deinen Kollegen in der Fremde viel Ausdauer und Sicherheit. Sei bitte nicht böse auf mich, aber ich kann nicht mehr warten. Zum Zuckerfest hast du versprochen, zu kommen. Nun ist der Ramadan vorbei, und das nächste Fest steht vor der Tür. Ich will in diesem Bett nicht mehr alleine schlafen. Ich habe Angst in der Nacht.«

Ich schaute ihr in die Augen, die in der Tat grün waren, und sie erwiderte meinen Blick. Ich konnte die Spannung nicht mehr aushalten. Irgendetwas musste geschehen, um mich aus dieser Situation zu befreien. Mir wurde schwindelig. Ich konnte nicht mehr zwischen Phantasie und Realität unterscheiden. Ich stand auf, packte sie am Nacken, zog sie zu mir heran und küsste ihre Lippen leidenschaftlich. Dann zerriss ich den Ausschnitt ihres Kleides und küsste und biss ihre Brüste. Schließlich zerrte ich sie zum Schlafzimmer, riss ihr die Kleider vom Leib und schleuderte sie auf das Bett. Ich warf mich auf sie und nahm sie voller Gewalt. Sie stöhnte vor Freude, sie stöhnte vor Schmerz.

Nichts davon ist wahr. Tatsächlich übergab ich ihr den Brief und verschwand ohne ein Wort.

Nach meinem fluchtartigen Abgang aus Anhaars Haus schämte ich mich am Freitag darauf, auf das Dach zu steigen. Doch zwei Wochen später war ich wieder dort, aber sie war nicht da. Später haben wir einander zwar noch einmal erwischt und es kam wieder zum altbekannten Voyeur-Spiel, aber irgendwie war der Zauber verflogen. Ich hatte die Gelegenheit, ihr nahezukommen, verpasst. Und sie würde nicht mehr wiederkommen. Nicht lange danach kam ihr Mann aus Saudi-Arabien zurück, setzte ein weiteres Stockwerk auf das Haus und verdeckte damit den Blick in ihren Hof. Als wäre das alles nicht schon Qual genug für mich gewesen, sah ich von nun an das Gesicht Anhaars niemals wieder. Saudi-Arabien hatte nicht nur ihren Mann verändert.

DRITTER TEIL

Abschied vom Vater

Ich war 16 Jahre alt geworden, und die letzten Abiturprüfungen standen bevor. Noch immer konnte ich den Koran nicht ganz auswendig. Ich hatte sogar einige Teile wieder verlernt. Aber mein Vater wollte immer noch, dass ich Islamwissenschaft studiere, um Imam zu werden. Was er nicht wusste, war, dass ich mich innerlich schon von unserem Dorf verabschiedet hatte. Ich wollte zwar studieren, aber nicht Islamwissenschaft, sondern Fremdsprachen. Aber um Fremdsprachen studieren zu können, musste ich im Abitur mehr als 85 Prozent der möglichen Punkte erreichen, was als beinahe unerreichbar galt. Ich habe in diesem Jahr gelernt, wie niemals in den Jahren zuvor, denn ich wollte unbedingt Englisch und Französisch studieren. Das Gehirnjogging durch das Auswendiglernen des Korans half mir dabei. Manchmal habe ich das Arabisch-Englisch-Wörterbuch seitenweise auswendig gelernt. Zwar sagte mein Englischlehrer, dass dies keine geeignete Methode sei, Englisch zu lernen, aber es half mir, Vokabeln zu pauken. Einmal stieß ich in der schlecht ausgestatteten Schulbibliothek auf ein altes Buch, das mich fesselte. Es war »Doctor Faustus« von Christopher Marlowe. Ich war begeistert von dem Gedanken, wie ein Mensch seine Grenzen ablehnt und versucht, über sie hinauszufliegen, auch wenn er dafür seine Seele aufgeben muss. Ich las einige übersetzte Werke von Shakespeare, Rilke, Dickens und Hugo und erhielt einen Eindruck vom Geist des Abendlandes, der sich sehr unterscheidet von dem Bild, das wir von Europa haben. Was macht den europäischen Menschen aus? Ist es Vernunft oder der Wunsch, alles zu beherrschen? Hängt alles nur vom Wetter ab, oder liegt es nur an den Genen? Europäer sind gut organisiert und diszipliniert, Juden sind klug und können mit Geld umgehen, Japaner sind fleißig, und Araber sind faul und jammern gerne? Kann es sein, dass ich tatsächlich europäische und jüdische Gene in mir trage und deshalb diesen Hang zum Individualismus spüre? Ich wollte so viele Sprachen wie möglich lernen. Jede Sprache sollte ein neues Fenster zur Welt, jede neue Sprache sollte für mich eine Zuflucht sein.

Ich wusste nicht, wie ich es meinem Vater beibringen sollte. Ich war die größte Investition seines Lebens. Außer mir hatte er nichts mehr. Was sollte ich ihm sagen? »Vater, es tut mir leid! Alles, wofür du stehst, alles, was dein Leben ausmacht, ist nichts für mich? Ich kann nicht die Entschuldigung für dein Leben sein. Schau, dass du deine Träume allein verwirklichst! Deine Welt ist nicht die meine. Ich kann nicht mehr im Haus des Gestern wohnen, denn es ist voller Ratten. Deine Welt hat mich erdrückt und verkannt. Ich kann mein Leben nicht aufgeben, damit dein System weiterlebt. Ich wünschte, ich könnte mich so anlügen, wie ich dich oft angelogen habe. Aber ich ertrage die Verlogenheit nicht mehr. Dein System hat mir großes Leid zugefügt, ich kann es nicht mehr mittragen. Noch ein gebrochener Mensch als Imam wäre keine gute Idee. Du bist zu alt und angeschlagen, um etwas zu verändern, und ich bin noch zu jung und zu verbittert, um so zu tun, als wäre alles in Ordnung. Ich kann den Leuten keinen Gott verkaufen, der nicht zu mir spricht. Ich kann mich nicht in die Träume der

Menschen einmischen, während meine Träume gefangen sind. Ich muss gehen und versuchen zu retten, was noch zu retten ist.« Ich war auf den Tag der Konfrontation vorbereitet.

Die Abiturprüfungen waren schwer, aber ich hatte das Gefühl, die 85-Prozent-Hürde zu überspringen, und so kam es auch. 86,5 Prozent haben gereicht, um an meiner Traumfakultät studieren zu können. Ich war der Zweitbeste unserer Schule und ägyptenweit hatte ich die viertbeste Note in Arabisch. Auch meine Noten in Englisch und Französisch qualifizierten mich für die Fremdsprachenfakultät in Kairo. Ich musste nur noch meinem Vater meine Entscheidung mitteilen. Ich hatte mir Dutzende Szenarien vorgestellt und rechnete mit allem, bloß nicht mit dieser Reaktion: Er blieb ungerührt und überließ mich meiner Entscheidung selbst: »Es ist dein Leben. Mach daraus, was du willst«, sagte er. Entweder war seine Enttäuschung so groß, dass er keine Kraft mehr hatte, mit mir zu diskutieren, oder er hatte gerade einen Joint geraucht und wollte seine Ruhe. Ich verstand das nicht. So resigniert und apathisch hatte ich ihn noch nie gesehen. Ehrlich gesagt hatte ich mir einen Streit mit ihm gewünscht, in dem ich meine Entscheidung verteidigen und erklären konnte. Ich fühlte mich beleidigt. Seine Reaktion war meiner Entscheidung nicht würdig. Ich hatte mich jahrelang auf diese Schlacht mit ihm vorbereitet und musste nun in der Stunde der Wahrheit erfahren, dass er keine Lust mehr hatte, zu kämpfen. Ich dachte, ich sei sein Lebensprojekt. Wie konnte er so gleichgültig darauf reagieren, dass ich nicht so sein wollte, wie er es gern gehabt hätte?

Obwohl ich lange darauf gewartet hatte, und obwohl mich nur wenige schöne Erinnerungen an dieses Dorf banden, fiel mir der Abschied schwer. Immerhin war es mir vertraut, und ich hatte immer mit der Solidarität meiner Umgebung rechnen können. Sogar mein älterer Bruder änderte seine Haltung mir gegenüber. Er zeigte Stolz auf meine Leistungen in der Schule und war der Meinung, dass ich nicht in das Dorf gehöre, und hat mir eine große Zukunft in Kairo prophezeit. Meine Mutter war sehr traurig, nicht nur weil ich weggehen wollte, sondern auch, weil die Familie kein Geld mehr hatte, um mein Studium und meinen Aufenthalt in Kairo zu finanzieren. Ich versuchte sie zu beruhigen, obwohl ich keine Ahnung hatte, wie und wovon ich in Kairo leben könnte.

Fremd im eigenen Land

Schon beim Anblick der nebligen Umrisse dieser gewaltigen Stadt und nach dem ersten Stau spürte ich, dass ich in der Fremde gelandet war. Erinnerungen wurden wach, und eine Welle der Angst überlief mich. Über Nacht wurde ich aus der Vertrautheit des Dorfes in die Anonymität des Molochs entlassen. Kairo, die Stadt, die einst meine Hoffnung war. Ich lief über eine Nilbrücke und betrachtete die beiden Löwenstatuen, die den Zugang schmückten. Sie waren staubig und heruntergekommen, obwohl sie über dem größten Strom der Erde thronten. Ich wünschte, ich könnte sie im Nil waschen. Ich wünschte, ich selbst könnte nur ein einziges Mal in der Lebensader Ägyptens schwimmen. Fast jeden Tag lief ich stundenlang ziellos umher. Oft war ich nur ein paar Straßen vom Haus meines Großvaters entfernt, aber ich scheute mich, dorthin zu gehen.

An der Universität beobachtete ich die vielen Studentinnen, die in engen Jeans und ohne Kopftuch herumliefen, und ich fragte mich, welcher der zahlreichen Verführungen Kairos ich zuerst erliegen würde. Meine frühere Vertrautheit mit Kairo half mir nicht, um als Einheimischer angesehen zu werden. Obwohl ich versuchte, Kairoer Dialekt zu sprechen, nahm mir keiner ab, dass ich aus der Hauptstadt stammte. Für alle war ich der Junge aus dem Dorf. Aber es gab Leidensgenossen: Junge ambitionierte Studenten aus der Provinz bildeten zwar die Minderheit an der Elitefakultät, trotzdem waren sie nicht zu übersehen. Es war normal, dass ich mich ihnen anschloss, da wir keinen Zugang zu den reichen Studenten hatten, der Mehrzahl unserer Kommilitonen. Befreundet war ich zunächst mit zwei Studenten, die nicht unterschiedlicher hätten sein können. Hosam war ein verbitterter junger Mann aus Kairo, der mit seinem Leben haderte und aus einer Kampfsituation in die nächste geriet. Trotzdem besaß er einen seltsamen Galgenhumor. Gamal dagegen war ein streng religiöser Muslim aus einem Dorf im Nildelta, der das ganze Leben durch den Koran interpretierte.

Ich arbeitete als Klempnergehilfe und finanzierte damit zunächst mein Studium. Während dieser Zeit musste ich so viele Fäkalien riechen und anfassen wie noch nie in meinem Leben. Zunächst wohnte ich bei einer meiner Tanten, doch sehr bald verließ ich das Haus aus Angst vor meiner eigenen Armseligkeit. Meine Tante wohnte mit ihrem an Epilepsie erkrankten Mann und sechs Kindern in einer Dreizimmerwohnung. Ich musste mit zweien ihrer Kinder in einem Bett schlafen. Eines Nachts konnte ich meine sexuelle Energie nicht im Zaum halten, als ich sah, wie mein sechsjähriger Cousin neben mir auf dem Bauch lag und ruhig schlief. In meinem Kopf hämmerte es. Aber irgendetwas in mir war stärker als Vernunft und Menschlichkeit, war stärker als das Leben selbst. Vorsichtig zog ich dem Jungen die Hose herunter und betrachtete erregt seinen kindlichen nackten Popo. Ich war umnebelt, und der Point of no Return schien nah. Ich fing an, meinen Penis an seinem Gesäß zu reiben und empfand dabei eine ungeheure Lust. Ich war sehr behutsam, damit er nicht aufwachte. Bevor die Lust mich aber endgültig in ein unbändiges Tier verwandelte, beendete ich das kranke Spiel. Ich ging ins Bad und befriedigte mich dort. Beim Onanieren und auch danach strömten die Gefühle aus mir heraus, die ich während und nach meiner ersten Vergewaltigung gespürt hatte. Ich weinte die ganze Nacht und konnte nicht mehr ins Bett zurück. Ich weinte darüber, was man mir angetan hatte, aber auch über mein elendes Verhalten. Die Tatsache, dass ich meine Tat nicht vollendet hatte, bedeutete nicht, dass ich besser oder moralischer war als der Mechanikerjunge. Hätte ich die gleiche Gelegenheit gehabt wie er, wer weiß, wie ich mich verhalten hätte. Haben die unerklärlichen Qualen von damals dazu geführt, dass ein Teil von mir sich mit dem Täter identifiziert hat?

Ich mietete ein Zimmer im Studentenwohnheim und versuchte mich durch Arbeit abzulenken. Das Studium lief relativ gut, und ich lernte in kürzester Zeit vieles über europäische Kultur. Was Frauen anbelangt, so war ich immer noch gehemmt. Ich wusste nicht mehr, ob ich auf Frauen oder auf Buben stehe. Ich war zwar eng mit einer Kommilitonin befreundet, die selbstverständlich blond war und grüne Augen hatte, aber die Beziehung blieb im Rahmen der ägyptischen Konventionen.

Bald lernte ich an der Universität Khaled kennen, der Mitglied in einer Gruppe war, deren Namen er mir anfangs nicht verraten wollte. Wir unterhielten uns oft über Religion und Politik. Fragen der sozialen Gerechtigkeit bewegten uns beide sehr. Als er merkte, dass ich mir über Gott nicht im Klaren war, verriet er mir, dass er Marxist sei. Er nahm mich zu einer der geheimen Sitzungen mit, wo Marxisten und Nasseristen zusammenkamen. Ich wusste anfangs nicht, dass es sehr gefährlich war, an solchen Treffen teilzunehmen, weil die kommunistische Partei in Ägypten verboten war. Aber selbst als ich das erfuhr, hielt es mich nicht davon ab, weiter mitzumachen. Ich hatte zuvor nicht gewusst, dass wir in Ägypten so viele Atheisten haben. Für sie war ich ein besonderer Kandidat, da ich aus einem Dorf kam, wo alle Menschen gläubig waren, und weil ich der Sohn eines Imams war und den Koran gut kannte. Ein besseres Argument gegen die Muslimbrüder, ihre Rivalen auf der Oppositionsbühne und an der Universität, konnte es für die Marxisten nicht geben.

Ich war aber nicht wirklich bereit, ein kompromissloser Atheist zu werden. Ich war der Einzige von ihnen, der vom Sufismus sprach und davon, dass der Mensch ein ewig Gottsuchender ist. Die Treffen waren für mich eher amüsant als fruchtbar, nur ein Mittel zur Weiterbildung. Der kurze marxistische Ausflug erfüllte für eine Weile meinen intellektuellen Durst, mehr aber auch nicht. Ich konnte aber mit dem Wissen der Gruppe nicht mithalten. Sie waren Typen, die Bücher gefressen hatten und sich gut in der Weltliteratur auskannten. Ich kaufte also Bücher wie »Die wichtigsten 100 Bücher der Geschichte«, »Kommunismus in 90 Minuten« und Zusammenfassungen von russischen Romanen, um während der Diskussionen nicht als vollkommen ahnungslos zu erscheinen. Der Trick funktionierte, ich konnte meine Bildungslücken vertuschen. Sie waren gebildet, intelligent und idealistisch. Ich hielt aber nicht viel von ihren politischen Ansprüchen und hätte ihnen niemals die Zukunft Ägyptens anvertrauen wollen. Aber mir gefielen ihr Engagement und vor allem ihr Mut. Immerhin war jeder Zweite von ihnen schon einmal im Gefängnis gewesen, zumindest die Männer.

Mir gefielen auch die Studentinnen, die in den meisten Fällen Töchter von Kapitalisten und nicht aus Überzeugung, sondern aus Langeweile Marxisten waren. Wir nannten sie High-Heels-Kommunistinnen. Sie waren der Grund dafür, dass ich länger als nötig bei der Gruppe blieb.

Die Genossen waren durchweg keine wahren Revolutionäre. Eher sah ich in ihnen müde Krieger, deren Revolution bereits gescheitert war. Und wie das Schicksal es wollte, brach der Kommunismus wenige Monate, nachdem ich mich dazu bekannt habe, zusammen. Das konnte ich Gorbatschow nie verzeihen. Aber die ägyptischen Kommunisten wollten diesen Zusammenbruch nicht wahrhaben. Sie betrachteten ihn lediglich als eine kurzfristige Krise und hielten an ihrer Ideologie fest.

Erstaunlicherweise begann ich, obwohl ich ja nun bei den Marxisten aktiv war, intensiver zu beten. Irgendwie fühlte ich mich nach jeder Diskussion mit ihnen leerer, als ich es ohnehin schon war. In meinem Kopf wimmelte es vor Gedanken, die ich nicht einordnen konnte. Manchmal wünschte ich mir, mein Gehirn aus der Nase herausziehen zu können, wie es die alten Ägypter beim Mumifizierungsritual taten, um es danach aus dem Fenster zu werfen und endgültig von den vielen quälenden Gedanken befreit zu sein.

All inclusive

Die Arbeit als Klempnergehilfe war anstrengend. Zwar entsprach sie meiner marxistischen Gesinnung und gab mir das Gefühl, dem Proletariat anzugehören, aber der Verdienst reichte nicht, meine Lebens- und Studienkosten zu decken.

Ein Cousin meines Vaters leitete die Touristenpolizei am Flughafen. Ich besuchte ihn und bat ihn, mir bei der Suche nach einem Job am Flughafen behilflich zu sein. Einen Telefonanruf später war ich in einem Reisebüro beschäftigt, obwohl ich weder einen Hochschulabschluss noch Berufserfahrung besaß. Ich sollte Kunden werben. Touristen ohne Pauschalreise sollte ich schon vor der Passkontrolle abfangen und versuchen, ihnen eine teure Tour durch Ägypten zu verkaufen. Vertreter aus sieben anderen privaten Reiseagenturen konkurrierten mit mir um die Passagiere. Anfangs war ich wenig erfolgreich. Die Konkurrenten waren schneller zu Fuß und einfallsreicher. Obwohl ich lange davon geträumt hatte, mit den Kreuzfahrern zu reden, war ich gehemmt, als sie vor mir standen.

Die meisten meiner Konkurrenten stellten sich nicht als Angestellte privater Agenturen vor, sondern als offizielle Mitarbeiter des Flughafens, die Touristen angeblich vor den aggressiven Taxifahrern beschützen wollten. Sie warnten vor illegalen Reiseführern, die draußen warteten, um den Touristen billige Reisen anzudrehen, sie später entführten, manchmal sogar vergewaltigten und bestahlen. Tatsächlich ließen sich viele überzeugen und folgten wie ängstliche Kinder. Schon nach dem ersten Schritt im Land gewinnen die Touristen den Eindruck, dass Ägypten ein Land von gewalttätigen Dieben ist. Denn tatsächlich stehen vor der Ankunftshalle zahlreiche Taxifahrer und Reiseführer, die über sie herfallen und ihre Dienste anbieten.

Ich konnte mich nicht überwinden, den Reisenden ein abschreckendes Bild von Ägypten zu vermitteln, nur um ein paar Dollar zu verdienen. Schließlich taten wir in der Ankunftshalle das Gleiche, was die illegalen Taxifahrer draußen taten, mit dem einzigen Unterschied, dass wir es uniformiert und mit dem Segen der Touristenpolizei taten. Wir alle folgten dem Prinzip »Safanguri«, das zwar nur am Flughafen bekannt war, jedoch in ganz Ägypten praktiziert wurde. Das Wort Safanguri existiert in keinem Wörterbuch, aber es hat eine Bedeutung: Stehlen im Sinne von Robin Hood. Es bedeutet: Wenn der Chef dir dein Recht nicht gibt, hol dir dein Recht selbst!

Der Flughafen war eine neue Welt für mich und zugleich ein Mikrokosmos Ägyptens. Es war der einzige Ort auf der Erde, wo eine Flasche Mineralwasser am gleichen Kiosk fünf unterschiedliche Preise haben konnte. Einfachen Mitarbeitern des Flughafens verkaufte Mahroos, der Kioskbesitzer, die Flasche für ein ägyptisches Pfund. Für die Mitarbeiter einer Reiseagentur lag der Preis bei zwei Pfund. Ein ägyptischer Reisender zahlte drei Pfund, ein Reisender aus den Golfstaaten fünf. Ein westlicher Tourist musste sieben Pfund für die Flasche bezahlen. Polizisten tranken gratis.

Bald wurde der Kiosk aber im Zuge der Modernisierung des Flughafens geschlossen. Er passte nicht zum neuen Image. Entfernt wurde auch ein altes Plakat. Es zeigte einen alten Südägypter, der für das lokale Bier mit den Worten warb: »Stella, in Ägypten seit 1897«. Viele Mitarbeiter und Besucher des Flughafens entdeckten plötzlich ihre Religiosität und fanden es unislamisch, dass im Flughafen für Alkohol geworben wurde. Zunächst beschmierten sie das Plakat mit Sprüchen wie »Die Ägypter haben nie Bier getrunken!«, dann veranlassten sie, dass das Plakat entfernt wurde. Historische Wandmalereien, die zeigten, dass die alten Pharaonen schon vor Jahrtausenden Bier gebraut hatten, kannten sie nicht. Ich auch nicht.

Die Modernisierung des Flughafens ähnelte der des Landes. Sie war nur äußerlich und stand Religion und Tradition immer entgegen. Zur Tradition des Flughafens gehörte der alte Polizist Sharaf, der es sich zur Aufgabe gemacht hatte, Vertreter der Reiseagenturen zu kontrollieren, obwohl er nicht der Touristenpolizei angehörte. »Hej Schwuchtel, wo ist meine Morgenbegrüßung?«, fragte er, wann immer er uns sah. Jede Begegnung mit ihm bedeutete ein Pfund weniger in meiner Tasche, egal, wie oft er mich traf. Das Morgen-, Mittags- und Abendzubrot teilte er mit seinen Kollegen von der Sicherheitspolizei, die wenig verdienten und neidisch auf die vermeintlich hohen Einkünfte der Mitarbeiter der Touristenbranche waren. Er war ein Sinnbild des Autoritätsverständnisses in Ägypten. Leer und ohne Legitimation, und dennoch fehlte es ihm nicht an Tricks. Die meisten Kollegen fanden Sharaf aggressiv und gierig. Mir war er irgendwie sympathisch. Er war verwitwet, hatte keine Kinder und stand wenige Monate vor seiner Pensionierung. Dazu war er verbittert, dass er es während seiner Dienstjahre verpasst hatte, genug Geld für die Zeit der Rente zu sammeln. Auch war er traurig, weil er nach dem Tod seiner Frau keine zweite Familie gegründet hatte. Deshalb betrachtete er es als sein gutes Recht, Frauen, die ihm beruflich unterstellt waren, sexuell zu nötigen. Ihm wurden mehrere Vergewaltigungen nachgesagt, sowohl von Putzfrauen als auch von weiblichen Gefangenen. Afrikanische Drogenschmugglerinnen, libanesische Prostituierte oder palästinensische Flüchtlinge. Nur sein ewiger Traum, mit einer blonden Touristin zu schlafen, ging nie in Erfüllung. Oft lief er die Schlange vor der Passkontrolle entlang und kontrollierte die Pässe der Touristinnen, obwohl es nicht zu seinen Aufgaben gehörte. Er begrüßte sie mit den einzigen Worten, die er auf Englisch kannte: »Welcome to Egypt. I love you!« Seine Lieblingsfrau war Wendy. Eine fünfzigjährige Engländerin, die seit Jahren im Flughafen wohnte. Sie war früher mit einem Ägypter verheiratet gewesen, mit dem sie zehn Jahre in England gelebt und eine Tochter hatte. Die Familie führte ein westliches Leben, bis der Vater bei einem Moscheebesuch den Weg zu seiner Religion zurückfand. Danach bestand er darauf, seine sieben Jahre alte Tochter in eine Koranschule zu schicken. Wendy lehnte dies ab, worauf er Safanguri praktizierte. Er reiste ohne Wissen von Wendy mit der Tochter nach Ägypten und versteckte sich dort für immer. Wendy reiste ihnen hinterher und suchte überall nach Mann und Tochter. Doch sie blieben spurlos verschwunden. Wendy brach zusammen und verlor den Verstand. Sie endete schließlich am Flughafen, in der Hoffnung, ihre Tochter irgendwann bei der Ein- oder Ausreise zu entdecken. Niemand wusste, wo Wendy schlief, aber tagsüber lief sie zwischen Ankunfts- und Abreisehalle hin und her und beobachtete jeden der Passagiere. Ihr Haar war zerzaust, und sie hatte immer eine Zigarette in der Hand.

Das war eine der Geschichten, die über Wendy kursierten. Eine andere Variante war, dass sie eine geheime Mitarbeiterin der ägyptischen Polizei oder eine Agentin des Mossad war. Ihre guten Arabischkenntnisse unterstützten diese Theorie. Sharaf kümmerte sich wenig um ihre Hintergründe. Ihn interessierten ihre Haare, die zwar langsam grau wurden, vermutlich aber irgendwann einmal blond gewesen waren. Jedes Mal, wenn er versuchte, Wendy an einen ruhigen Ort zu locken, biss sie ihn aber in die Hand und ging weg. Irgendwann verschwand Wendy, und zwei Monate später tauchte eine neue Europäerin auf, die genau die gleiche Geschichte hatte. Der Flughafen hatte immer seine verrückte Ausländerin. Auch sie wurde zur Lieblingsfrau von Sharaf. Er war ein merkwürdiger Mensch, aber für mich war er der prototypische Ägypter schlechthin. Sein schwarzgefärbter, widerspenstiger Schnurrbart harmonierte kaum mit seinen hellgrauen Haaren, aber sein Lächeln, das die Lücke zwischen seinen Zähnen preisgab, wann immer er von uns Geld bekam, war irgendwie kindlich und natürlich. Seine Hosen passten nie und drohten jede Minute herunterzurutschen. Jedes Mal, wenn er die einreisenden Touristen »begrüßte«, erwartete er auch von ihnen etwas Geld. Er konnte nicht wissen, dass Touristen keine Angst vor der Polizei haben und ihm kein Geld geben würden, nur weil er vorbeilief. Aber er tat das, was jeder von uns am Flughafen tat, vom Chef der Touristenpolizei bis hin zu den Putzkräften: Jeder war auf der Suche nach einer »Begrüßung«, jeder folgte dem Prinzip Safanguri.

Mein Einkommen hing von der Provision ab, die ich für den Verkauf der Reisen an Touristen bekam. Da ich aber zu meinen Prinzipien stand und mich immer als Vertreter einer Reiseagentur vorstellte, war meine Ausbeute mager. Der Besitzer der Agentur beschwerte sich bei meinem Onkel. Die beiden stellten mir ein Ultimatum. Innerhalb von zwei Monaten sollte ich bessere Leistungen erbringen, sonst würde ich meinen Job verlieren. Der Chef der Touristenpolizei hielt mich damit dazu an, die Touristen zu betrügen. Immerhin erhielt er jeden Monat Bares vom Besitzer der Agentur.

Bei einer Nachtschicht schaffte ich es endlich, einen Kunden zu angeln. Ein sehr betrunkener und allem Anschein nach schwuler Tscheche. Ich übergab ihn an Mohammed, der viel erfahrener war als ich. Mohammed war dafür bekannt, Touristen zu hypnotisieren. Mal erzählte er ihnen von seiner kranken Mutter, die eine Operation brauche, oder von seiner hochschwangeren Frau. Die Touristen hatten oft Mitleid mit ihm und kauften die Reise. Er tat alles, um dem tschechischen Touristen eine Tour zu verkaufen, aber der Tourist wollte nicht. Als Mohammed merkte, dass er vermutlich Männer liebte, öffnete er zwei Hemdknöpfe. Danach legte er die Hand auf seinen Schenkel. Der Tscheche reagierte zwar erfreut, wollte aber dennoch keine Reise kaufen. Die beiden schlossen vor meinen Augen einen Deal ab: Mohammed sollte mit dem Touristen zu seinem Hotel gehen, um mit ihm eine romantische Stunde zu verbringen, danach würde er die teure Reise kaufen. Als Mohammed mitgehen wollte, hielt ich ihn entsetzt auf: »Ich habe den Touristen nicht hierhergeholt, damit du das mit ihm tust. Ich bin kein Zuhälter, Mohammed!« Mohammed erwiderte: »Wir sind alle Zuhälter, mein Freund. Erspar mir deine Predigt, ich habe Kinder, und wir brauchen Geld. Du brauchst auch die Provision. Ich tue es für euch, ihr Idioten, ich tue es für Ägypten!«

Es wurde spät in der Nacht, und die meisten Mitarbeiter der konkurrierenden Reiseagenturen gingen heim, einzig die Maschine aus Sanaa war nicht gelandet, aber es kamen selten Touristen aus dem Jemen nach Ägypten. Nur mein koptischer Arbeitskollege Karam und ich harrten aus. Als Erste verließen eine Handvoll Jemeniten und ein paar Ägypter die Maschine. Wir waren schon im Begriff, die Halle zu verlassen, als eine deutsche Familie, die wohlhabend wirkte, die Halle betrat. Ein großer, blonder Vater, seine Tochter, sein Sohn und dessen Freundin. Besonders die Tochter, ihr Name war Patricia, wie ich später erfuhr, erweckte mein Interesse. Sie war sehr schön. Trotz der langen Reise zeigte sie ein strahlendes, einladendes Lächeln. Wir mussten sie nicht lange davon überzeugen, die Reise zu kaufen, denn genau das wollten sie. Sie hatten den Plan, ganz Ägypten in zwei Wochen zu bereisen. Sie wollten mit Kairo beginnen, um dann einen Badeurlaub in Hurghada, eine Nilkreuzfahrt zwischen Luxor und Assuan und eine Safari durch die libysche Wüste und die ägyptischen Oasen anzuschließen. Logischer wäre es gewesen, die Tour andersherum zu planen, um sich nach der langen Reise am Roten Meer zu erholen, aber sie wollten es so, und der Kunde hat bekanntlich immer recht. Karam kalkulierte den Preis der Reise für die vier Personen, umgerechnet 7000 Euro. Natürlich war das nur ein Eröffnungspreis für die Verhandlung, aber die Familie willigte sofort ein. Unsere Provision hätte fünfhundert Euro für jeden von uns betragen, eine beachtliche Summe. Aber Karam wollte mehr und schlug mir Folgendes vor: »Was hältst du davon, wenn wir diese Reise Safanguri organisieren, ohne dass die Agentur davon etwas erfährt? Unser Gewinn würde 1500 Euro für jeden bedeuten!« Dies würde aber auch bedeuten, wir müssten alles organisieren und mit den Touristen mitfahren.

Zuerst lehnte ich den Vorschlag ab, da ich dieses Risiko nicht eingehen wollte, aber Karam überzeugte mich: »Jeder spielt Safanguri mit jedem, und wenn du nicht selbst zum Wolf wirst, wirst du von den anderen gefressen!« Auch die Vorstellung, zum ersten Mal ganz Ägypten zu bereisen, war verlockend. Karam hatte bereits Urlaub beantragt, nur ich musste mir für die zwei Wochen eine Ausrede überlegen. Andererseits war meine Anwesenheit am Flughafen sowieso nicht sehr bedeutend, und so willigte ich ein.

Wir heuerten den ältesten Minibusfahrer und den ältesten Reiseführer für die Tage in Kairo an. Der Fahrer hieß Ashoor und hing vergangenen Zeiten nach, als er der Chauffeur eines Ministers im Militärkabinett von Präsident Nasser war. Er fuhr immer gemächlich mit seinem veralteten Minibus und fluchte ständig auf die Jugend von heute, die sich rücksichtslos auf der Straße breitmachte. Die deutsche Familie blickte erstaunt auf das Treiben in den Straßen und beobachtete die

Menschen, als wäre es eine Zirkusaufführung. Die Kinder fanden es amüsant, wie die Straße gleichzeitig Autos, Karren, Menschen und Tieren Raum bot. Der Vater war ein kritischer Mensch und nicht besonders humorvoll. »Ich kann nicht verstehen, dass …« war typisch für ihn.

»Ich kann nicht verstehen, wie so viele Menschen auf so engem Raum zusammenleben können. Warum wendet Ägypten nicht wie China auch die Methode der Geburtenkontrolle an?« Er gehörte zu den Touristen, die nur das Negative in einem Land sahen und keine Freude am Entdecken neuer Kulturen zeigten. Ich erinnere mich nicht mehr, was er von Beruf war, aber ich stelle ihn mir immer als Gefängnisdirektor vor. Er hieß Hartmut. Ich wunderte mich, wie die schöne Patricia die Tochter dieses Mannes sein konnte.

Obwohl ich in Kairo wohnte, war es seit meiner Kindheit das erste Mal, dass ich die Pyramiden von Gizeh sah. Als wir dort ankamen, fiel eine Truppe kleiner Kinder über uns her, die uns Postkarten und gefälschte Antiquitäten verkaufen wollten. Kaum hatten wir sie abgeschüttelt, kamen die Kamel- und Pferdereiter, die uns eine Panoramatour anboten. Sie kreisten uns regelrecht ein und zerrten an uns, bis Karam sie mit einem Schrei wegscheuchte. Alle Basare, Pferde und Kamele gehörten einem Mann namens Abu-Aziza. Er hatte gute Beziehungen zur Polizei und das Monopol auf die Gegend um die Pyramiden.

Unser Reiseführer Fuad gehörte ebenfalls zur alten Schule und hatte seine eigene Interpretation der ägyptischen Geschichte. Er war Kopte, was deutlich aus seinen Ausführungen herauszuhören war. Er versuchte, jede Phase der Geschichte Ägyptens mit der Verfolgung der Kopten in Zusammenhang zu bringen. Marcel, der sechzehnjährige Sohn der Familie, fragte den Reiseführer nach dem Alter der Pyramiden. »Siebentausend Jahre«, behauptete dieser, ohne zu zögern. Ich fragte ihn, ob er sicher sei. »Nein«, war seine Antwort. Er würde das Alter der Pyramiden je nach Alter des Touristen entscheiden. Jungen Leuten gefallen sehr alte Pyramiden, und dann macht er sie alt. Zum Glück hatte Hartmut seinen eigenen Reiseführer dabei und korrigierte das Alter der Pyramiden um mehr als dreitausend Jahre nach unten. Hartmut wusste relativ viel über die Geschichte Ägyptens, auf jeden Fall viel mehr als ich und unser Reiseführer zusammen. Nur Karam konnte mithalten.

»Ich kann nicht verstehen, wie die Ägypter, die diese mächtigen Pyramiden gebaut haben, heute in diesen schmutzigen Zwerghäusern wohnen!«, wunderte sich Hartmut.

Genervt erwiderte ich: »Sie werden vieles hier nicht verstehen! Warum versuchen Sie nicht einfach, die Zeit zu genießen? Oder haben Sie das Geld bezahlt, um sich ständig zu ärgern?«

Danach begleitete uns der Reiseführer zum obligatorischen Besuch der Teppich-, Gold- und Parfümbasare. Der Parfümhändler konnte Patricia überzeugen, dass Kleopatra die Jasminessenz, die er ihr anbot, höchstpersönlich benutzt hatte. Hartmut konnte er allerdings nicht überreden, eine Flasche schwarzen Moschus zu kaufen, auch nicht, als er betonte, dass Moschus aus dem Mann ein wildes Tier macht. Beim Besuch der Teppichfabrik hörten wir, wie ein Mitarbeiter rechtfertigte, dass dort Kinder arbeiteten. Er gab vor, dass es sich um Arme und Waisen handle und die Arbeit ihre einzige Möglichkeit sei, sich das Schulgeld zu verdienen. Tatsächlich aber ging kaum eines von ihnen zur Schule. Sie arbeiteten von Morgen bis Abend. Sie woben mit ihren feinen Händen Seidenteppiche, die für Zehntausende von Dollar an Touristen verkauft wurden, bis sie bluteten. Dafür erhielten sie lediglich ein Almosen. Ich schaute lange auf die Kinder, die sich über die Geräte bückten und schufteten. Auch wenn sie lächelten, ihre Augen waren von Niederlage und Demut gezeichnet. Nicht nur die Ausbeutung dieser Kinder kränkte meine sozialistische Seele. Ich fragte mich auch, wie viele von ihnen schon der einen oder anderen Form der Vergewaltigung ausgesetzt wurden.

Der Reiseführer setzte unberührt seine Tour fort, und bald darauf betraten wir die Altstadt von Kairo mit ihren vielen Kirchen. Dort beklagte er die Unterdrückung der Kopten und die Moscheen, die jeden Tag fünf Mal, auch morgens um vier Uhr, zum Gebet aufriefen und koptische Bewohner belästigten. Nachdem wir eine Kirche und eine Moschee besichtigt hatten, fragte Hartmut, warum wir nicht in eine Synagoge gingen. Ich wurde blass, als ich das Wort Synagoge hörte. Ich war neunzehn und wusste bis zu diesem Zeitpunkt nicht einmal, dass es in Kairo eine Synagoge gab. Noch nie hatten wir im Unterricht etwas über Synagogen oder ägyptische Juden gehört. Juden waren für uns immer nur die zionistischen Israelis, die Palästina überfielen und gegen Ägypten mehrere Kriege geführt und gewonnen hatten. Alle gingen in die Synagoge, nur ich blieb draußen. Danach fragte Hartmut, warum Nasser die ägyptischen Juden vertrieben hatte. Der Reiseführer und ich wussten die Antwort nicht. Karam verteidigte Nasser und sagte, die ägyptischen Juden hätten das Land freiwillig verlassen, weil ihre Loyalität in erster Linie Israel galt.

Abends saßen wir in einem Café gegenüber der Al-Azhar-Moschee. Hartmut kränkte ein weiteres Mal meine Gefühle, als der Kellner mit dem Tee kam und dazu Leitungswasser reichte. Als Marcel davon trinken wollte, stoppte ihn Hartmut. »Bist du verrückt? Davon kriegst du Durchfall.«

»Warum tun Sie das?«, fragte ich. »Was für uns gut ist, muss auch für Sie gut sein.«

»Nein, Sie haben sich hier schon an die Bakterien gewöhnt, die im Wasser oder in der Schale des frischen Obstes sind, und haben dagegen Immunität entwickelt, wir nicht.«

Um das Thema zu wechseln, fragte er mich nach der Bedeutung der arabischen Schrift auf der Moschee vor uns. Es war eine Aussage des Propheten Mohammed und hieß: »Die Intention des Menschen ist das Entscheidende. So wie die Intention des Menschen, wird auch sein Ziel.«

Hartmut konnte sein Lachen nicht unterdrücken, als ich es ihm übersetzte, und er sagte: »Jetzt verstehe ich, warum die islamische Welt nicht weiterkommt! Man kümmert sich wahrscheinlich nur um die Absicht und vergisst das Ergebnis der Arbeit. Das Schlimmste, was man einem Deutschen nach dem Erledigen seiner Arbeit sagen könnte, ist: Du hast es gut gemeint!« Hartmut sagte, dass er mehrere arabische Staaten bereist und dort immer das gleiche Bild gesehen hatte: Männer, die den ganzen Tag lang im Café saßen und Domino spielten. »Sie müssen sich dabei gedacht haben: Wichtig ist nur die Intention! Wer soll für sie arbeiten?«

Er vertrat die These, dass der Islam einem Land wie Ägypten geschadet habe, nachdem es im Altertum ein Großreich gewesen war. Ich widersprach und erinnerte daran, dass die Araber ein Volk von Nomaden und Straßenräubern gewesen waren, bis der Islam kam und aus ihnen eine Hochkultur machte, die im Mittelalter auf dem Gebiet der Wissenschaft, Medizin und Philosophie führend war. Ich erinnerte ihn an die Kultur der Mauren in Andalusien, von der auch die europäische Zivilisation profitiert hatte. Er wollte nicht widersprechen, fragte jedoch: »Und wo ist diese arabische Medizin und Philosophie heute in Ägypten? Die

Ägypter leben mittlerweile zum größten Teil vom Tourismus. Ohne die Bauten der Pharaonen würden die Ägypter heute verhungern.« Jede seiner Aussagen erfüllte mich mit Wut.

Karam mischte sich in die Diskussion ein und meinte, jede Kultur ginge durch eine Phase der Schwäche, und er sei sicher, die islamische Kultur würde wieder stärker sein.

»Ich dachte, Sie sind Christ«, erwiderte Hartmut erstaunt und deutete mit seinem Finger auf das tätowierte Kreuz auf Karams Hand.

»Ich bin christlichen Glaubens und islamischer Kultur. Alle Christen in Ägypten sind so.«

»Bei dem Reiseführer klang das heute Vormittag aber ganz anders.«

»Jedes Land hat seine Besonderheiten und Befindlichkeiten. Aber Muslime und Christen leben hier seit 1400 Jahren friedlich zusammen, und niemand hat den anderen je in Gasöfen verbrannt!«, sagte Karam.

»Was wollen Sie damit sagen? Mischen Sie sich nicht in Sachen ein, von denen Sie wenig verstehen.«

»Und was wissen Sie über die islamische Kultur, um so über den Islam zu reden? Wer gibt Ihnen das Recht? Warum benutzen Sie Ihre Maßstäbe, um fremde Kulturen zu verurteilen? Warum vergessen Sie die blutige Geschichte Europas und Kreuzzüge und Kolonialismus?«

Ich entzog mich dieser hitzigen Debatte. Es war merkwürdig, dass Karam, nicht ich, die Verteidigung unserer Heimat in die Hand nahm. Viele von Hartmuts Fragen waren durchaus identisch mit meinen. Aber wenn die Vorwürfe und Fragen von anderen kamen, provozierten sie mich. Auch auf Hartmuts letzte Frage hatte ich keine Antwort, außer Schweigen und Wut: »Kann der Kolonialismus allein dafür schuldig sein, dass die Straßen in Ägypten stinken und dass die Basarbesitzer die Kinder ausbeuten?«

Wir saßen im »Superjet« Richtung Hurghada. »Superjet« war eine Übertreibung für den Bus, aber er war auf jeden Fall besser und schneller als Ashoors alter Bus. Hartmut und Karam diskutierten die Situation der Kopten in Ägypten. Ich saß neben Patricia. Ich mochte dieses Mädchen. Sie war zwanzig, sehr ruhig und strahlte eine Wärme aus, die ich bislang nicht kannte. Aber ich konnte nicht mit ihr reden. Patricia ärgerte sich über eine Szene im Film, der im Bus während der Fahrt gezeigt wurde: Ein Mann schlug seiner Frau mit der Faust ins Gesicht.

»Ist es hier normal, dass ein Mann seine Frau schlägt? Das ist doch schrecklich«, fragte mich Patricia.

»Warte, du wirst die Antwort gleich sehen!«

Die Frau stand vom Boden auf, ballte die Faust und schlug den Mann zurück, sodass seine Nase anfing zu bluten. Die ägyptischen Mitreisenden lachten sich halbtot.

»Siehst du, beide haben einander geschlagen.«

»Dann ist das Problem eben ein anderes. Solche Szenen suggerieren, dass Gewalt in der Ehe etwas Natürliches ist!«

Ich versuchte ihr zu erklären, dass es sich lediglich um eine Komödie handele und dass die Menschen sich nichts dabei denken, wenn sie es sehen. Sie fragte, warum die Zuschauer nur lachten, als die Frau den Mann schlug, aber nicht umgekehrt. Sie erzählte von den türkischen Frauen in Deutschland, die von ihren Männern unterdrückt würden, und wollte wissen, ob es einen Zusammenhang gäbe zwischen den Gesetzen des Islam und der Stellung der Frau. »Ist es wahr, dass der Koran den Männern die Erlaubnis gibt, ihre Frauen zu schlagen, wenn sie ihnen nicht gehorchen?«

»Nein«, sagte ich voreilig. Dann korrigierte ich mich: »Es

gibt eine solche Passage, aber es ist keine Erlaubnis. Männer dürfen es nur, wenn Frauen äußerst unkontrollierbar werden, wenn sie spinnen.« Sie fragte mich, ob es auch den Frauen gestattet sei, Männer zu schlagen, wenn sie spinnen. Ich war ratlos. Wie oft habe ich mich mit dieser Frage in meinem Leben beschäftigt, wie oft fand ich es abstoßend, wenn mein Vater meine Mutter schlug, und wie oft fragte ich mich, warum Gott eine solche Passage für das Heilige Buch erdacht hatte. Und nun musste ich mit naiven Argumenten versuchen, meine Religion zu verteidigen. Meine Zuneigung zu Patricia verwandelte sich kurzerhand in Abneigung. Ich wollte beten.

Lediglich der Vorort von Hurghada erinnerte an Ägypten: Eine Kulisse zahlloser Hütten und unfertiger Häusern. Der Rest war eine einzige All-inclusive-Ausländerkolonie. Nur Touristen stand Hurghada zur Verfügung: lange Sandstrände, kristallklares Wasser, Essen und Trinken bis zum Abwinken in einem Land, wo fast die Hälfte der Bevölkerung unterhalb der Armutsgrenze lebt. Morgenbüfett, Spätaufsteherbüffett, Mittagsbüffett, Kaffee und Kuchen, Snacks am Pool, Abendessen, Mitternachtssuppe, Getränke immer und überall. Großzügige Swimmingpools, Gärten und Golfplätze, Berge von Bade- und Handtüchern, die täglich gewaschen werden, obwohl das Land unter Wasserknappheit leidet. Massentourismus bietet vielen jungen Ägyptern Arbeitsplätze, aber er bringt auch Verfremdung und Manipulation mit sich – Phänomene wie Oxana und Ahmed. Oxana war eine ukrainische Studentin. Offiziell arbeitete sie als Tänzerin im Animationsteam im Hotel, wo wir untergekommen waren, aber in Wirklichkeit verkaufte sie Liebe an ägyptische, arabische und ausländische Gäste. Ahmed war der Barkeeper und verkaufte seinen Körper ebenfalls Touristinnen. Viele wie

Ahmed und Oxana hingen am Strand herum und führten ihre Körper Sextouristen vor. Wo waren die Moralhüter und die Sittenpolizei? In Kairo war Gott ein Verkehrspolizist, der vergeblich versuchte, das Chaos zu verhindern. Hier in Hurghada war er bloß ein Bodyguard vor den Diskotheken und Bordellen.

So viel nackte Haut hatte ich seit dem Anblick meiner Nachbarin im Dorf nicht gesehen. Oben ohne in Ägypten! Nicht für Ägypterinnen. Diese durften meist nicht einmal ins Wasser und wenn, dann nur bekleidet. Als ich Patricia im Bikini sah, war ich zuerst bezaubert, aber je länger sie halbnackt vor mir lag, umso mehr verlor sie ihren Reiz. Um mich herum sah ich nur noch unzufriedene junge Ägypter: Kellner, Gärtner, Animateure, die die Touristen heimlich beneideten, fluchten und ihnen trotzdem dauernd zulächelten und für sie bei Bedarf den Clown spielten.

Glücklicherweise führte unsere Reise bald nach Assuan. Dort im Süden konnte ich ein Stück vom wahren Ägypten sehen. Wahres Ägypten? Gab es das überhaupt noch? Auf jeden Fall konnte man dort »normale« Ägypter sehen, nicht nur Kellner und Basarverkäufer wie in Hurghada. Assuan ist die schönste und sauberste Stadt Ägyptens. Dort zeigt sich der Nil mit dem blauen Wasser, den Granitsteinen und den Ufertempeln von seiner besten Seite. Die Menschen dort haben es geschafft, trotz Tourismus ihre Einfachheit und ihr natürliches Lächeln zu bewahren. Von Assuan aus nahmen wir das Schiff nach Luxor und machten halt an jedem Tempel.

Als wir uns Luxor näherten, begegnete uns wieder das bettelnde Ägypten. Scharen von Kindern verfolgten uns und bettelten um Kleingeld. Luxor mag die größte Touristenattraktion Ägyptens sein, aber ich fühlte mich fremd in den überfüllten Tempeln und Pharaonengräbern, die sicher sehr schön sind. Dort wurde mir klar, dass Geschichte und Kultur in Ägypten nicht mehr gelebt werden, sondern nur noch da sind, um gelangweilte Touristen zu unterhalten. Ägypten und seine Geschichte haben sich auseinandergelebt. Schließlich wurde in Luxor auch noch mein Geldbeutel gestohlen.

Rommel

Alle freuten sich schon auf die Wüste. Ich verstand aber nicht, worauf genau sie sich freuten. Die Wüste ist doch leer, dachte ich. Nach sieben Stunden Fahrt erreichten wir die südliche Oase Dakhla. Auf uns wartete »Rommel«, unser Wüstenführer. Eigentlich hieß er Talal. Hartmut wunderte sich, dass Rommel in Ägypten als Held verehrt wurde und von vielen Ägyptern als Hoffnungsträger im Kampf gegen die britische Kolonialherrschaft galt. Talal war Ende zwanzig, dunkelhäutig und trug ein Palästinensertuch um den Kopf. Er war groß, dünn, hatte klare, tiefe Augen, und zeigte ein Dauerlächeln. Mit ihm kam sein fünfzehnjähriger Bruder Zaid.

Talal und Zaid fuhren die zwei Jeeps, die uns durch die Oase brachten. Patricia fragte, wie es möglich sei, dass ein Fünfzehnjähriger ohne Führerschein fahren dürfe. Karam sagte ihr, in Ägypten gälten andere Gesetze und in der Wüste erst recht. Rote Berge, Sand, Quellen und Palmen. Eine traumhafte Kulisse. Die Bauern benutzten in Dakhla immer noch die Wassermühlen und die Agrargeräte wie vor zweitausend Jahren. Ab und zu kam ein Auto oder ein Junge auf einem Esel mit den Kopfhörern eines Walkmans in den Ohren vorbei.

»Diese primitiven Leute sind die glücklichsten«, sagte Hartmut.

»Ja, es ist ein Traum, so einfach und ohne Stress zu leben«, kommentierte Patricia.

»Das habe ich nicht gemeint«, sagte er. »Ich meine, sie haben nichts dazu beigetragen, neue Wissenschaften und Technik zu erfinden. Sie mussten nicht sterben, um die Moderne und die Aufklärung zu verteidigen, und trotzdem dürfen sie die Produkte der Moderne nutzen, wenn sie wollen. Von der Höhle in das Satellitenzeitalter: Sie haben Zivilisation zum Nulltarif.«

»So einfach ist es nicht«, sagte ich. »Wenn ein ägyptischer Bauer für seinen Sohn einen PC kaufen will, muss er dafür mindestens fünf Jahre sparen. Viele können sich das nicht leisten. Nur wenn der Bauer hier genauso viel verdienen würde wie der Bauer in Deutschland, könnte er sich die Moderne leisten. Aber ihr wollt uns eure teureren Autos verkaufen, trotzdem schottet ihr eure eigenen Märkte vor unseren Produkten ab.«

Rommel fuhr uns zur Altstadt von Dakhla, die aus Lehm gebaut wurde. Er erzählte, dass die Ureinwohner hier wohnten, bevor der Nil durch ein Erdbeben vor Tausenden von Jahren entstand und die Ägypter an sein Ufer zog. Rommels Sprach- und Geschichtskenntnisse waren beeindruckend, obwohl er nicht studiert hatte. Er hatte eine Art zu erzählen, die jeden von uns packte. Alle Daten, die er nannte, konnte Hartmut durch seinen Reiseführer bestätigen. Nur als er über den »magic spring« sprach, wurde ich skeptisch. Er berichtete von einer magischen Quelle mitten in der Wüste, deren Wasserstand angeblich ansteige, wenn Menschen sich darum versammelten, und gänzlich verschwände, sobald niemand in der Nähe sei. »Das glaube ich erst, wenn ich es sehe«, sagte ich. Wir übernachteten im Hotel Mohammed, dessen Besitzer gleichzeitig Rezeptionist, Zimmerservice und Küchenchef war und im Café im Erdgeschoss kellnerte. Sowohl Mohammed als auch Rommel arbeiteten sehr viel und zeigten trotzdem kein Zeichen von Stress. Mir fiel auf, dass die Menschen in den Oasen eine vollkommen andere Haltung zu Touristen hatten als in Hurghada und Luxor. Man war sehr froh über ihren Besuch, bediente sie und diskutierte gerne mit ihnen. Vielleicht lag es daran, dass der Massentourismus den Weg in die Wüste zu dieser Zeit noch nicht gefunden hatte.

Am nächsten Morgen fuhren wir noch tiefer in die Wüste hinein. Die Landschaft veränderte sich ständig: Mal war es eine weiße Wüste aus Kalkstein, die wie der Grund des Meeres aussah, und mal war sie eine schwarze Lavalandschaft wie auf dem Mond. Goldene Sanddünen wechselten ab mit vom Wind kunstvoll gemeißelten Figuren. Die natürliche Art, mit der Rommel die Landschaft betrachtete, zeigte, wie sehr er die Wüste liebte und wie viel Spaß er an seiner Arbeit hatte. Er kannte jeden Stein auf dem Weg und die Geschichte jeder Ortschaft. Ich hatte mir nie vorstellen können, dass Ägypten landschaftlich so schön und vielseitig ist. Rommel erzählte uns, dass die Oasen unter der Herrschaft der Römer vor zweitausend Jahren den besten Wein produziert und ganz Ägypten mit Getreide und Rindern versorgt hatten. Im modernen Ägypten jedoch seien die Oasen zunehmend vernachlässigt worden und dienten den Machthabern in Kairo lediglich als Orte des Exils für Kriminelle oder politische Gegner der Obrigkeit. Wie aus dem Nichts tauchte plötzlich eine kleine Oase auf, wo wir eine kurze Pause machten. Blaugestrichene kleine Häuser, Palmen und Melonenfelder. Wir sahen Bauern, die unter der sengenden Hitze ihre Felder beackerten. Wir liefen an einem Melonenfeld entlang und beobachteten sie. Patricia war erstaunt, wie hart ihre Arbeit war. In Deutschland seien die Felder immer leer. Man sehe die Bauern kaum arbeiten wie hier.

»Sehen Sie, Hartmut, es gibt auch Ägypter, die hart arbeiten«, sagte ich.

»Aber wenn sie moderne Geräte benutzten, müssten sie auch nicht den ganzen Tag in der Sonne schuften.«

Als ein Bauer sah, dass wir neben seinem Feld liefen, kam er uns entgegen und begrüßte uns freundlich. Er holte eine frische Melone vom Feld und gab sie Hartmut. Dieser nahm verlegen die Melone, griff in seine Tasche und holte fünf Pfund heraus, die er dem Bauern in die Hand drückte. Der Bauer sah ihn überrascht an und fragte auf Arabisch, was das soll. Er warf das Geld auf den Boden und ging verärgert auf sein Feld.

»War das zu wenig?«, fragte Hartmut.

Rommel erklärte ihm, dass der Bauer ihm ein Geschenk hatte machen wollen und es in der Wüste als Beleidigung gilt, wenn ein Gast für Gastfreundschaft bezahlen will. Er erzählte, dass Gastfreundschaft nicht nur eine Tugend in der Wüste, sondern auch lebensnotwendig für ihre Besucher sei. Die Wüste könne sehr grausam und bedrohlich für die Fremden sein, deshalb seien sie auf die Hilfe der Einheimischen angewiesen. Er erzählte die Geschichte eines berühmten Arabers, der Fremde zu Gast, aber kein Essen zu Hause hatte. Er beschloss, sein Kind zu töten, um den Gästen sein Fleisch anzubieten. »Es gibt in der Wüste keine größere Schande, als Gäste im Stich zu lassen.«

»Woher sollte ich das wissen? Sonst wollen alle Bakschisch!«, fragte Hartmut.

Ich konnte es Hartmut nicht übelnehmen: »Sie haben es gut gemeint, und Ihre Absicht ist entscheidend!«

»Let us go to the magic spring«, schlug Rommel vor. Wir standen vor der Quelle und rieben uns die Augen, um die Magie zu sehen, konnten aber nichts erkennen. Sie sah wie eine normale Quelle aus. Als Rommel meine kritischen Blicke sah, rechtfertigte er das Ausbleiben des Wunders damit, dass sich mittlerweile viele Menschen um die Quelle herum angesiedelt haben, und so bräuchte es viel mehr als früher. Denn verschwenden wolle die Quelle ihr Wasser nicht. Marcel und seine Freundin Silvia spielten im Wasser. Patricia folgte, ihre Beine schienen mir heute besonders schön. Als ihre nassen Beine in der Sonne glänzten, war die Quelle auf einmal doch magisch für mich. Oft wollte ich ihr sagen, wie schön ich sie fand, hatte aber nie den Mut dazu.

Am Abend versammelten wir uns um ein Feuer. Der Wind war ruhig, und Rommel schlug vor, dass wir im Freien schliefen. Sonst baute er immer im Schutz eines Felsens Zelte auf. Die Sonne neigte sich, und es wurde Nacht. Die goldenen Sanddünen leuchteten orange. Zaid holte die Mineralwasserflaschen aus dem Eiskasten, während Rommel ein Huhn und Gemüse grillte.

»Gibt es kein Bier?«, fragte Hartmut.

»Wir sind doch in der Wüste«, antwortete Rommel. »Woher? Außerdem ist Ägypten ein islamisches Land, wo Alkohol nicht überall zu bekommen ist.«

»Wir sind aber keine Muslime, und Alkohol wird in den Hotels überall verkauft.«

Rommel bat Zaid, zur Oase Farafra zu fahren, um vier Flaschen Bier zu besorgen.

Nach dem Abendessen fing Rommel an, auf einer Flöte zu spielen. Musikalisch war er auch noch. Noch ein Grund mehr für mich, neidisch auf ihn zu sein.

»Das Bier ist lecker. Leicht, schmeckt aber ordentlich. Ich

wusste nicht, dass Ägypter gutes Bier brauen können«, sagte Hartmut.

»Endlich hat etwas in Ägypten Sie zufriedengestellt. Das müssen wir feiern!«, sagte Karam. Zaid trommelte, Rommel spielte Flöte und sang ein Lied, das traurig begann und fröhlich endete. Beide standen auf und baten uns, mit ihnen zu tanzen. Alle tanzten ausgelassen, sogar Hartmut. Nur Patricia saß schüchtern daneben und machte nicht mit. Rommel ging zu ihr und flüsterte ihr etwas ins Ohr, woraufhin sie aufstand und ihren schönen Körper zum Rhythmus der Trommel langsam bewegte.

Später lag Hartmut im Sand und fragte Karam, warum er keinen Alkohol trinke, obwohl er kein Muslim sei. Karam erzählte, dass der Genuss von Alkohol auch für Kopten verboten sei. Die Beziehung zwischen Muslimen und orientalischen Christen sei sehr eng und es gäbe viele Gemeinsamkeiten. Auch für die Kopten laute das Wort für Gott Allah.

»Das bedeutet, ägyptische Christen beten zu Allah?«, fragte Hartmut.

»Europäische auch, denn es gibt nur einen Gott!«, antwortete Karam.

Rommel und Zaid waren damit beschäftigt, die Reste der Party aufzuräumen, während Marcel und seine Freundin unter dem Halbmond einen Spaziergang auf den Sanddünen machten. Ich saß alleine auf einem Felsen und beobachtete die Sterne, als Patricia zu mir kam. Sie bedankte sich für den schönen Tag und zeigte sich beeindruckt von der Einfachheit der Ägypter, die ohne Alkohol so spontan feiern konnten. Nur ich war von der Einfachheit und Heiterkeit meiner Landsleute meilenweit entfernt. Die Wüste war nichts für mich. Die Ruhe, die dort herrschte, schnürte mir die Kehle zu, und die schnell wechselnden Farben und Landschaften ängstigten mich.

»Schau, die feinen Spuren, die der Wind auf dem Sand hinterlässt! Sie sehen aus wie arabische Buchstaben, die ohne Bedeutung zerstreut liegen. Ein kleiner Sturm und alles wird anders.« Ich griff eine Handvoll Sand. »Das bin ich: ein Sandkorn. Das kleinste Ding der Welt. In der Wüste, dem gewaltigsten Ding der Welt. Dieser Sand hat keine Farbe. Er übernimmt die Farbe des Lichts oder des Schattens. Er hat keine Stimme, außer dem Geräusch unserer Schritte. Hier gibt es keine Wege, denn alle Spuren werden über Nacht verwischt. Ich vermisse den Lärm von Kairo!«

»Es scheint, dass du selbst voller Lärm bist, deshalb provoziert dich die Ruhe. Der Lärm von Kairo lenkt dich vielleicht vom Lärm in dir ab!«, sagte sie.

»Als ich ein Kind war, hatten wir noch keine Elektrizität im Dorf. Ich konnte die Sterne sehen. Jeden Tag beobachtete ich sie und spielte mit ihnen im Geiste. Ich hatte immer Angst, wenn ein Stern aus seiner Laufbahn fiel. Ich wusste damals noch nicht, dass man sich dann etwas wünschen darf. Der Muslim sagt: Gotteswaffe gegen Gottesfeind, wenn er einen Stern fallen sieht. Im Islam glaubt man, dass ein fallender Stern Gottesfeuer ist und die Dämonen verbrennt, die in den Himmel steigen, um Gott auszuspionieren, um zu wissen, was er den Engeln befiehlt, damit sie in die Zukunft blicken können. Oft wünschte ich mir, wie die Dämonen zu sein, um herauszufinden, was er mit uns vorhat. Oft wollte ich auch einfach nur ein Stern sein, der ins Nichts fällt. Ein paar Jahre später gab es dann Strom in meinem Dorf, und ich lernte neue, andere Sterne kennen: Schauspielersternchen und Fußballer. Dann kam ich nach Kairo und vergaß, dass die Sterne überhaupt existieren.«

»Und hier gibt es wieder keinen Strom. Kannst du deine Sterne sehen?«, fragte mich Patricia.

Ich zitierte ein Gedicht auf Englisch:
»In deiner Knospe seh ich dich zögern,
Tag für Tag, du allzu fest verschlossene Rose.
Du ahmst das Langsame des Todes nach
und wirst doch erst geboren.«

»Wow, hast du es selbst geschrieben?«, fragte sie.

»Nein, es ist von Rilke«, antwortete ich.

»Unglaublich! Ein Ägypter rezitiert in der Wüste deutsche Lyrik!«

Am nächsten Abend saßen Hartmut, Karam, Patricia und ich ums Feuer und tranken Tee. Marcel und Silvia machten ihren täglichen Spaziergang. Später stieß Zaid lächelnd zu uns und erzählte auf Arabisch, dass er Marcel und Silvia beim Liebesakt hinter dem Felsen erwischt hatte. Kurz darauf setzten sich auch die jungen Liebenden zu uns. Beide schauten Zaid tadelnd an, sagten aber nichts.

Alle außer Rommel tranken Tee. Patricia fragte ihn, weshalb er nie etwas trinke. Er antwortete, Wüstenbewohner seien wie Kamele und brauchten wenig Wasser. »Wie die Wüste sind auch wir geduldig und schweigsam. Und wenn wir die Stunde des Sterbens spüren, ziehen wir uns leise in die Isolation zurück wie die Kamele und umarmen den Tod«, sang er ein beduinisches Lied. Auf die Frage von Marcel, ob er jemals Wanderdünen gesehen habe, begann er, von seinen Abenteuern in der Wüste zu erzählen. So sei er einmal allein mit seinem Jeep in eine Wanderdüne geraten und beinahe vom Sand verschlungen worden. Fünf Tage lang war er stecken geblieben und hatte den Tod vor Augen gehabt, bis Allah, der Allmächtige, ihn durch ein Kamel gerettet habe. Rommel glaubte, es war das Kamel Gottes, das sofort verschwand, nachdem es ihn heimgebracht hatte. Auch von einem Abenteuer mit dem Mossad wusste er zu berichten.

Eine Gruppe Mossad-Agenten, getarnt als Safaritouristen, bot ihm eine große Summe Geld an, um ihnen in der Wüste versteckte ägyptische Militäranlagen zu zeigen. Sein Patriotismus sei aber größer gewesen als die Verlockung, und er habe abgelehnt. Auch als eine Israelin sich vor ihm auszog und ihren Körper darbot, wurde er nicht schwach. Nicht einmal als sie ihn mit dem Tod bedrohten, enthüllte er die Geheimnisse der Wüste.

Patricia klagte über Nackenschmerzen, woraufhin Rommel ihr eine Massage anbot. Er berührte ihre Schultern und ihren Nacken, und es schien Patricia zu gefallen. Sie warf sich im Sand auf den Bauch und ließ sich auch den Rücken massieren. Er steckte seine beiden Hände unter ihr T-Shirt und massierte sie. Ich schaute Rommel an und sah in ihm alles, was ich vielleicht nie sein würde: ein freier, lebensfroher Mensch, der über sich selbst und über das Leben lachte, und auf den Seilen von Wahrheit und Lüge geschickt tanzen konnte. Erschreckend war nicht, dass ich mir wünschte, an seiner Stelle zu sein, sondern an ihrer.

Zaids Kommentar ärgerte mich: »Hat Hartmut denn keine Würde? Warum lässt er Rommel seine Tochter so befummeln!«

»Halt die Klappe!«, schrie ich ihn an und ging weg. Ich saß alleine auf einer Sanddüne. Patricia merkte, dass etwas nicht in Ordnung war, kam mir nach und fragte mich, was los sei. Ihre Frage machte mich noch wütender. Ich schaute sie an. In meinem Kopf hämmerte Rilkes Gedicht »Rose, oh du reiner Widerspruch«.

»Warum lässt du Rommel deinen Körper berühren?«

»Und was ist so schlimm daran? Ich hatte einen steifen Nacken.«

»Rommel wollte nur deinen Körper betatschen, mehr nicht. Ihr seid wirklich Menschen ohne Würde«, sagte ich und griff nach Sand. Ich stand auf und zerstreute den Sand wieder. Die Hälfte davon blies der Wind in mein Gesicht. Alle waren müde und schliefen bald. Meine Augen waren in dieser Nacht erfüllt von Sand und fallenden Sternen. Dennoch konnte ich nach einer Weile einschlafen.

Ein lauter Hilferuf riss uns aus dem Schlaf. Silvia kam erschrocken von der anderen Seite des Felsens herbei und rief aufgebracht: »Der Junge wollte mich vergewaltigen!« Hartmut versuchte sie zu beruhigen und fragte, was genau passiert war. Sie erzählte, dass sie zum Austreten hinter den Felsen gegangen sei, und als sie ihre Hose herunterzog, Zaid kam und sie vergewaltigen wollte.

»Zaid, wo bist du?«, schrie Rommel nach seinem Bruder, der verschwunden war. Nach einer Weile kam er wie benommen zurück zu den Zelten und schaute uns ängstlich an. Sein Bruder fragte ihn, warum er sich Silvia auf diese Weise genähert habe. Er schrie weinend: »Ich schwöre beim Grab meines Vaters, dass ich sie nicht berührt habe.« Rommel stürmte auf Zaid zu und schlug ihm hart ins Gesicht. »Schwöre nie falsch beim Grab deines Vaters! Warum sollte sie so etwas behaupten?«

Ich war wie versteinert. Karam fragte Silvia, ob der Junge ihr körperlich wehgetan habe. Sie verneinte und sagte, dass sie ihn schnell genug wegschubsen konnte.

»Ich schwöre beim Grab meines Vaters, dass ich sie nicht berührt habe. Ich wollte nur pinkeln und stolperte über sie in der Dunkelheit. Warum will mir keiner glauben?«, sagte Zaid weinend.

Karam versuchte ihn zu beruhigen und bat ihn, an einem anderen Ort zu schlafen.

»Es wäre eine Katastrophe, wenn er es tatsächlich getan hätte!«, flüsterte mir Karam zu.

»Es wäre auch eine Katastrophe, wenn er es nicht getan hätte, Karam«, erwiderte ich.

Nun standen wir am Ende einer Reise von dreitausend Kilometern mitten im Nichts. Dieser Zwischenfall schien mir bezeichnend für die Beziehung von Ost und West: Nur die Geschichte eines Missverständnisses? Die Familie flog bald nach Deutschland zurück, und wir hatten keine Telefonnummern und keine Adressen ausgetauscht.

Es war wie ein Traum: Fremde treten in meine Welt ein und teilen mit mir eine intensive Zeit. Danach verschwinden sie, als hätte ich sie nie gekannt. Ein Traum, der sich von nun an alle paar Jahre in meinem Leben regelmäßig wiederholte. Von nun an war alles in meinem Leben Safanguri: eine gestohlene Reise, all inclusive, und doch gehörte nichts wirklich mir.

Mein Dschihad

Es war die Chance meines Lebens, etwas Gutes zu tun. Eine kleine heldenhafte Tat sollte mir zeigen, dass ich doch ein Mensch bin, der Leben spenden kann. Mein Onkel mütterlicherseits musste am Herzen operiert werden und brauchte eine große Menge Blut. Da ich die gleiche Blutgruppe hatte wie er, bot ich mich als Spender an und sollte während der Operation neben ihm liegen. Mir gefiel der Gedanke, ein Lebensretter zu sein. Ich hatte meinen Onkel jahrelang nicht gesehen. Er war noch jung und sportlich, hatte mit Religion nicht viel am Hut und sein Leben genossen. Ich besuchte ihn im Krankenhaus und sah, wie er im Koran las. »Ich will nicht sterben«, sagte er zu mir. »Ich habe noch vieles wiedergutzumachen. Ich wusste nicht, dass ein Mensch so schnell fallen kann.« Ich sah in seinen Augen Dankbarkeit für den Gefallen, den ich ihm noch nicht getan hatte. Zwei Wochen vor der geplanten Operation starb er mit 29 Jahren. Ich war traurig, dass ich ihm nicht ein Stück Leben spenden konnte. Ich konnte Leben weder empfangen noch geben. Ich habe bei der rituellen Waschung seines Leichnams mitgewirkt. Der junge Mann, der noch vor einem Jahr voller Elan gewesen war, lag nun versteinert und regungslos da. Seine Leiche war kalt und blass. Ich sah ihn an, als würde ich dem Tod in die Augen blicken. »Wo gehst du hin? Und was geschieht mit dir?« Konnten die Marxisten diese Fragen beantworten?

Es dauerte nicht lange, bis ich mich umorientierte. Aber auch diesmal habe ich meinen Weg nicht gezielt gesucht, sondern ich wurde gefunden. In der Mensa setzte sich ein Kommilitone mir gegenüber. »Ich liebe dich im Namen Allahs«, sagte er aus heiterem Himmel zu mir. »Wie bitte?« »Ich liebe dich im Namen Allahs! Der Prophet lehrt uns, den Menschen, die wir lieben, unsere Liebe zu offenbaren.« Ich hatte ihn nur ein paarmal zuvor gegrüßt und sonst kein Wort mit ihm gewechselt. Kein Mensch hatte je zuvor zu mir gesagt: »Ich liebe dich.« Er war mir sympathisch und schien aufrichtig zu sein. Er gehörte zu den Muslimbrüdern, die an der Universität und im Wohnheim sehr aktiv waren. Auch ihre Vereinigung war geheim und vom Staat verboten. Wie ich später begriff, war ich auch für sie ein idealtypischer Kandidat: ein Neuankömmling aus der Provinz, der in der Anonymität der Großstadt nach Anschluss und Gemeinschaft suchte. Neben dem gemeinsamen Gebet und den stundenlangen Diskussionen über die Lage in Palästina bot die Muslimbruderschaft auch ein weitverzweigtes soziales Netz, das einerseits langsam das Gefühl der Isolation und Angst in mir verminderte, mich andererseits aber auch schnell vereinnahmte. Da, wo Staat und Familie fehlten, standen die Muslimbrüder bereit und boten soziale wie karitative Dienste und Veranstaltungen an. Sie waren bei der Rekrutierung und Mobilisierung von Studenten wesentlich erfolgreicher als die Kommunisten.

Parolen wie »Wir sind alle Brüder und haben das gleiche Schicksal«, »Der Islam braucht Männer, die niemanden außer Allah fürchten« und »Wir können etwas tun, wir müssen etwas tun!« steigerten nicht nur meinen Enthusiasmus, sondern gaben mir das Gefühl, erwachsen geworden zu sein. In der Organisation engagierten sich viele junge Studenten, die sonst in Ägypten keine Chance auf politische Partizipation hatten. Im Gegensatz zu anderen islamischen Bewegungen, wie dem »Islamischen Dschihad« oder »Jama'a Islamiya«, war der Diskurs in der Muslimbrüderschaft intellektuell fundiert und sprach die Studenten an. Wir empfanden diese Art der Auseinandersetzung trotz ihrer religiösen Färbung als modern und emanzipatorisch. Neue hermeneutische Definitionen des Islam waren möglich. Die Muslimbrüderschaft setzte ganz auf ideologische Mobilisierung und nicht auf den unmittelbaren bewaffneten Kampf für die Veränderung der bestehenden politischen und sozialen Verhältnisse. »Errichtet den Staat Gottes in euren Herzen, so wird er bald auf eurem Territorium entstehen«, wurde Scheich Al-Hudaibi, einer der Gründer der Bewegung, immer wieder auf Veranstaltungen zitiert. Der Abnabelung von der Familie folgte in meinem Fall eine Abnabelung vom klassischen Mainstream-Islam, den ich von meinem Vater kannte.

Es war beruhigend, dass ich nicht allein war. Die Auseinandersetzung mit der Moderne belastete einen Großteil meiner Generation. Kulturelle und religiöse Identität schien uns häufig im Widerspruch zu persönlichem, wirtschaftlichem und politischem Erfolg zu stehen. Meine Generation steckte in einem Dilemma: Einerseits war sie von den Eltern traditionell und konservativ erzogen worden, andererseits sah sie sich den Verführungen der Zivilisation ausgesetzt. Kulturstau und kulturelle Konfusion begleiteten uns auf der Suche nach Orientierung und Anerkennung. Wir standen in einem gespaltenen Verhältnis zum Westen, seiner Kultur und seinen Werten. Einerseits waren wir begeistert von der technischen Entwicklung und den westlichen Produkten und nutzten diese auch, soweit wir sie uns leisten konnten; andererseits fühlten wir uns bedroht, überholt und gedemütigt von der westlichen Welt. Je häufiger wir in unserer Heimat mit ihr in Berührung kamen, desto stärker nahmen sowohl unsere Faszination als auch unsere Angst zu, von dieser Form der Zivilisation überflutet zu werden. Der Westen eignet sich ideal für die Rolle des Schuldigen, der dafür verantwortlich gemacht wird, dass die islamische Welt den Anschluss an die Moderne verpasst hat. Wir sahen den Westen als eine Macht, die uns jahrhundertelang als Toilette benutzt hatte und am Ende in einem miserablen Zustand zurückließ, ohne wenigstens einmal die Spülung betätigt zu haben. Doch für viele von uns spielte der Westen auch die Rolle eines Hoffnungsträgers, von dem wir uns die Instrumente der Moderne wie Wissenschaft und Technik würden entleihen können. Europa führte uns die Möglichkeiten der politischen Transformation und Demokratie vor Augen. Der europäische Einigungsprozess war für uns ein Beispiel für die erhoffte islamische Einigung der »Umma«. Doch als Muslimbrüder waren wir uns einig: Wir akzeptieren die Instrumente der Moderne, lehnen jedoch deren Geist ab – sprich den seelenlosen Kapitalismus, den

Hedonismus, die grenzenlose Emanzipation, die Infragestellung und Entmystifizierung alles Heiligen. Die Muslimbrüder waren für mich somit gottgläubige Marxisten. Uns jungen Studenten aus der Provinz waren allerdings die Grenzen zwischen Instrumenten und Geist des Westens nicht klar. Methoden der Selbstkritik und Infragestellung bestehender Zustände, die wir von der Muslimbruderschaft lernten, entsprachen ja ganz dem Geist der Moderne, den die Intelligenzia der Gruppe kritisierte. Sowohl die von mir nach wie vor bewunderte ruhige Religiosität meines Vaters, die auf Versöhnung statt Konfrontation setzte, als auch meine eigene Interpretation des Geistes der Moderne waren eine Art Rückversicherung gegen die totale Vereinnahmung durch die Muslimbruderschaft.

Zugleich war die Muslimbruderschaft für mich eine Möglichkeit zur Emanzipation von meinem Vater und ein Weg, der Modernisierungsfalle zu entgehen. Das Motto »al-Islam huwal-hall«, der Islam ist die Lösung, gab mir eine klare Orientierung. Aus dieser Rhetorik heraus entwickelte sich eine einfache Erklärung dafür, warum die islamische Welt nun die führende Rolle in der Welt verloren hatte. Für die Muslimbrüder liegt die Antwort auf der Hand, sie führen die Rückentwicklung der islamischen Welt auf zwei Faktoren zurück: einerseits auf die Entfernung der Muslime von den Fundamenten ihres Glaubens und die damit verbundenen Legitimations- und Identitätsverluste; die Verpflanzung der politischen und juristischen Systeme des Westens in die islamischen Länder, die weder den geeigneten Boden noch passende Temperaturen dafür haben, führte zur Konfusion und Desorientierung. Andererseits auf die feindliche Haltung des Westens gegenüber dem Islam und den islamischen Ländern, die Einmischung der westlichen Großmächte in deren interne Angelegenheiten und die ausländische Kontrolle ihrer Bodenschätze.

Das Verhältnis der Muslime zum Westen wird in der Rhetorik der Muslimbrüder nicht zuletzt von zwei historischen Ereignissen und einem aktuellen Konflikt belastet. Es handelt sich zum einen um die Kreuzzüge und die Kolonialisierung und zum anderen um den aktuellen Nahostkonflikt. Daneben bewegen noch weitere Konflikte die Emotionen der Muslime und sind Anlass für eine Art psychische Kollektivverletzung: der Konflikt zwischen Indien und Pakistan um Kaschmir, der Konflikt auf dem Balkan, der Krieg in Tschetschenien, der Konflikt zwischen Muslimen und Christen in den afrikanischen Staaten mit starken religiösen Minderheiten, die Probleme der muslimischen Minderheiten in China und auf den Philippinen und nicht zuletzt der Krieg gegen den Irak. Die Dauerpräsenz der US-Truppen auf dem – im islamischen Verständnis – »heiligen« Boden Saudi-Arabiens und die bedingungslose Bündnistreue zu Israel, aber auch die westliche Unterstützung von autoritären Regimen im Nahen Osten, die Minderheiten und Andersdenkende unterdrücken, oder auch der erbarmungslose Kapitalismus des Westens gelten als Bestätigung ihrer Theorie, dass der Westen die Welt kontrollieren und den Islam als potenzielles Hindernis aus dem Weg räumen will.

In den »geheimen« Sommer- und Winterlagern, die zu den vielfältigen Angeboten zählten, lernten wir von den Wortführern der Muslimbrüder, dass die Muslime drei Feinde haben: den »internen« Feind, also die Machthaber in der islamischen Welt, die korrupte Marionetten des Westen seien; den »nahen« Feind Israel und die »fernen« Feinde, also Amerika und der Westen. Die Priorität im Dschihad gilt demnach dem eigenen Land. Auffällig war, dass weder die Gastredner, die uns in den Lagern über den Islam unterrichteten, noch die führenden Kader der Muslimbrüder ausgebildete Theologen waren. Meistens handelte es sich um autodidaktische Laien, die ihren Lebensunterhalt als Ärzte, Ingenieure oder Rechtsanwälte verdienten. Bruder Khidr war unser Vorbild. Er war sympathisch, humorvoll und an der Universität erfolgreich. Er hatte eine ruhige, selbstbewusste Art zu argumentieren. Neben seinem Studium lernte er Hebräisch, weil er meinte, wir könnten den Feind Israel nie besiegen, ohne seine Schwächen zu kennen. Die Schwächen erkenne man aber nur, wenn man auch die Sprache des Feindes beherrsche.

Während der Lager beteten wir gemeinsam unter freiem Himmel in der Wüste, aßen wenig und teilten das Wenige brüderlich. Wir versuchten die Urzeit des Islam wiederherzustellen und lebten für kurze Zeit wie die erste Gemeinde von Medina. Mich ärgerte nur, dass sie sich gegenseitig ständig umarmten und zueinander sagten: »Ich liebe dich im Namen Allahs.« Das wirkte auf mich ziemlich schwul, und ich versuchte mich dem zu entziehen, so gut es ging. Eine Umarmung setzt eine gewisse Intimität voraus, die ich mit niemandem erreichen konnte. Auch Händeschütteln finde ich abstoßend. Meine Landsleute geben sich ständig die Hand, als würden sie unaufhörlich miteinander Verträge abschließen. Ich hasse jede Geste, die leichtfertig Vertrauen zu einem Menschen demonstriert, den man nicht richtig kennt. Aber die Brüder waren wahrhaft religiös, aufrichtig und von einer gefestigten Moral. Das Gefühl, in einer Gruppe von Männern zu leben, vor denen man keine Angst haben muss, war für mich sehr wichtig. Beim Gebet haben fast alle außer mir immer aus Ehrfurcht vor Gott geweint. So wie im Dorf war das Praktizieren der Religion für mich eher eine soziale und keine emotionale Angelegenheit.

Einmal wurde ein anstrengender Wüstenmarsch veranstaltet, wobei wir in kleine Gruppen unterteilt waren. Jede Gruppe wurde von einem »Amir« genannten Gruppenleiter angeführt. Wir liefen stundenlang in sengender Hitze ohne Wasser und Nahrung. Nur eine Orange und ein Messer durfte jeder mitnehmen. Als wir fast am Verdursten waren, befahl uns der Gruppenleiter, die Orange zu schälen. Jeder hatte sich auf die saftige Orange gefreut, als wäre sie direkt aus dem Garten Eden. Doch der Amir befahl uns, das Fruchtfleisch im Sand zu vergraben und nur die Schale zu essen. Es war eine Übung zur Selbstbeherrschung und Körperertüchtigung, damit wir im großen Kampf mit dem Feind Israel auf alles gefasst seien. Keinem im Lager hatte ich erzählt, dass ich möglicherweise ein Sechzehnteljude bin! Obwohl ich solche Praktiken sinnlos fand, machte ich mit, um nicht schon wieder ein Projekt abzubrechen.

Bald bemerkten meine Kameraden, dass ich den Koran gut kannte und auch schön rezitieren konnte, und wollten mich zum Vorbeter machen. Ich zog es aber vor, in den hinteren Reihen zu bleiben. Diese Geste wurde als Demut und Bescheidenheit interpretiert, doch ich wollte nicht irgendetwas tun, das mich an die Welt meines Vaters erinnerte. Abgesehen davon war ich trotz Einhaltung aller Rituale immer noch kein guter Muslim. Die alten Zweifel ließen mich einfach nicht los, und mein Selbstvertrauen sank angesichts meines armseligen Daseins, das ich im Haus meiner Tante gefristet hatte, auf einen Tiefpunkt. Den Kontakt zu den Marxisten hatte ich trotz meiner neuen Ausrichtung nicht ganz abgebrochen. Ich war somit mit verschiedenen Menschen befreundet, die sich, wenn sie sich einmal getroffen hätten, wohl gegenseitig die Köpfe eingeschlagen hätten. Ich war einer der aktivsten Missionare an der Universität und im Wohnheim.

Es gelang mir sogar, einen der hartnäckigsten Marxisten für die Muslimbrüder zu werben.

Nach einer langen Zeit der Trennung wollte ich meine Familie im Dorf besuchen. Meine Beziehung zu meinem Vater war immer noch kalt. Ich spürte, dass er sich dafür schämte, mich finanziell nicht unterstützen zu können, aber wir konnten trotzdem miteinander reden, und das war für uns beide wichtig. Ich fragte ihn nach seiner Meinung über die Muslimbrüder und ihre Ideologie. Er sagte, der Islam eigne sich nicht für politischen Aktionismus, und dass die Muslimbrüder den Begriff Dschihad zu eng interpretierten, denn Dschihad bedeute in erster Linie persönliche Anstrengung. Es sei viel zu einfach, sich um den nahen oder fernen Feind zu kümmern und dabei den internen Feind zu vergessen. Der wahre Dschihad, so mein Vater, sei die Anstrengung gegen die eigene Faulheit und Passivität, das Korrigieren der eigenen Fehler und Versäumnisse. Der Islam sei eine soziale Reformbewegung, keine politische Partei; die Religion solle sich nicht für den Krieg rüsten, sondern soziale Wunden heilen. »Wenn du Dschihad willst«, sagte mein Vater, »dann studiere fleißig, heirate und zeuge Kinder, sei lieb zu deiner Familie und mach aus dir und deinen Kindern gute Bürger; das ist der wahre Dschihad. Es ist viel einfacher, sich all dem zu entziehen und den Märtyrertod zu wählen. Denn wen macht dein Tod glücklich?«

Ich wusste nicht, ob ich meinem Vater glauben sollte. Hatte er sich in achtzehn Monaten so sehr verändert? Hatte er sich mit seinen eigenen Versäumnissen im Leben beschäftigt? Ich weiß nicht, ob die Religion tatsächlich die Wunden der Gesellschaft heilt oder diese nicht vielmehr nur vertuscht, wenn nicht gar verschlimmert. Sprach mein Vater von einem anderen, mir unbekannten Dorf, oder hatte ich es wegen meiner schlimmen Erfahrungen in den sechzehn Jahren, die ich dort verbracht hatte, verpasst, die positiven Aspekte der Religion im Dorf zu erkennen?

Sicher haben die gemeinsam ausgeführten religiösen Rituale den Zusammenhalt der Dorfgemeinschaft gefestigt. Die muslimischen Männer gehen regelmäßig in die Moschee und die koptisch-christlichen Männer gehen ebenso regelmäßig in die Kirche. Durch Religion findet man leichter Zugang zu den Menschen, ganz gleich, ob sie nun Muslime oder Kopten sind. Nach dem Scheitern ihrer Rebellion im Dorf kleidete sich meine Mutter wie unsere christliche Nachbarin: Beide trugen einfache, traditionelle Kleider und die altägyptische Kopfbedeckung. Erst als ich zehn Jahre alt war, erfuhr ich, dass unser Nachbar, den ich Onkel nannte, einer anderen Religion angehört als ich. In den Freitagspredigten meines Vaters hörte ich niemals etwas Politisches oder etwas Beleidigendes über die koptischen Christen im Dorf. Die apolitische Haltung meines Vaters war damals unter Imamen und Predigern in Ägypten üblich. Trotz relativer Distanz und gelegentlicher Vorbehalte lebten Muslime und Kopten friedlich miteinander. Es waren die Imame und die koptischen Priester, die die Schlichtung und Entschärfung so mancher nachbarschaftlicher Konflikte zwischen Angehörigen beider Konfessionen übernahmen. Religiöse Differenzen waren selten die Ursache für Konflikte. Viele Muslime und Christen waren gut miteinander befreundet und feierten gemeinsam das muslimische Fest des Fastenbrechens, Weihnachten und das christliche Neujahr. Altägyptische, arabisch-patriarchalische, koptische und muslimische Traditionen und Riten waren synkretistisch verschmolzen und prägten das Leben der Angehörigen beider Religionen. Die Moralvorstellungen beider Gruppen sind bis heute beinahe identisch. Grausame

Bräuche, die in ihrem Ursprung weder islamisch noch christlich sind, wie die Beschneidung von Frauen, wurden von Angehörigen beider Religionen praktiziert.

Obwohl die Hauptstadt Kairo nur sechzig Kilometer entfernt ist, war der Einfluss der modernen Zivilisation auf unser Dorf damals noch gering. Die meisten Bewohner lebten vom Ackerbau und von einfachen Dienstleistungen. Begriffe wie der Dschihad waren bis zu diesem Zeitpunkt kein Bestandteil des religiösen Diskurses in meiner Umgebung. Religiöse Symbole und latent antiwestliche Rhetorik kamen erst mit der Rückkehr mehrerer hundert ägyptischer Gastarbeiter aus Saudi-Arabien Ende der achtziger, Anfang der neunziger Jahre in unser Dorf. Diese Remigranten, die in der Regel nur über eine geringe religiöse und akademische Bildung verfügten, brachten ein streng konservatives, wahhabitisch gefärbtes Verständnis des Islam mit, wie es die Ägypter vorher nicht gekannt hatten. Diese Männer ließen sich einen langen Bart wachsen, trugen saudische, traditionelle Kleidung und befahlen auch ihren Frauen, »islamische Kleidung« zu tragen, so dass viele sich komplett verhüllten. Diese Männer wurden während des zweiten Golfkrieges und durch die zunehmende Präsenz westlicher Soldaten in Saudi-Arabien politisiert. Sie kehrten mit vielen Erzählungen und Legenden über die afghanischen Mudschaheddin und die Kämpfer der palästinensischen Intifada zurück. Aber diesen Heimkehrern gelang es nicht, ihre neuerworbene Ideologie und ihre politischen Einstellungen erfolgreich zu verbreiten. Sie und ihre Anhänger blieben eine Minderheit und wurden von den restlichen Dorfbewohnern scherzhaft die »Langbärte« genannt.

Ich habe versucht, mir mein Dorf ohne Religion vorzustellen. Es wäre für die Leute die reine Hölle. Welche Alternative hätten sie? Ich kenne keine außer dem Nebel meiner Zweifel.

Von der Existenz der Marxisten in Kairo wusste mein Vater nichts. »Ich dachte, Sadat hat die Muslimbrüder auf sie gehetzt und dann alle ausgerottet«, sagte er. Nach der vernichtenden Niederlage von 1967 gegen Israel konnten die Kommunisten und Nasseristen die Massen nicht mehr begeistern. Immer mehr junge Menschen verloren ihren Glauben an die aus dem Westen importierten Systeme und suchten nach der Lösung in der eigenen Religion. Ich wusste bis zu diesem Zeitpunkt nicht, dass es Sadat gewesen war, der die Islamisten rehabilitiert hatte, nachdem sie von Nasser brutal unterdrückt worden waren. Es muss die Ironie des Schicksals sein, dass Sadat gerade von jenen Männern umgebracht wurde, die er begnadigt und aus den Gefängnissen entlassen hatte.

Und so blieb ich zerrissen zwischen dem revolutionären Diskurs der Muslimbrüder und dem Mainstream-Verständnis des Islam, wie ich es von meinem Vater vermittelt bekam. Langsam löste ich mich von den Kommunisten, da ich erkannte, dass sie sich über ihre Ziele nicht im Klaren waren. Die Anerkennung und die Solidarität der Muslimbrüder mir gegenüber sowie das Gefühl der Emanzipation ließen mich in ihren Reihen bleiben, doch mein Respekt vor meinem Vater, trotz all seiner Schwächen und Verfehlungen, hielt mich davon ab, mich in radikal politische Projekte zu verwickeln. Ich veröffentlichte lediglich einige politische Artikel in der Universitätszeitung und demonstrierte gegen die Kriege am Golf und auf dem Balkan.

Das erste Mal

Es war sehr anstrengend für mich als Zwanzigjährigen, die Balance zwischen Moscheebesuch und Leben nach islamischem Glauben einerseits und andererseits der Erfüllung meiner Bedürfnisse und dem Genuss des Lebens zu finden. Durch meine Arbeit am Flughafen kam ich in Kontakt mit Touristinnen aus aller Welt, doch ich war seit meiner unvollendeten Romanze mit Patricia zu schüchtern, ihnen näher als notwendig zu kommen. Einmal beauftragte mich mein Freund Hosam, der mittlerweile auch in der Tourismusbranche jobbte, eine amerikanische Touristin zu begleiten, in der er seine zukünftige Ehefrau sah. Ich habe das gern getan, und wie es die Tradition und die Regeln der Freundschaft verlangen, war ich ihr gegenüber zurückhaltend. Ich habe es sogar vermieden, ihr in die Augen zu schauen. Sie fragte Hosam, der viel zu beschäftigt war, um sich um sie zu kümmern, warum ich so schüchtern sei, und er erzählte ihr, dass ich noch nie mit einer Frau zusammengewesen war. Das erregte sie anscheinend so sehr, dass sie am nächsten Tag versuchte, mich zu verführen. Ich konnte auf ihre Angebote nicht eingehen, sonst hätte ich meine Freundschaft mit Hosam verloren. Am darauffolgenden Tag war ich mit ihr in Sakkara, einem Ort in der Wüste nahe Gizeh. Wir besichtigten allein ein wenig besuchtes Pharaonengrab. Plötzlich fing sie an, mich zu küssen, öffnete mir dann die Hose und gab mir gekonnt einen Blowjob. Ich war wie versteinert und ließ sie gewähren. Wir gingen zu ihrem Hotel, wo ich mich auf ihr Zimmer schleichen musste, was in Ägypten verboten war. Ich fragte sie, warum sie mich und nicht Hosam ausgesucht habe, der mir viel männlicher und humorvoller zu sein schien. Sie sagte: »Du schaust aus wie ein Engel, und ich wollte die Erste sein, die dich küsst und mit dir Liebe macht.« Ich wunderte mich, dass für Europäerinnen die Jungfräulichkeit des Mannes auch einen großen Wert besaß. Ich tanzte mit ihr, und sie machte mich zum Mann, wenngleich ich kaum eine Veränderung spürte.

Das Ganze war lediglich eine Kopfsache. Es war nichts anderes als ein weiteres Initiationsritual. Ich erkannte in dieser Nacht, dass ich nicht zärtlich sein konnte. Der Geschlechtsverkehr grenzte an eine Vergewaltigung. Es war kein Liebesakt, sondern eine Demonstration der Macht, ein Akt der Gewalt, der nach Liebe schrie. Eine gewalttätige Bestätigung, dass ich Frauen liebe, keine Männer, keine Kinder. Aber danach befielen mich Schuldgefühle. Ich hatte eine der größten Sünden begangen. Würde ich jetzt zu irgendeinem der Brüder gehen und ihn bitten, mich von ihr zu reinigen? Natürlich nicht. Wenn Gott mich bestrafen wollte, dann sollte er das auf seine Art tun. Ich kehrte zu den Muslimbrüdern zurück, als wäre nichts geschehen. Ich habe ihnen auch verheimlicht, dass ich in einem Reisebüro arbeitete, galt ihnen doch das Geld, das man durch den Tourismus verdient, als unrein, da es aus dem Verkauf von Alkohol und der Entweihung der Heiligtümer unseres Landes stammt. Auch Hosam habe ich nichts erzählt. Doch bald bemerkte er, dass seine Traumfrau mit ihm nichts zu tun haben wollte. Sie deutete ihm an, dass sie etwas mit mir hatte, und er war nahe daran, mir die Freundschaft aufzukündigen. Mit meinem anderen Freund Gamal war es ähnlich. Er verliebte sich in eine Studentin, die mich durch ihn kennenlernte und danach nichts mehr von ihm wollte. Ich weiß nicht, was die Frauen an mir fanden. Ich selbst empfand mich oft als ungenügend, denn ich wusste, dass ich viele Menschen um mich herum verletzt hatte und es immer noch tue.

Es war schwierig, eine Balance zwischen den moralischen Anforderungen der Religion und den körperlichen Bedürfnissen zu finden. Ebenso mühsam war es, einen Konsens zwischen den zwei Dschihad-Konzepten zu finden – Revolution und Selbstüberwindung.

Vor dieser Zerrissenheit floh ich. Ich spürte, dass die Flucht aus dem Dorf in die Großstadt nicht genug war. Ich wollte das Land verlassen und irgendwo im Ausland einen neuen Anfang wagen. Zunächst hatte ich Pläne, mit einer Studienkollegin nach Amerika zu gehen. Aber von Amerika hatte ich kein gutes Bild, zudem dachte ich, wenn jeder, der mit dem System unzufrieden ist, und jeder, der keinen geeigneten Platz für sich im System findet, seine Koffer packt und abhaut, niemand mehr da sein wird, der die Veränderungen herbeiführen kann. Aber was konnte ein gebrochener Mann wie ich ausrichten? Ich war mit Mühe in der Lage, das Zerbrochene und Verseuchte in mir zu verhüllen, mehr aber auch nicht. Ich beendete mein Studium des Englischen und Französischen und schmiedete Zukunftspläne. Die Freundin, mit der ich auswandern wollte, hatte ich aus den Augen verloren, und somit war das Amerikaprojekt vergessen. Während dieser Zeit habe ich Antonia am Flughafen von Kairo kennengelernt. Sie sah wie Patricia aus, nur war sie 17 Jahre älter. Sie hat mir vorgeschlagen, dass ich mein Studium in Deutschland fortführen könnte und sie mir dabei helfen werde. Allerdings musste ich erst noch den obligatorischen einjährigen Militärdienst ableisten, bevor ich das Land verlassen durfte.

Meine Begegnung mit Hitler

Die Armee nannten wir während des Wehrdienstes nur den organisierten Unsinn. So etwas laut zu äußern, kann einem in Ägypten große Probleme bereiten, gilt es doch als Verunglimpfung der Streitkräfte, die über den Gesetzen des Landes stehen. Vor einigen Jahren musste ein Journalist für mehrere Jahre ins Gefängnis, weil er einen kritischen Bericht über die Praktiken in der Armee veröffentlicht hatte. »Organisierter Unsinn«, das ist die Wahrheit, wie ich sie erlebt habe. Es wird kommandiert, gebrüllt, salutiert, in die Luft geschossen, was das Zeug hält – und keiner fragt sich, wem und was es überhaupt dient.

Ich war bemüht, dass nichts in diesem Jahr schiefgeht, damit ich das Land endlich verlassen kann. Gerade in den ersten drei Monaten war der Wehrdienst ein Horror. Ich musste mit 47 weiteren Soldaten aus allen Ecken Ägyptens in einem großen Zelt schlafen. Das Lager, das mitten in der Wüste lag, durften wir während der gesamten Grundausbildung nicht verlassen. Unter solchen Umständen musste jeder Soldat drei Dinge mit Zähnen und Klauen verteidigen: Dienstwaffe, Wertgegenstände und den Allerwertesten. Es grenzte an ein Wunder, dass ich diese drei Monate heil überstanden habe, denn die Armee macht aus Menschen, die ohnehin schon stark belastet sind, echte Psychopathen. Besonders Rekruten mit Universitätsabschluss wurden von den Berufssoldaten gehasst. Sie ließen keine Gelegenheit aus, uns zu demütigen und ihre Minderwertigkeitskomplexe durch Machtspiele auszugleichen. Sinnlose Märsche, sinnlose Paraden und sinnlose Hymnen. Manchmal mussten wir mitten in der Nacht auf Kommando aufstehen, nur um die Armeehymne zu singen: »Wir meißelten ins Herz das Gesicht der Heimat: Palmen, Nil und ein aufrichtiges Volk!« Wenn einer einen Fehler beging, wurde die ganze Truppe bestraft, und so bekamen wir alle täglich mehrmals irgendwelche Strafen aufgebrummt: über heißen Sand kriechen, Toiletten reinigen, Schlafentzug und Züchtigungsparaden, bei denen psychopathische Generäle ihre sadistischen Aggressionen ausleben konnten. »Was ihr von euren Eltern bekommen habt, war keine Erziehung, sondern verantwortungslose Verwöhnung. Erst hier werdet ihr erzogen, und aus euch werden echte Kerle werden, die Steine fressen und in der Hölle überleben können«, war eine typische Begrüßung des Generals beim täglichen Morgenappell. Ob nun als Strafe oder nicht, jeder musste alle paar Tage die Toiletten reinigen. Das war der reine Ekel. Das Wort Toilette ist eigentlich eine Verniedlichung des betreffenden Ortes, bei dem es sich einfach um ein Loch in der Erde handelte.

Am Ende schaffte ich es jedoch, das Ausbildungslager unbeschadet zu verlassen. Zwar konnte ich immer noch keine Steine fressen, aber ich war doch abgehärtet. Ich wurde vom militärischen Geheimdienst ausgesucht, um die restlichen neun Monate meiner Dienstzeit als Übersetzer im Verteidigungsministerium abzuleisten. Ich musste eine Erklärung unterschreiben, dass ich während meines Dienstes keinen anderen Beruf ausüben und keinen Kontakt zu Ausländern unterhalten durfte, solchen auch noch nicht gehabt hatte und niemals Mitglied in einer verbotenen oder regierungsfeindlichen Vereinigung gewesen war. Dass ich bei einer Reiseagentur am Flughafen angestellt war und auch weiterhin dort arbeiten wollte, verschwieg ich, denn jeder Soldat, der in Kontakt mit Ausländern kommt, war vom Dienst an solch einem empfindlichen Ort wie dem Ministerium ausgeschlossen und landete irgendwo an der Grenze zum Sudan oder in der Wüste. Auch die Sache mit den Marxisten und den Muslimbrüdern behielt ich für mich.

Es war ein Privileg, den Wehrdienst im Hauptquartier der Armee zu leisten. Ich musste nur bis drei Uhr nachmittags arbeiten und hatte am Wochenende frei. Dadurch konnte ich weiterhin am Flughafen arbeiten, um ein wenig Geld für meine Auswanderung nach Deutschland zu verdienen. Das war anstrengend, vor allem, wenn ich Nachtschicht am Flughafen hatte und in der Früh um sieben Uhr wieder im Ministerium sein musste. Aber ich war diesen Rhythmus aus meiner Studienzeit gewohnt. Alles ging gut, wenn man einmal davon absieht, dass es mir nicht gelang, die militärischen Paradeschritte zu beherrschen. Ich brachte immer die Soldaten hinter mir durcheinander und musste deshalb fast jeden Tag in Arrest. Das war aber nur halb so schlimm, denn mein Vorgesetzter holte mich spätestens eine Stunde später wieder raus, da er auf meine Übersetzungsarbeit angewiesen war.

Einmal wurde ich ins Büro eines hochrangigen Offiziers zitiert, der Nummer drei im Ministerium. Er war gefürchteter als der Minister selbst. Sein Vorname war »Hitler«, und das ist kein Witz. Das war sein wirklicher Name, für den sich ein Ägypter im Übrigen nicht unbedingt schämen muss. Die Tochter des Mannes war eine Studienkollegin von mir gewesen, eine der Besten im Kurs. »Ich habe gehört, Sie sind ein guter Übersetzer«, sagte der General und gab mir fünfzehn Seiten auf Arabisch, die ich ins Englische übersetzen sollte. Es war ein privater Text und hatte mit der Armee nichts zu tun. »Ich will den Text bis morgen früh um acht Uhr auf meinem Schreibtisch haben, sauber und fehlerfrei!«, sagte er und befahl mir, wegzutreten. Weiß Hitler eigentlich, dass ich heute Abend arbeiten muss, während seine Tochter, die besser

Englisch kann als ich, zu Hause sitzt und sich die hübschen Fingernägel lackiert? Es war nicht die größte Demütigung, die ein Soldat in der Armee über sich ergehen lassen muss, aber es plagte mich. Ich habe die ganze Nacht damit verbracht, den Text zu übersetzen, und lieferte ihn rechtzeitig ab. Kein Danke und keine Pause, um mich auszuruhen. Ich musste direkt in mein Büro gehen und irgendwelchen Armeekram übersetzen.

Sicher gab es auch während meiner Armeezeit Kameradschaft und viele humorvolle Momente, aber sie sind aus meinem Gedächtnis verflogen. Nur mein Schmerzgedächtnis scheint sich ins Unermessliche auszudehnen. Wann immer ich etwas Schlimmes erlebt habe, suchte sich der Schmerz alte Schmerzen, verbündete sich mit ihnen, und zusammen vermehrten sie sich in mir. Zwei Monate vor dem Ende meines Wehrdienstes wurden in meiner Brieftasche US-Dollar und der Dienstausweis der Reiseagentur gefunden. Schlimmer noch: Es war auch ein Brief von Antonia dabei, in dem sie mich nach meinem Leben in der Armee fragte. Das klingt harmlos, aber wegen dieser Gegenstände wurde ich für einen Monat vom Dienst suspendiert und unter der Beschuldigung der Spionage arrestiert. Nicht nur, dass ich im Tourismusbereich arbeitete und Kontakte zu Ausländern hatte, belastete mich, sondern auch, dass ich dies verschwiegen und somit falsche Angaben gemacht hatte.

Fast jeden Tag besuchte mich ein Geheimdienstoffizier im Gefängnis und versuchte, mich mit allen möglichen Methoden des Psychoterrors zu einem Geständnis zu zwingen, dass ich ein Spion sei. Allerdings muss ich fairerweise gestehen, dass man mich nicht gefoltert hat. Ich behielt weitgehend die Ruhe und blieb sachlich, was den Offizier sehr verblüffte. »Warum sind Sie so gelassen? Es gibt Leute, die wegen so etwas von der Erdoberfläche verschwunden sind«, sagte er drohend. Ich antwortete: »Entweder bin ich tatsächlich ein Spion, dann muss ich gut geschult sein, in solchen Situationen die Nerven zu behalten, oder ich bin unschuldig und mir sicher, dass Sie das auch bald feststellen werden, und habe deshalb keinen Grund zu zittern.« Ich habe keine Ahnung, woher ich diese Courage nahm. Eigentlich bin ich leicht einzuschüchtern, aber gerade in Situationen, in denen mir die Nerven versagen müssten, bleibe ich gefasst. Es muss dieses komische Gerät in mir sein, das sich automatisch ausschaltet, wenn ich mich in Grenzsituationen befinde, um mich vor mir selbst zu schützen. Der Offizier ging, und ich bekam eine Zeitlang keinen Besuch mehr.

Nach Wochen im Gefängnis nahm ich meinen Mut zusammen und schrie: »Ich will mit dem Minister persönlich sprechen!« Damit hatte keiner gerechnet. Der Offizier, der für die Sicherheit des Ministeriums zuständig war, kam zu mir. Bevor er etwas sagen konnte, forderte ich: »Ich will mein Geld und all mein Eigentum zurück. Sie gehören mir. Ich arbeite auf dem Flughafen, weil ich von der Armee kein Gehalt bekomme und sonst kein Einkommen habe. Ich habe einen Brief einer Deutschen, weil ich nach der Armeezeit nach Deutschland zum Studieren fahren möchte. Und was soll es über die ägyptische Armee zu berichten geben, was Israel und Amerika über sie nicht schon seit Jahren wissen? Ja, ich habe einen Fehler begangen, indem ich meine Tätigkeit am Flughafen verschwiegen habe, aber auch der Sicherheitsdienst des Ministeriums, für den Sie die Verantwortung tragen, hat bei meiner Auswahl versagt. Der Minister erwartet von Ihnen, alle Soldaten, die zum Ministerium berufen werden, auf das genaueste zu überprüfen und alles über sie in Erfahrung zu bringen. Das haben Sie bei mir nicht getan. Ich habe einen Fehler gemacht, aber Sie auch, und ich will, dass sich der Minister selbst ein Bild von der ganzen Sache macht. Ich bleibe keinen Tag länger in diesem Gefängnis. Ich sitze hier ohne Anklageschrift und ohne Verfahren. Meine Menschenwürde wurde mit Füßen getreten, obwohl ich unschuldig bin. Es sind nur noch einige Wochen bis zum Ende meines Wehrdienstes, und danach möchte ich Ägypten verlassen. Bitte zerstören Sie meine Zukunft nicht. Alles, was wir in Ägypten haben, sind junge Menschen, die etwas aus sich machen wollen. Warum ist das System so bemüht, sie mit allen Mitteln zu demoralisieren? Ich appelliere an Ihre Vernunft und an Ihre militärische Ehre, und bitte Sie, mich gehen zu lassen.«

Der General hörte sich meine lange Rede, die ich vorher schriftlich entworfen und mehrmals geübt hatte, aufmerksam an und schien sehr beeindruckt zu sein. Bis zum morgigen Tag wollte er sich eine Lösung überlegen.

Trotz dieses unschönen Intermezzos beendete ich meinen Dienst schließlich unbeschadet. Mein Vorgesetzter bot mir sogar eine Karriere bei der Armee als Übersetzer mit vollem Offiziersgehalt an. Ich lehnte dankend ab. Meine Zukunft lag außerhalb der Kasernenmauern und außerhalb Ägyptens. Als ich zum letzten Mal den Haupteingang des Ministeriums verließ, flüsterte ich zu mir »Good bye, Hitler!«.

Es gab Kameraden, die nach dem Ende des Wehrdienstes sagten, dass es die schönste Zeit ihres Lebens gewesen sei. Auch viele Studenten beschrieben die Studienzeit als die besten Jahre. Ich fragte mich, warum ich es nicht so empfinde. Die schönste Zeit meines Lebens war noch nicht gekommen.

Kurz nach meiner Entlassung aus der Armee packte ich meine Koffer und machte mich auf den Weg nach Deutschland. Zwei Jahre habe ich dort verbracht, bevor ich als Besucher nach Ägypten zurückkehrte. Sicher war nicht alles düster in Ägypten. Es bewegte sich zwar einiges im Lande am Nil, und gerade Kairo war um vieles moderner geworden, aber diese Bewegungen kratzten nicht einmal an der Oberfläche. Auch wenn die Fassade immer wieder aufs Neue bemalt wurde, roch das Haus von innen genauso wie auf dem Dorf: nach Schimmel. Die Wurzeln des Systems sind dieselben. Das System hat keine erkennbaren Strukturen, keine Spitze und keine Basis, sondern liegt in den Köpfen der Menschen, doch die wenigsten erkennen, dass sie selbst das System sind. Sie haben seine Konturen selbst erschaffen, nicht unbedingt durch ihr aktives Mitwirken, sondern auch durch ihre billigende oder hilflose Passivität. Die meisten denken immer noch, dass unsere Probleme nur Israel und Mubarak sind. Aber wäre Israel, Gott behüte, morgen von der Erdoberfläche verschwunden, und wäre Mubarak, Gott behüte, am Herzstillstand gestorben, ginge es uns dann besser? Das glaube ich nicht. Es gibt so viel Dreck unter den ägyptischen Teppichen. Sogar den aufrichtigen Muslimbrüdern habe ich nicht zugetraut, die große Revolution zu entfesseln. Die Zeit ist nicht auf meiner Seite. Sie ist nicht auf der Seite Ägyptens. Zeit ist wie eine Handvoll Sand, die unaufhaltsam durch meine Finger gleitet. Im Bauch der großen Wüste liegen Millionen von Samen begraben und hoffen auf Regen. Ich kann ihre Hoffnungen riechen. Doch die Wolken am Himmel sind versteinert, und kein erlösendes Gewitter ist in Sicht. Die Zukunft Ägyptens wird bestimmt nicht morgen beginnen, nur wann?

Von meiner Familie im Dorf fühlte ich mich während

meines Heimatbesuchs nach wie vor verkannt. Meine Kommunikation mit ihnen verlief meist asymmetrisch. Selbst das ägyptische Essen konnte mein Magen nicht mehr vertragen.

Meine Nichte wurde in unserem Haus beschnitten. Ich konnte ihr nicht zu Hilfe eilen und ging zum Friedhof, um mich vor ihrem Schreien zu verstecken. Ich betete am Grab meines Großvaters und lief an der Stelle vorbei, wo mir einmal schon die Hände gebunden waren.

VIERTER TEIL

Meine Zwangsehe mit Deutschland

Mir wurde klar, dass es schwierig sein würde, noch einmal Fuß im eigenen Land zu fassen. Nach meiner Rückkehr wurde ich in der Tat deutscher als die Deutschen selbst, obwohl ich diese nicht sonderlich mochte. Ich brach fast alle Beziehungen zur Moschee und zu anderen Emigranten ab. Meine Beziehung zu Deutschland war eine Art Zwangs- oder Zweckehe. Ein stetig wachsendes Gefühl der Verunsicherung und der moralischen Desorientierung machte mir das Leben schwer. Ich war naiv genug zu glauben, allein die westliche Lebensweise reiche aus, um in Deutschland als Migrant akzeptiert zu werden. Das Gegenteil war der Fall, und ich wurde immer häufiger wegen meiner Art zu leben sowohl von Muslimen als auch von Deutschen verspottet. Allen voran provozierten mich die Kommentare mancher deutscher Kommilitonen, wenn sie mich mit Alkohol sahen. Ihre verwunderten Blicke demütigten mich. Ich wurde immer unruhiger und bekam häufig Wutanfälle, wie ich sie früher nicht gekannt hatte. Der übertriebene Konsum westlicher Genüsse vermochte nicht, mein Gefühl der Angst und Entwurzelung zu vermindern, sondern steigerte nur meine Schuldgefühle. Die verbotenen Früchte konnten meinen Hunger nicht stillen, und das salzige Wasser machte mich mehr und mehr durstig. Trotz allem konnte ich mich von meiner Kultur nicht lösen. Ich war wie mit einem unsichtbaren Band an meine Tradition und Wertevorstellung gebunden. So weit ich mich auch davon entfernte, ich wurde doch immer wieder mit einem heftigen Ruck zum Ausgangspunkt zurückgezogen. Je größer die Entfernung, desto heftiger und schmerzhafter war der Aufprall bei der Rückkehr. Die zunehmende Entfremdung von Antonia machte meine Isolation noch größer. Da zog ich eine weitere Karte im Identitätspoker und versteifte mich darauf, allein Deutschland für mein Abkommen vom rechten Weg verantwortlich zu machen.

Eine Nachricht aus meinem Dorf führte mich wieder in die Moschee: Ein alter Freund von mir hatte Selbstmord begangen. Es war Ahmed, jener Junge, der auf dem Friedhof als Einziger nicht über mich hergefallen war. Ich hatte gelegentlich mit ihm telefoniert und hatte ihn auch getroffen, als ich Ägypten besuchte. Er schien mit seinem Leben im Dorf und seinem Beruf als Lehrer unzufrieden zu sein. Zwei Wochen vor seinem Tod rief er mich an und fragte mich, ob ich ihm helfen könne, nach Deutschland zu kommen. Er klang bedrückt und verzweifelt. Doch ich riet ab und sagte: »Deutschland ist nicht das gelobte Land. Und wenn du es in Ägypten nicht schaffst, schaffst du es nirgendwo.« Er hat es nicht geschafft. Er nahm Gift und starb auf dem Weg zum Krankenhaus. Mich plagten danach ungeheuerliche Schuldgefühle. Ich erinnerte mich an das Bild, das Ahmed damals in der Schule zeichnete, als der Lehrer von uns verlangte, den Yom-Kippur-Krieg zu malen: ein Soldat, der versucht, mit einem Wasserschlauch eine Mauer zu zerstören. Ich begann erneut, über Leben und Tod nachzudenken. Warum leben wir, und was geschieht mit uns nach dem Tod? Ich konnte mit niemandem darüber reden. Ich hatte Angst, dass ich der Nächste sein würde, der aus Zweifel und Verzweiflung fällt.

Ich ging zum Grab von Rudolf Diesel in Augsburg und weinte. Auf dem Rasen lagen Natursteine aus Japan. Ihre Ordnung hat wohl eine religiöse Bedeutung. Auf der Denkmaltafel stand geschrieben: »Unsterblich lebt dein Geist – weit in den Landen Japans«. Von Diesels Grab waren es ein paar Schritte zur Moschee. Ich wollte für meinen verstorbenen Freund und für mich beten. Ich fühlte mich aber fremd. Ich schaute mich um und sah junge, selbstsichere, gläubige Türken, die, zumindest dem Anschein nach, keine Spuren von Identitätskonflikten aufwiesen. Ich fragte mich, wie sie in so einer Gesellschaft wie der deutschen den Kopf klarbehalten konnten. Die Antwort lag auf der Hand: Die Einbettung in eine Gemeinschaft, die nicht im Konflikt mit den sozialen und moralischen Vorstellungen der Familie steht, macht diesen Ausgleich möglich. Sie konnten auf zwei nebeneinander bestehende und voneinander unabhängige Systeme zurückgreifen, durften wählen oder kombinieren. Sie standen am offenen Büfett des Lebens und suchten sich aus, was ihnen passte. Sie hatten mehr Spielraum für die Verhandlung mit der eigenen Identität. Eine Konfrontation mit der deutschen Gesellschaft war daher überflüssig. Sicher war das nur meine Sicht der Dinge, denn es muss auch viele innerlich zerrissene türkische Jugendliche in Deutschland geben.

Ich sah in der gleichen Moschee auch einige arabische Studienkollegen und Flüchtlinge, die ich ab und zu auch in der Kneipe traf. Ich war auch nur einer von vielen, die nach Freiheit strebten und sich etwas zutrauten, sich aber bald die Finger verbrannten und dann brav zur Moschee zurückkehrten. Der Selbstmord meines Freundes wühlte in mir Erinnerungen auf, die ich verdrängt hatte. Er veranlasste mich, über die

Schwachpunkte meiner fragmentierten Identität und meiner von mir glorifizierten Kultur nachzudenken. Ich hatte früher gedacht, dass sich nur die ungläubigen Europäer aus Verzweiflung umbrächten. Was ist los mit uns? Ich empfand mich als einen hässlichen Menschen. Konnte eine Schönheitsoperation helfen? Wie viele Vertuschungen kann mein Leben noch ertragen? Meine Energien reichten allerdings nicht aus, um diese Fragen zu vertiefen. Ich brauchte Ruhe und Geborgenheit. Nach wenigen Wochen traf ich in der Moschee eine Gruppe religiöser Studenten aus England, die sich »Tablighi Jama'at« nannten, und freundete mich mit einigen an. Die Gruppe war apolitisch und beschränkte ihre missionarischen Aktivitäten auf die muslimischen Jugendlichen in der Fremde. Wir besuchten arabische Studenten und versuchten, sie auf den Pfad der Religion zurückzuholen. Ohne es zu merken, wurde ich zum Missionar. Zugegebenermaßen hätte ich mich damals jeder Gruppe angeschlossen, egal, ob sie Zeugen Jehovas, Scientologen oder bekennende Terroristen gewesen wären. Ich brauchte eine Gemeinschaft und ein Projekt, um Entwurzelung, Enttäuschungen und Ratlosigkeit zu verdrängen. Ich bin mir nicht sicher, ob ich mich auf Gewalt eingelassen hätte, denn dies hängt nicht nur von den moralischen Vorstellungen des Einzelnen ab, sondern auch von der Gruppenstruktur, der Überzeugungskraft der Anführer und dem Grad der Isolation der Gruppe. Nach kurzer Zeit spürte ich aber ein starkes Bedürfnis nach Alkohol und weiteren Vergnügungen. Und so geschah es, dass ich manchmal junge Muslime vor Alkohol und Unzucht warnte und am selben Tag ebendiesen frönte.

Mir waren alle Karten des Identitätspokers ausgegangen. Es war sehr schmerzhaft, zu erkennen, dass ich in meinem Leben nicht der Treibende, sondern der Getriebene war. Ich vermochte mein eigenes Verhalten nicht zu verstehen, und mir war klar, dass ich diese Schizophrenie nicht länger ertragen konnte. Ich litt unter schrecklichen Rückenschmerzen, und meine Wutanfälle häuften sich, genauso wie der Drang, meine Aggressionen in physischer Gewalt auszudrücken. Deutschland war mein Feind geworden, und ich war bereit, Gewalt gegen Deutsche auszuüben. Ich hätte eine solche Gewaltanwendung aber nie rational oder religiös begründen können. Das Religionsverständnis meines Vaters, von dem ich mich nie gelöst habe, ließ militante Ideologien für mich unattraktiv erscheinen. Da ich keine Legitimation für Gewalt gegen meine Umgebung hatte, richtete sich diese Gewalt zunächst gegen mich selbst. Und so kam es, wie es kommen musste: Ich brach zusammen. Ich fing an, mich jeden Tag zu geißeln. Ich litt zunehmend an Amnesie. Es gab Tage, an denen ich nicht wusste, wo ich eine Stunde zuvor gewesen war und was ich gemacht hatte. Einmal saß ich in der Straßenbahn, als eine Gruppe von Schulkindern in der Begleitung von zwei Lehrerinnen einstieg. Als ich die Kinder sah, geriet ich in Panik. Ich musterte jedes Kind, und die Lehrer und die Kinder betrachteten mich skeptisch.

Plötzlich stand ich alleine mitten im Wald, und es war dunkel. Sechs Stunden meines Lebens waren verschwunden. Ich hatte keine Ahnung, wie ich dort hingekommen war und wo ich mich befand. Eine Welle der Angst überlief mich. Was hatte ich getan? Ich konnte die Vorstellung nicht abschütteln, eines der Schulkinder entführt und vergewaltigt zu haben. Ich begann zu schreien. Ich bildete mir ein, Stimmen zu hören und weinende Zwerge zu sehen. Stundenlang lief ich umher, bis ich einen Weg nach draußen fand. Ich kam spät nach Hause. Antonia war über meinen Zustand erschrocken. Sie fragte mich, was los sei. Ich erzählte es ihr nicht. Von nun an erfüllte mich jede unerwartete Geste oder Stimme mit Angst. Die Sirene eines Polizeiwagens oder das Geräusch eines Staubsaugers löste in mir Panikzustände aus. Jeden Tag hörte ich die Nachrichten und hatte Angst, etwas über ein verschwundenes Kind in Augsburg zu hören. Antonia versuchte mit mir zu reden, aber ich war ihr gegenüber verschlossen.

Einmal ging sie mit mir im Winter an einem gefrorenen See spazieren. Die Warnung »Betreten auf eigene Gefahr!« sprach mich magisch an. Ich ließ Antonia stehen und lief auf den See hinaus. Antonia stand am Ufer und bat mich weinend und schreiend, zurückzukommen. Ich ging immer weiter hinaus. Ich trampelte mit meinen Füßen, aber das Eis war zu dick. Antonia kam schnell zu mir gelaufen, fasste mich am Arm und weinte bitter. Sie brachte mich nach Hause. Ich bewundere die Kraft und den Mut, die Antonia gezeigt hat. Sie versuchte alles, um mir zu helfen, doch ich war schon zu tief gesunken. Sie überredete mich, professionelle Hilfe zu suchen. Ich stimmte zu, nicht weil ich mir von der Therapie etwas erhofft hätte, sondern weil ich spürte, dass ich ihre Fürsorge nicht länger überstrapazieren konnte.

Borderline

Eine mehrwöchige stationäre psychologische Behandlung in München sollte mir helfen. Ich kam in eine Borderline-Therapiegruppe. Es waren Menschen, die unter posttraumatischen Störungen litten. Claudia war eine mittelmäßige Schriftstellerin, die immer wieder von ihren Männern verlassen wurde und noch nie einen Bucherfolg gehabt hatte. Hans,

55, hatte an seinem Arbeitsplatz einen PC bekommen und war in Panik geraten. Ein Mädchen, dessen Namen ich vergessen habe, war als Kind sowohl von ihrem Großvater als auch von ihrem Vater mehrfach vergewaltigt worden. Ich wollte mit der schönen Halbfranzösin Susi schlafen, sie hatte aber bereits ein Auge auf den schwulen Belgier Stephane geworfen, der wiederum Feuer für mich gefangen hatte. Dennoch war es mit ihnen immer sehr unkompliziert. Wir verstanden uns auf Anhieb. Wir hatten nichts Gemeinsames, außer dass wir alle dazu neigten, von einem Extrem ins andere zu fallen. Es war recht amüsant mit ihnen. Wir spielten Tischtennis, malten zusammen und machten lange Spaziergänge im Park.

Alles wäre gutgegangen, gäbe es nicht die Tiefenpsychologie. Der Therapeut versuchte in seiner deutschen, emotionslosen, distanzierten Art, meine Kindheitserinnerungen durch Hypnose aus mir herauszukitzeln, was meine Aggressionen noch verschärfte. Das war keine therapeutische Hilfe, sondern Seelenvergewaltigung. Und wenn die Seele Gewalt spürt, antwortet sie auch mit Gewalt. Nach einer intensiven Sitzung mit ihm rannte ich in einer eiskalten Nacht durch die Straßen von München und versuchte, die Autos zu stoppen, als wollte ich die Zivilisation lahmlegen. Die ganze Straße war mir ausgeliefert, und ich verursachte ein Verkehrschaos. Ich wurde aufgegriffen und ins Krankenhaus zurückgebracht, habe dort aber mehrere Pfleger angegriffen. Die Beruhigungsspritzen konnten mich nur für eine Nacht ruhigstellen. Am nächsten Tag habe ich ein Wasserglas zerbissen und verschluckt. Mit einem Telefonkabel habe ich versucht, mich zu erhängen.

Wegen aggressiven Verhaltens und akuter Suizidgefahr sollte ich, nachdem man die Glasscherben durch eine Operation aus meinem Magen herausgeholt hatte, in eine andere psychiatrische Klinik eingeliefert werden. Ich weigerte mich aber und musste unter Polizeibegleitung dorthin gebracht werden. Ein Richter beschloss, dass ich fortan unmündig sei, wegen meiner seelischen und geistigen Behinderung nichts mehr unterschreiben dürfe und in der geschlossenen Abteilung untergebracht werden müsse, bis ich keine Gefahr mehr für mich und meine Umgebung darstelle.

Was wusste der Richter über Geist und Seele, um so ein Urteil zu fällen? Aber was blieb ihm auch übrig? Mit meinem Verhalten hatte ich ihm keine Wahl gelassen. In der Anstalt verstand kein Mensch mein Problem. Ich wurde in einem fensterlosen Zimmer eingesperrt, in dem es keine Gegenstände gab, die ich zum Selbstmord hätte nutzen können. Die starken Psychopharmaka lähmten mich fast ganz. Ein Medikament namens Haloperidol verursachte bei mir eine totale Gesichtslähmung. Meine Zunge verdrehte sich im Mund, und ich konnte nicht mehr sprechen. Ich bekam einfach noch ein Gegenmittel und musste das Medikament weiter einnehmen. Niemand behandelte mich als Menschen. Ich war für sie ein wildes Tier, das man ruhigspritzte. Jede Nacht wurde ich ans Bett gefesselt, damit nichts passieren konnte. Wann immer ich mich weigerte, die Medikamente zu nehmen, wurden sie mir eingeführt.

In solchen Entsorgungskliniken werden die Menschen weggesperrt, um die scheinbare deutsche Idylle nicht zu trüben. Die heile Welt will ihren eigenen Müll nicht sehen. Auch der Chefarzt verstand nicht, dass ich nicht verrückt war, sondern unerträgliche Schmerzen im Herzen trug. Seine Diagnose lautete schlicht: Psychose. Mit dieser Diagnose war nichts mehr an meinem Verhalten normal. Jede meiner Bewegungen und Gesten wurde falsch interpretiert. Wenn ich lächelte, hieß es, ich sei manisch, und wenn ich weinte, hieß es, ich sei depressiv. Wochenlang habe ich den Himmel nicht gesehen und durfte keine frische Luft schnappen. Es gab keine Fenster. Ich sah nur Neonlicht und kam mit keinem der Mitgefangenen in Kontakt. Die meisten von ihnen waren entweder Schwerverbrecher oder akut suizidgefährdet.

Einmal bat ich einen Pfleger in einem nervösen Ton, mich zu einem Ort zu bringen, wo ich frische Luft schnuppern könnte. Er lehnte ab und sagte, ich solle mich beruhigen, sonst müsse ich auch tagsüber gefesselt werden. Ich schrie und schrie, bis mir die Stimme versagte. Antonia besuchte mich gelegentlich und kämpfte für meine Verlegung in eine Klinik im Allgäu. Der Chefarzt machte es von meiner Entwicklung abhängig. Ich kämpfte mit mir, um nicht mehr zu schreien und so normal zu wirken, wie es nur ging. Ich verschwieg allen, dass ich nach wie vor Stimmen hörte und auch die weinenden Zwerge immer noch sah. Aber schließlich durfte ich nach Kaufbeuren. Die Psychiatrie dort war zwar auch geschlossen, die Patienten durften aber wenigstens unter Aufsicht ab und zu im Garten spazieren. Die Ausstattung der Klinik war hell und freundlich. Es gab moderne Kunstwerke, und die Therapiemethoden waren menschenfreundlich: Gesprächstherapie, Bewegungstherapie, Entspannungstherapie und Ergotherapie. Ein Arzt zweifelte an der Diagnose und meinte, ich litte unter »multiplen Persönlichkeitsstörungen«, eine Diagnose, die damals wie auch heute in der Schulmedizin umstritten ist. Ich bekam andere Medikamente, die zwar verträglicher waren, aber letztlich zu den gleichen Giften gehörten.

Ich lernte Leidensgenossen kennen, und sie akzeptierten mich. Schon immer hatte ich eine gewisse Anziehungskraft auf Außenseiter und Andersdenkende. Ich wusste oft nicht, ob sie zurückgeblieben oder geistig so fortgeschritten waren, dass keiner sie verstehen konnte. Aber wie hatte Heinrich Heine einst gesagt: Keiner ist so verrückt, dass er nicht einen noch Verrückteren fände, der ihn versteht!

Olaf war ein liebenswertes, vierzig Jahre altes Kind, das täglich Briefe an die Außerirdischen schrieb. Ein Lehrer, der von seiner Frau betrogen worden war, kroch auf allen vieren herum und schrie: »Vorsicht, die Russen kommen!« Wann immer jemand ihn fragte, wie es ihm ginge, antwortete er: »Mir geht's gut, mir fehlt nix, weil ich dreimal täglich wichse.« Ibo war ein Drogenabhängiger auf Entzug. Einen so sensiblen und humorvollen Türken habe ich selten in Deutschland erlebt. Auch ein türkisches Mädchen lernte ich kurz nach Mitternacht im Fernsehraum kennen. Ich durfte wegen meiner Schlafstörungen länger aufbleiben, saß allein im Zimmer und sah mir einen Porno an, als sie hereinkam. Ich wechselte den Kanal nicht. Sie sah mich an und lächelte. Sie verstand intuitiv, dass ich, so wie vermutlich auch sie, die Verbote der Familie und der Gesellschaft satthatte. Sie schaute mit mir den Film an, und wir machten Witze darüber. Wären wir woanders gewesen, dann hätten wir in dieser Nacht womöglich wild gevögelt, aber hier blieb es bei netten Unterhaltungen und gelegentlichem Flirten. Ich war froh, dass ich meine sexuelle Energie gespürt habe. Zwar konnte ich nicht wie der Lehrer dreimal täglich wichsen, aber ab und zu tastete ich mich schon ab, um festzustellen, ob Elvis noch lebte.

Der größte Spaßvogel der Gruppe war ein ehemaliger Bundeswehrpilot, ein großer Fan Chinas und vor allem chinesischer Frauen. Er hatte auf alles eine lustige Antwort und sang ständig eine chinesische Hymne auf den Großen Vorsitzenden Mao. Er war durchgedreht, als er mit der Familie seiner chinesischen Verlobten in China im Restaurant gesessen hatte und eine besondere Spezialität der Region essen sollte. In einer runden Öffnung im Tisch war nur ein Tierkopf zu sehen. Es war ein Affe, der lebendig unter dem Tisch gefesselt war. Der Kellner schlug den Schädel des Affen mit einer Axt ein und die chinesischen Männer fingen an, das Gehirn des noch lebenden Affen auszulöffeln, während der Affe vor Qualen schrie. Es sei gut für die Potenz, meinten sie. Ein Theologieprofessor, der nicht an Gott glaubte, und in der Psychiatrie nie Besuch erhielt, war der schweigsamste und depressivste von uns allen. Er rauchte oft, saß aber auch häufig ohne Zigaretten oder Geld da und weinte dann vor sich hin. Von niemandem wollte er Geld annehmen, so viel Stolz hatte er. Einmal veranstalteten wir zum Schein ein Tischtennisturnier, bei dem jeder drei Mark als Einsatz zahlte und der Gewinner das ganze Geld bekommen sollte. Wir hatten ausgemacht, dass der Professor am Ende gewinnt, damit er in Würde das Geld annehmen konnte. Er war zumindest so bekloppt, zu glauben, dass er der tatsächliche Gewinner war, obwohl er miserabel gespielt hat. Jeder, der gegen ihn spielte, hatte größte Mühe, zu verlieren. Olaf hätte beinahe alles versaut. Auf einmal wollte er im Halbfinale gewinnen, bis ich ihn beiseitenahm und eindringlich an unsere Abmachung erinnerte.

Ich mochte alle und sie mochten mich. Weder Rasse noch Hautfarbe oder Religion spielten eine Rolle. Wann immer einer das Krankenhaus verließ, wurden Tränen vergossen. Aber die Tränen waren meist umsonst, denn der Entlassene kam in der Regel nach ein paar Tagen wieder. Es war beängstigend für mich zu sehen, dass der Bundeswehrpilot das Leben draußen keine zwei Nächte aushalten konnte. Kaum war er entlassen, inszenierte er eine Schlägerei in einer Kneipe und wurde von der Polizei wieder eingeliefert. Die Psychiatrie war unser goldener Käfig geworden. Alles im Hause richtete sich nach uns, unseren Bedürfnissen und Macken. Man durfte auf allen vieren kriechen, laut singen oder in die Pflanzen pinkeln. Man war ja schließlich verrückt, und alle um uns herum wurden dafür bezahlt, uns zu unterhalten. Fehlverhalten, das draußen schlimme Konsequenzen haben konnte, wie zum Beispiel einer Krankenschwester an den Hintern zu fassen, wurde nur gütig mahnend kommentiert. Kaum einer wollte diesen Käfig verlassen und sich der Welt draußen stellen.

Ich aber wollte raus. Ein Teil von mir wollte noch leben. Ich tat alles, um den Therapeuten davon zu überzeugen, dass ich draußen zurechtkommen würde. Aber das war nicht einfach. Immerhin war ich auf Gerichtsbeschluss eingeliefert worden. Ich musste mich einer mehrwöchigen Beobachtung unterziehen, damit sichergestellt werden konnte, dass von mir keine Gefahr ausging.

Nur ein einziger Kommilitone wagte den Weg zu mir. Ein Araber. Er gab mir den Koran und sagte: »Deine Heilung liegt nicht in diesem Krankenhaus, sondern in den Wurzeln, von denen du dich entfernt hast.« Er rezitierte aus dem Koran: »Und seid nicht wie diejenigen, die Gott vergaßen, dann ließ Gott sie sich selbst vergessen.«

»Ich habe Gott nicht vergessen, sondern er mich!«

»Bitte Gott um Vergebung und lies seine Worte. Er ist unsere Heimat in der Fremde, und seine Worte sind die wahre Medizin.«

Nicht der Text des Koran, sondern die bloße Rezitation und die Musik der Sprache beruhigten mich. Ich erinnerte mich an meine Kindheit, als ich vor meinem Vater täglich die heiligen Worte rezitiert hatte und gelobt wurde. Ich brauchte meine Religion, nicht als Glaubenssystem, sondern als Rückbindung an meine Wurzeln. Ich erinnerte mich an das Dschihad-Konzept meines Vaters als Form der Selbstüberwindung. Mir wurde klar, dass ich mich sowohl von der Religion als auch von der Angst, nicht-religiös zu werden, befreien musste. Ich sollte weder für noch gegen die Religion sein. Vielleicht war das der wahre Dschihad.

Endlich durfte ich das Krankenhaus verlassen und taumelte zunächst in der Welt der »Normalen« wie ein Außerirdischer herum, der zum ersten Mal auf die Erde kommt. Alles war mir fremd, als wäre ich noch nie in Deutschland gewesen. Die Stimmen waren übrigens noch da, auch die Alpträume und die Angst. Im Prinzip war mir klar, was ich tun musste: kämpfen und der Bestie in mir in die Augen schauen. Ich musste die Büchse der Pandora öffnen. Aber ich brauchte zunächst Erholung. Monatelang durfte ich nicht verreisen. Regelmäßig besuchte mich eine Gutachterin des Gerichts. Die Bewährungshelferin und ein alter Mann von den Zeugen Jehovas waren meine einzigen Gäste.

Nach Ablauf der Bewährungszeit flog ich nach Ägypten, fuhr aber nicht zu meinen Eltern, sondern blieb in Kairo. Ich wollte vermeiden, dass meine Mutter und mein Vater mich in diesem Zustand sahen. Ich hatte mehr als zwanzig Kilogramm verloren und sah aus wie ein Geist. Ich wollte nicht, dass sich die Prophezeiung meines Vaters über meine Rückkehr erfüllte. Ich habe keiner Bestie in die Augen geschaut. Mein alter Freund Hosam, dem ich einst die Touristin vor der Nase weggeschnappt hatte, überredete mich, zu einem Zentrum für Teufelsaustreibungen zu gehen, wo ein Scheich mit mir anstrengende und schmerzhafte Exorzismusrituale durchführte. Bei einem Massenexorzismus sah ich, wie Hunderte von Menschen in der Halle der Moschee wie geschlachtete Hühner zitterten. Der Scheich ging zu jedem, flüsterte ihm oder ihr einige Koranverse ins Ohr. Daraufhin wurde der Besessene unruhig. Der Scheich schlug den Kranken ins Gesicht, auf die Beine und peitschte ihn aus. Dann stach er ihn mit einer Nadel in Hände und Füße, bis sich eine große Blutlache gebildet hatte. Die Reste meiner Rationalität wehrten sich zwar gegen die Idee, vom Teufel besessen zu sein, doch in der Hoffnung auf schnelle Hilfe ließ ich nichts unversucht. Meine Vernunft war durch den Gang meines Lebens ohnehin schon genug strapaziert worden.

Ich ließ die Geißelungen über mich ergehen, aber anscheinend war mein Teufel hartnäckig. Der Scheich bat mich, zu einem anderen Zeitpunkt zurückzukommen, aber ich tat es nicht. Und dennoch fühlte ich mich nach dieser Reise erstaunlicherweise besser. Die Stimmen und die Zwerge verschwanden allmählich. Doch die Angst und Unsicherheit blieben in mir, vergraben unter mehreren Schichten von Müll und Schutzschilden.

FÜNFTER TEIL

Das Land der perfekten Harmonie?

Als ich nach Deutschland zurückkam, fühlte ich mich fehl am Platz. Ich konnte nicht mehr zur Universität gehen, die ich seit mehr als einem Jahr nicht mehr betreten hatte. Ich arbeitete Vollzeit in der Autowaschanlage und sparte. Ich versuchte, zum Gebetsteppich zurückzukehren, aber ich konnte nicht mehr beten. Zu den anderen Patienten brach ich den Kontakt ab, ich wollte nicht mehr an diese Zeit denken.

Durch meine Ärztin Ursula lernte ich die Welt der fernöstlichen Meditation kennen. Sie lud zu privaten Videoabenden ein, an denen die Weisheiten eines indischen Gurus namens Maharaji, der in Kalifornien lebt, über den inneren Frieden verbreitet wurden. Er war kein üblicher Guru, sondern jung, freundlich, modern, chic, und er flog sein Privatflugzeug selbst. »Alles, wonach du suchst, liegt in dir. Suchst du nach einer Antwort? Du bist die Antwort«, so einfach und einladend war seine Botschaft, die mich an die Sufis erinnerte. Er sagte, dass er jeden Menschen, der ihm ein Jahr lang regelmäßig zuhört, vier geheime Techniken der Meditation lehren würde. Wenn der Aspirant Seriosität und Hingabe zeige, dann würde der Meister ihm die Geheimnisse des Wissens ohne Gegenleistung verraten. Ich lernte viele der Anhänger von Maharaji kennen, die keinesfalls unter Realitätsverlust leidende Versager waren. Es handelte sich meist um Akademiker und recht bürgerliche Leute, die mitten im Leben standen. Natürlich waren auch ein paar Freaks dabei, das gehört irgendwie dazu. Maharaji hatte Anhänger in mehr als 150 Ländern der Erde.

Mich erstaunte, wie viele Menschen im vermeintlich aufgeklärten Deutschland auf der Suche nach der einen oder anderen Form von Gott waren. Nichts boomte so sehr wie esoterische Wochenenden und Meditations-Crachkurse. Ich hatte früher gedacht, Gott wäre den Deutschen egal. Oder war das Ganze nur eine Beruhigungstablette gegen die Kopfschmerzen und die Leere der Konsumgesellschaft? Der Kapitalismus entdeckte die spirituelle Marktlücke und überflutete den Markt mit Selbsterkenntnisbüchern und Anweisungen zum Glücklichsein. Genauso wie die großen Konzerne, die die Umwelt am stärksten vergiften, Konzerte finanzieren, die für Umweltschutz werben, weil sie bemerkt haben, dass der Gedanke des Klimaschutzes gerade in ist. Bei den Maharaji-Anhängern habe ich allerdings echte Hingabe und Kontinuität gefunden. Ursula kannte ihn schon seit 25 Jahren. Sie erzählte, dass sie beinahe drogenabhängig geworden war, bis sie den damals dreizehnjährigen Maharaji in Heidelberg kennengelernt hatte. Seine Botschaft und seine Meditationstechniken hätten ihr Leben grundlegend verändert. Heute ist sie eine erfolgreiche Ärztin, verheiratet und hat sechs Kinder. Sie ist eine fürsorgliche Mutter, die Familie und Beruf unter einen Hut bringt, und sie hat immer ein strahlendes Lächeln. Viele Anhänger, die die Meditationstechniken erhalten haben, berichteten von einer ähnlichen Transformation in ihrem Leben. Unter den Maharaji-Jüngern traf ich Henry, einen der liebenswertesten Menschen, denen ich jemals begegnet bin: simpel, lebensfroh und von Natur aus glücklich. Wir freundeten uns schnell an. Und dann kam die Überraschung. Er war Jude. Er hatte in den siebziger Jahren in einer israelischen Siedlung in Sinai gelebt und in einem Kibbuz gearbeitet. Das heißt, er hatte das Land besiedelt, aus dem mein Vater im Sechstagekrieg auf allen vieren geflohen war. Er war der erste Jude, den ich in meinem Leben traf, freundlich und lustig. Er entsprach nicht im Geringsten meinen Vorurteilen. Er besaß weder private Satelliten im All noch eine große Tageszeitung und auch keine fünf TV-Sender. Er war eigentlich bettelarm und lebte von der Hand in den Mund. Auch sah er nicht aus wie jemand, der rücksichtslos auf Unschuldige schießen würde. Noch ein Bild aus meiner Kindheit war zerbrochen. Wie viel von dem, was ich über die Welt zu wissen glaubte, war noch falsch? Wie sehr war mein Wissen von meiner Sozialisation verseucht worden? Vater, komm und sieh, wie dein Sohn seine Seele in Europa verkauft hat. Sein bester Freund ist ein Jude!

Maharaji war für mich eine wohltuende Ablenkung. Es war schön, unter Menschen zu sein, die zur Abwechslung einmal nicht nörgelten. Während ich Maharaji zuhörte, bereitete ich meine nächste Flucht vor. Ich beschloss, ein Jahr in Japan zu studieren. Das Land war in meiner Vorstellung mit Treue und Verbindlichkeit verbunden. Die Geschichte von Yamaoka, dem japanischen Schüler Diesels, der seinem Lehrer zu Ehren ein Denkmal errichtete, nachdem seine eigene Stadt ihn verleugnet hatte, war dabei entscheidend. Das fernöstliche Land war in meiner Vorstellung mit dem romantischen Bild eines Gartens verbunden. Ich erhoffte Frieden und Harmonie. Außerdem lag Japan auf den europäischen Weltkarten am Ende der Welt, und genau da wollte ich hin.

Als ich in Japan war, sah ich die dortigen Landkarten, auf denen Japan in der Mitte lag. Ich lernte an der Universität Augsburg und am Japanischen Kulturzentrum in München

Japanisch und sammelte Geld für die ersten Monate. Noch eine Sprache, noch eine Flucht. Maharaji würde dazu sagen: »Wo willst du hin? Wovor läufst du weg? Stell dir vor, in deinem Schuh gibt es einen Stein. Egal, wie schnell du wegrennst, der Stein bleibt darin!« Ich wusste das, konnte aber nicht anders.

Mittlerweile hatte ich die Probezeit bei Maharaji bestanden und war auserkoren worden, in Taiwan von ihm persönlich das geheime Wissen zu empfangen. Ich konnte es kaum erwarten, von ihm in die vier geheimen Techniken der Meditation, die er »knowledge« nannte, eingeführt zu werden. Am Tag vor der Sitzung war ich sehr aufgeregt. Ich stellte mir vor, wie die Meditationstechniken mich schweben lassen, mich schütteln und reinigen würden. Am Morgen ignorierte ich das hübsche taiwanesische Zimmermädchen, das offen mit mir flirtete, obwohl ich seit einer Ewigkeit keinen Sex mehr gehabt hatte. Ich ging zum Veranstaltungsort und saß unter Tausenden von Spiritualitätshungrigen aus aller Welt. Der Ton der Rede von Maharaji vor der Meditation war nicht wie üblich. Seine sonst sanfte Stimme war angespannt. Wir mussten uns verpflichten, die geheimen Techniken niemandem zu verraten, stets in Kontakt mit dem Meister zu bleiben und ihm unser Leben lang zu dienen. Ohne Dienst für den Meister würde der Samen des Wissens nicht aufgehen. Handelte es sich hier um ein weiteres System? Ich wollte die Techniken erlernen und in meinem Leben damit eine Metamorphose auslösen.

Nachdem wir das Versprechen abgegeben hatten, verriet er uns die vier geheimen Meditationstechniken, die zwar entspannend waren, jedoch keine spirituellen Erfahrungen vermittelten. Alle außer mir hatten feuchte Augen nach der langen Sitzung. In mir aber war nicht der Hauch einer Erfahrung. Woran lag es, dass ich für jede Form von Spiritualität verschlossen war? Zu stark war ich offenbar in meiner gegenständlichen Welt verhaftet. Ich konnte die Existenz anscheinend nur in ihrer nacktesten Form sehen. Vielleicht wurde der Teil, der in meinem Gehirn für Spiritualität zuständig ist, beschädigt. Oder kam ich möglicherweise ohne diesen Teil zur Welt? Aber warum suchte ich dann überall nach seelischer Erfüllung? Warum erkannte ich nicht endlich, dass es weder Gott noch eine Seele gab? Nur mich, nur das Hier und Jetzt. Nur das, was ich sehen und anfassen konnte. Aber war nicht der Wunsch, Gott zu spüren, schon ein Zeichen seiner Existenz? Ist der Durst nicht ein Beweis dafür, dass es irgendwo Wasser gibt? Ich war unglaublich enttäuscht, die lange Reise nach Taiwan nur für ein paar Yoga-ähnliche Übungen unternommen zu haben. Am nächsten Morgen hatte ich Sex mit dem Zimmermädchen in meinem Hotel für zwanzig US-Dollar.

Ich flog nach Japan und sah Antonia nicht wieder, als hätte sie nie existiert. Später reichte sie die Scheidung ein. Hatte ich sie nur als Fluchtweg benutzt?

Warum fällt es mir so schwer, zurückzublicken und Menschen, die mir etwas Gutes getan haben, zu danken? Wie kann ich es anderen Menschen übelnehmen, dass sie mir gegenüber gleichgültig oder rücksichtslos sind, wenn ich das Gleiche tue?

Aus dem Flugzeug waren in dem Häusermeer Osakas keine Gärten zu erkennen. Es sah aus wie Frankfurt. Eine überfüllte moderne Industriestadt. Auf dem Kansai-Flughafen erfuhr ich, dass ich ein Außerirdischer bin. Für die Passkontrolle gab es zwei Warteschlangen: Eine Tafel, »Domestic Registration«, wies den japanischen Passagieren den Weg. Eine weitere, »Alien Registration«, zeigte den Ausländern, wo sie sich anstellen sollten. In der automatisierten Gesellschaft Japans sprachen vor allem die Maschinen, die Menschen nur selten.

Ich studierte nahe der Stadt Osaka Japanisch, besuchte darüber hinaus Seminare in Politikwissenschaft und Jura. Mein Studium finanzierte ich durch Kellnern, als Englisch- und als Deutschlehrer. Während meines gesamten Aufenthalts war ich in keiner Moschee und kam selten mit Muslimen in Kontakt. Die Tatsache, dass ich ein Muslim bin, spielte dort kaum eine Rolle. Viele Japaner hielten mich für einen Amerikaner.

Ich kaufte einen Tempelpass und bekam in jedem Tempel, den ich besuchte, von einem Mönch einen Stempel. Jeden dieser Stempel verstand ich als eine Stufe auf meinem Weg zum inneren Frieden. Ich versuchte, mein idealisiertes Japanbild so lange wie möglich aufrechtzuerhalten: das Land des ungetrübten Friedens. Doch schnell wurde deutlich, dass auch die Japaner Menschen sind, die Konflikte und Aggressionen durchleben, sie allerdings nicht zeigen dürfen. Die Japaner unterscheiden in ihrem Verhalten zwischen »honne«, wahre Meinung, und »tatemae«, gezeigte Meinung. Die wahre Haltung und Meinung dürfen nicht zum Ausdruck gebracht werden, um die Harmonie nicht zu gefährden. Und so entpuppte sich die von mir gelobte Harmonie meist als nur inszeniert. Mir gelang es nicht, in Japan eine tiefe Freundschaft zu schließen. Wie bei den Ägyptern die Trauer und bei den Deutschen das Lustigsein inszeniert ist, so verhält es sich bei den Japanern mit der Harmonie: alles ist einstudiert und gespielt. Es war schwierig, die Hierarchien am Arbeitsplatz und in der Universität zu durchschauen.

Japan ist eine isolierte Insel, die durch viele unübersichtliche Rituale und ungeschriebene Gesetze für einen Ausländer ein Rätsel bleibt. Der Japaner kommuniziert selten als Individuum. Fast jeder tritt als Angestellter einer Firma, Mitglied eines Clubs oder Kreises an der Universität auf. Jeder Kreis ist nach dem Prinzip der »mura«-community hermetisch abgeschlossen: Außenseiter werden zwar freundlich empfangen und höflich bedient, aber sie werden niemals dazugehören. In Japan gibt es zwei Arten von Ausländern: »zainichi«, ein negativer Begriff für die in Japan lebenden Koreaner, die im Allgemeinen nicht willkommen sind. Japan weigert sich bis heute, sich für seine Verbrechen während des Zweiten Weltkriegs bei seinen Nachbarn zu entschuldigen. Dies führt zu Spannungen auch mit den chinesischen und koreanischen Emigranten im Land. Im Gegensatz zu Deutschland hat Japan seine Vergangenheitsbewältigung noch vor sich. Kriegsverbrecher werden nach wie vor im berühmten Yasukuni-Tempel in Tokio verehrt.

Die zweite Art von Ausländern, zu denen ich gehörte, werden »gaikokujin« genannt – Menschen aus dem Ausland. Da diese in der Regel nur kurzfristig in Japan leben, werden sie oft als Touristen behandelt. Sie haben eine Art Ausländerbonus, und von ihnen wird weder erwartet, Japanisch zu sprechen, noch die Höflichkeitsrituale zu beherrschen. Diese Unverbindlichkeit machte es mir einfach, in den ersten Monaten viele Facetten der japanischen Gesellschaft zu beobachten, ohne Angst haben zu müssen, andauernd ins Fettnäpfchen zu treten. Mich drängte nichts und niemand, Farbe zu bekennen oder meine Loyalitäten zu erklären. Doch nach einigen Monaten änderte sich dies, als meine Japanischkenntnisse eine kompliziertere Form der Kommunikation zuließen. Plötzlich fiel der Ausländerbonus weg, und von mir wurde eine strengere Anpassung verlangt. In dem Restaurant, wo ich arbeitete, beschwerte sich mein Vorgesetzter, dass ich mich den Gästen gegenüber nicht immer an die üblichen Höflichkeitsformen halte. So weigerte ich mich, beim Vorsetzen des Essens »shitsurei shimasu« zu sagen, was so viel bedeutet wie »ich bin unhöflich«. Als der Restaurantbesitzer mich fragte, warum ich dies nicht sagen würde, antwortete ich: »Weil ich ein höflicher Mensch bin, der seine Höflichkeit auf seine Art ausdrückt.« Überall gibt es irgendeine innere Logik der Kultur, der man sich fügen muss. Aber ich bin einfach nicht anpassungsfähig.

Die japanische Gesellschaft ist stark hierarchisiert, Männer bestimmen fast alles. Einmal saß ich im Zug und sah, wie ein Mann eine ihm unbekannte japanische Frau anbrüllte, weil sie sich schminkte, was als eine Unverschämtheit gilt. Ihm war nicht entgangen, dass der Mann, der direkt neben ihm saß, gerade in einem Pornoheft mit halbnackten Mädchen in Schuluniform blätterte, und er war nicht der Einzige. Es ist eine Selbstverständlichkeit, dass die Frau, auch wenn sie die gleiche Bildung hat wie der Mann, für die gleiche Tätigkeit weniger verdient. Sie kocht für ihre männlichen Kollegen Tee und muss womöglich sexuelle Belästigung in Kauf nehmen. Die meisten Frauen arbeiten jedoch nur in Teilzeit als Verkäuferin. Ich hatte eine Studienkollegin, deren Job in einem Einkaufszentrum darin bestand, sich im Aufzug den ganzen Tag zu verbeugen, sobald ein Kunde ihn betrat. Japan ist ein Serviceparadies, der Kunde ist König. Er wird immer ausführlich beraten, und die Waren werden schön und aufwendig verpackt, egal wie billig oder teuer sie sind. Verpackung über Verpackung, und kein Mensch kümmert sich um die Umwelt. Bequemlichkeit und ein ausgeprägtes Dienstleistungsbewusstsein scheinen einer der Schlüssel zum Verständnis dieser Gesellschaft zu sein. Jeder ist in irgendeiner Weise Serviceanbieter und Serviceempfänger zugleich. Jeder gibt sein Bestes und erwartet das Beste.

Was mich nervte, war das Fernsehen. Alle Kanäle sendeten ununterbrochen Schrott, als gäbe es das Medium nur, um 120 Millionen Idioten zu unterhalten. Entweder gab es Kochwettbewerbe oder Reiseprogramme, die Stereotype über exotische Reiseziele verbreiteten, oder aber flache, idiotische Komödien. Ich sah so gut wie nie eine interessante Diskussion über Politik, Religion oder Literatur. Das Fernsehen war in erster Linie da, um gelangweilten Hausfrauen etwas Abwechslung zu bieten. Die Männer unterhalten sich in Japan anders. Neben Baseball, Pachinko und Pferdewetten pflegen sie nachts ihre geheimen Hobbys. Mehr als zwei Millionen japanische Frauen arbeiten im sogenannten »mizushobai«-Business in Nachtclubs und kümmern sich Tag für Tag um die von Stress gebeutelten Männer. Die Ehefrauen wissen natürlich, was ihre Männer nächtens treiben, aber darüber, wie über so vieles andere, wird in dieser Gesellschaft geschwiegen.

Geld ist der wahre Gott in Japan, und nichts ist wichtiger als die Arbeit. Wenn ein Mitarbeiter gefeuert wird, heißt es: »Er ist geköpft worden!« Viele arbeiten buchstäblich bis zum Tod. Völlige Hingabe an die Arbeit ist alles in Japan. Es gab zum Beispiel den Trainer einer berühmten Baseballmannschaft, dessen Frau sich einer gefährlichen Operation unterziehen musste. Das Team hatte am gleichen Tag ein wichtiges Spiel. Der Mann stand vor der Entscheidung, bei seiner Frau im Krankenhaus oder bei der Mannschaft zu sein. Schließlich entschied er sich wie ein »richtiger Mann« und ging zum Spiel. Seine Frau starb während der Operation. Trotzdem blieb der Trainer im Stadion und wurde deshalb als großer Held gefeiert, der die Arbeit über die Familie gestellt hatte. Aus der Sichtweise eines Außenstehenden ist das unbegreiflich. Aber man kann nicht immer mit seinen eigenen Maßstäben bestimmen, was für die anderen Tugenden sind und was nicht. Hingabe ist nun einmal die höchste Tugend in Japan. Der Trainer zeigte seine Hingabe seinem Publikum gegenüber, selbst die Ehefrau hatte darauf bestanden, dass er im Stadion sein sollte.

In den Restaurants und auf den Straßen wimmelt es von Geschäftsleuten und Angestellten, die in Japan »salary-men« genannt werden. Alle tragen dunkelgraue Anzüge und dazu eintönige Krawatten. Sie sind stets in Eile und telefonieren unablässig. Wo ist ihre Harmonie, fragte ich mich. Dieses Land ist voller Widersprüche: auf der einen Seite das unvergleichliche friedliche Zen-Paradies, auf der anderen die Konkurrenz und die stressbeladene Arbeitshölle.

Angst haben die Japaner nur vor dem Alter und Nordkorea. Sie haben Angst, dass sie im hohen Alter keine Menschen mehr um sich haben werden und nur einmal pro Woche von einem Roboter für ein paar Minuten in eine Badewanne getaucht werden. So gehen sie mit ihren Eltern schon heute um. Aber darüber spricht man ungern. Auch über das zunehmende Problem des Alkoholismus will keiner sprechen. Die Japaner behaupten stets, glücklich zu sein, genau wie meine Landsleute.

Weder meine Gastfamilie noch meine japanischen Kommilitonen ließen sich auf eine tiefgehende Diskussion ein, erkundigten sich nur nach meinem Befinden und kritisierten nie mich oder meine Kultur. Ich ertappte mich dabei, die Deutschen zu vermissen. Ich sehnte mich nach einer konstruktiven Diskussion, bei der jeder sagt, was er denkt. Aus der Ferne erschien mir Deutschland auf einmal faszinierend und tiefgründig. Vielleicht lag es an mir, dass ich das Gedankengebäude der Deutschen nie richtig erfassen konnte. Ich verstand, dass mein Problem in mir selbst lag und nicht in meiner Umgebung. Der Stein in meinen Schuhen.

Interessant an Japan war jedoch, dass die muslimischen Emigranten dort nicht als Bedrohung angesehen werden. Auch Muslime zeigen keine feindlichen Tendenzen der japanischen Gesellschaft gegenüber, obwohl es sich um eine nach westlichem Muster aufgebaute Demokratie handelt, wo die Werte von Konsum und Spaß noch stärker ausgeprägt sind als in den meisten westlichen Ländern. Das mag nicht so sehr an der Toleranz der Japaner als vielmehr an ihrer Gleichgültigkeit liegen.

Mich faszinierte trotzdem die Kreativität, mit der die Japaner mit ihren Religionen umgehen. Der Shinto-Schrein, der buddhistische Tempel und eine katholische Kirche liegen nahe beieinander und prägen das Stadtbild in Osaka sowie in Tokyo und Kyoto. Doch bleibt es nicht nur beim friedlichen Nebeneinander, sondern es kommt zu rituellen Überlappungen. Das neugeborene Baby und sogar das neue Auto werden im Shinto-Schrein gesegnet. Geheiratet wird gern in der Kirche nach katholischem Ritus. Für die Beerdigungsrituale ist der buddhistische Mönch verantwortlich. Die Lehre des Konfuzianismus prägt die Denk- und Lebensweise der Japaner, ohne dass sie ihr Handeln religiös begründen und ohne dass Konfuzius als heilig betrachtet wird. Das war ein weiterer Hinweis für mich, wie ich mit meiner Religion und Identität umgehen könnte. Der wahre Dschihad schien mir die tägliche Anstrengung zu sein, meine Identität so elastisch wie möglich zu lassen und die Werte meines Glaubens als Mittel des inneren und gesellschaftlichen Friedens zu nutzen, ohne Personenkult oder Selbstverherrlichung zu betreiben. Alles war in der Theorie wunderbar, aber woher hätte ich die Energie nehmen sollen, um all das zu bewältigen?

Bislang habe ich kaum etwas über mein Leben in Japan erzählt, weil ich in den ersten Monaten nur ein Beobachter war. Ich versuchte alles, was in Ägypten und Deutschland geschehen war, zu verdrängen. Ich legte eine Art Betondecke auf meine Seele und bildete mir ein, ich sei wie neugeboren. Ich wollte alles ausprobieren. Ich versuchte, die Freiheit in Japan zu genießen. Ich benutzte die Frauen, um mich von den alten Schmerzen abzulenken, und übersah dabei, dass ich die Gefühle vieler Menschen zutiefst verletzte. Rasch brach ich jede Beziehung wieder ab, bevor es ernst werden konnte. Dabei war es für die Frauen meist schon ernst genug.

Ich war ein Kind meiner Welt. Ich verstand nie, warum ich alle meine Beziehungen so jäh beendete. Vielleicht aus Angst, selbst verlassen zu werden, oder wahrscheinlich, weil ich wusste, dass keine Frau mich je so bedingungslos würde lieben können, wie meine Mutter meinen Vater geliebt hatte. Aber auch ich war unfähig zu lieben und zur Hingabe. Dennoch sollte das Verkaufen von Liebe mein nächster Job sein. Eine meiner Englischschülerinnen war Tänzerin in einem Hostessenclub. In so einem Club unterhalten hübsche Mädchen japanische Geschäftsmänner und trinken mit ihnen. Sie reden mit ihnen über das Geschäft und das Leben. Ein lukrativer Nebenjob für viele Studentinnen, der übrigens nicht schlecht angesehen ist. Durch meine Schülerin lernte ich den Besitzer eines solchen Clubs für Frauen kennen, denn auch reiche japanische Frauen wollen von jungen Männern unterhalten werden. Der Mann bot mir einen lukrativen Job in seinem Nachtclub in Osaka an. Ich sollte nur mit den Frauen Champagner, Whisky oder Brandy trinken und über ihren Alltag sprechen. Ab und zu sollte ich ihnen ein Kompliment machen. Was darauf folgte, war meine Entscheidung. Damit deutete er an, dass es nicht immer beim Gespräch bleiben musste.

Nicht nur das Geld, sondern auch der Wunsch nach einer weiteren Erfahrung bewogen mich, den Job anzunehmen. Irgendwie war mein Leben schon längst zu einem Experiment geworden. Was schadete da noch eine weitere Schande? Wie noch nie in meinem Leben trank ich nun hochprozentigen Alkohol. Tatsächlich ging es den meisten Frauen darum, einem Mann erzählen zu können. Viele waren verheiratet und langweilten sich, während der Gatte auf einer Geschäftsreise war. Viele wussten, dass ihre Männer das Gleiche taten wie sie, aber darüber wurde zu Hause nicht gesprochen. Alles wird als Business verstanden. Sollte allerdings eine Frau erwischt werden, muss sie nicht nur mit der Scheidung rechnen, sondern auch mit dem Verzicht auf Unterhalt. Ob mit oder ohne Religion, die Männer scheinen immer einen Weg zu finden, die Frauen einzuschüchtern.

Die Liebe meines Lebens

Fast ein Jahr war vergangen, und ich wusste immer noch nicht, was genau ich in Japan zu suchen hatte. Drei Monate vor dem Ende meines Aufenthalts in Japan nahm ich an einer internationalen Konferenz in der Kaiserstadt Kyoto teil, die sich mit der Rolle der Jugend im Zeitalter der Globalisierung beschäftigte. Dreißig Studenten aus aller Welt diskutierten vor breitem Publikum mit hochangesehenen Gästen und renommierten Wissenschaftlern. Ich vertrat dabei sowohl Ägypten als auch Deutschland. Der erste Tag verlief gut, und die Diskussionen waren angeregt. Am Abend veranstalteten die Studenten eine Party. Ich tanzte längere Zeit mit einer

Israelin und hatte dabei eine Flasche Rotwein in der Hand, aus der ich ab und zu trank. Das Temperament der Israelin war sehr orientalisch. Kann es sein, dass Israelis und wir einander so ähnlich sind und deshalb so heftig miteinander streiten, um diese Parallelen zu vertuschen? Wenn ich schon mit mir selbst keinen Frieden schließen kann, dann vielleicht wenigstens mit unserem ungeliebten Nachbarn, dachte ich.

»Weißt du, dass ich ein Sechzehnteljude bin?!«

»Und der Rest?«, fragte sie.

»Ein Vollidiot!«

Die Israelin lachte aufreizend und tanzte wie eine Schlange. Der Wein stieg mir zu Kopf und die Nacht war voller Verheißungen. Alles sah danach aus, dass die Friedensverhandlungen heute Nacht nicht allzu anstrengend würden. Eine bildhübsche junge Japanerin saß in einem Sessel am Rand der Tanzfläche und schaute herüber. Sie war eine der dreißig teilnehmenden Studenten. Auf ihrem Namensschild hatte im Panel allerdings nicht Japan, sondern der Name irgendeines europäischen Landes gestanden. Ich tanzte weiter, merkte aber bald, dass die Frau immer noch zu mir herübersah. Sie sah so sicher und elegant aus in ihrem blauen Kleid. Ich konnte nicht weitertanzen, ging direkt zu ihr hin und goss aus meiner Flasche Wein in ihr leeres Glas, aus dem sie zuvor Orangensaft getrunken hatte. Sie lächelte mich an, und ich war verzaubert.

»Bist du Muslim?«, lautete ihre erste Frage.

Es war kaum der richtige Zeitpunkt für eine Antwort, die Weinflasche in der Hand und eine verlockende Beute vor Augen. Ich setzte mich neben sie und vergaß die Israelin. Ich schwieg und schaute ihr nur in die Augen. So hübsche große Augen hatte ich in Japan noch nicht gesehen. Ihre anmutige Stirn und ihre blutroten Lippen verrieten sowohl ihre Sensibilität als auch ihre Sturheit. Ich hatte immer gewusst: Sollte ich mich je in eine Frau verlieben, dann in solch eine.

»Ich weiß nicht, wie ich dir diese Frage beantworten kann.«

»Entschuldige, falls meine Frage dich gestört hat. Ich war vor zwei Jahren in Malaysia und habe mir dort ein Buch über die Sufis gekauft. Diese Welt fasziniert mich sehr, und ich habe so viele Fragen. Aber ich habe seither niemanden getroffen, der sie mir beantworten kann«, sagte sie.

Um Zeit zu gewinnen, entgegnete ich: »Die Musik ist viel zu laut hier. Lass uns woanders hingehen!« Wir gingen in einen anderen Raum, wo wir ungestört weiterreden konnten. Ich überlegte mir, was ich ihr sagen konnte. Bin ich ein Muslim? Wer bin ich überhaupt?

Als wir einen ruhigen Platz gefunden hatten und uns setzten, fragte ich sie nach ihrem Namen. »Connie. Mein Vater ist aus Dänemark, meine Mutter aus Japan!« Später erfuhr ich, dass ihre dänische Großmutter zudem eine Viertelpolin und eine Viertelroma war. Buddhismus, Katholizismus und Protestantismus waren damit in ihrer Familie zu Hause. Sie sprach neben Dänisch und Japanisch auch fließend Französisch, Englisch und Koreanisch und war dabei, Russisch zu lernen. Es schien, als wären die Hybriden zur Suche nach Spiritualität verdammt. Sie war glücklich, dass ich ihr vieles über die Sufis erzählen konnte. Ich war beeindruckt, wie eine Einundzwanzigjährige, die in einer so ausgeprägten Konsumgesellschaft lebt, so tief über den Sinn des Lebens nachdachte. Wir unterhielten uns stundenlang über Gott und die Welt, über Ausländer in Japan und über sie. Ihr Vater war Kapitän gewesen, und sie hatte mit ihm die halbe Welt bereist. Im Alter von elf Jahren war sie dann mit ihrer Familie aus Dänemark nach Japan gekommen und hatte die Sprache und Lebensweise erst lernen müssen. Sie hatte immer noch Anpassungsschwierigkeiten und fühlte sich durch die vielen Regeln und ungeschriebenen Gesetze der Gesellschaft eingeengt. Sie erzählte mir, dass sie in der Schule oft geweint hatte, wenn die Mitschüler sie Ausländerin genannt hatten. Ich hatte endlich meine Außenseiterin gefunden! Wir unterhielten uns über Lieblingsfarben, Musik und Städte. Ich erzählte ihr, dass ich Kairo und Istanbul liebe, weil beide Städte voller Widersprüche sind. Sie war überrascht, weil Istanbul ihre Traumstadt war. Sie erzählte mir, dass ihr Name Istanbul bedeute. Ihr dänischer Vater und ihre japanische Mutter suchten nach einem passenden Namen für sie, der Orient und Okzident verbinden sollte. Sie entschieden sich für Constance, der sich von Konstantinopel ableitete. Die Stadt am Bosporus, die beide Kontinente verbindet, inspirierte den dänischen Seemann und die japanische Studentin, die damals in England studiert hatte. »Meine Eltern wollten einmal meinen Geburtstag mit mir in Istanbul feiern, aber es kam nie dazu. Jetzt sind meine Eltern geschieden, und die Ehe von Ost und West ist geplatzt. Aber nächstes Jahr will ich zum ersten Mal Istanbul besuchen. Dort will ich meinen Geburtstag feiern. Alleine.«

Als wäre es die selbstverständlichste Sache der Welt, bat ich sie, mit auf mein Zimmer zu kommen und die Nacht bei mir zu bleiben. Ich war mir sicher, dass sie nicht ablehnen würde, obwohl sie überhaupt nicht den Eindruck einer Frau machte, die so ohne Weiteres mit einem fremden Mann auf sein Zimmer gehen würde. Aber sie kam mit und lag die ganze Nacht neben mir. Wir sagten nichts und taten auch nichts. Ich wollte nur in ihre Augen schauen und habe keine Sekunde geschlafen, während sie ruhig in meinen Armen schlief. Ja, ich war verliebt. Auf so einen Moment, auf so eine Nacht hatte ich mein ganzes Leben gewartet. Am nächsten Tag nutzten wir jede freie Sekunde bei der Konferenz, um miteinander zu sprechen. Uns war egal, was die anderen über uns flüsterten. In der folgenden Nacht schlief sie wieder in meinem Bett. Einen Tag später endete die Konferenz, und ich musste in meine Stadt zurückkehren. Connie blieb in Kyoto, wo sie wohnte, besuchte mich aber einige Tage später und verbrachte das Wochenende mit mir.

Zum ersten Mal spürte ich keine Schuldgefühle und kein Unbehagen, während ich mit einer Frau schlief. So wie sie den Schlüssel zu meinem Herzen gefunden hatte, fand sie auch den Schlüssel zu meinem Körper. Ihre unschuldige, natürliche Art betörte mich, befreite mich. Zum ersten Mal in meinem Leben spürte ich, was es bedeutet, zu Hause zu sein. Ich besuchte sie erneut in Kyoto, und sie führte mich durch die traditionelle Stadt, die ehemalige Hauptstadt Japans. Wir kamen auch in das Geishaviertel Gion. Die Touristen fotografierten unablässig die Geishas, aber keine war schöner als meine Connie. Ich lernte von ihr viel über Geschichte und Mentalität der Japaner. Connie war aus dem gleichen Ton gemacht wie ich. Unsere Sehnsucht hatte die gleiche Adresse. Mein Dilemma war dem ihren ähnlich: Unsere Flügel waren zu schwach und zu kurz.

Gemeinsam gingen wir zu einem Schrein namens Shimogamo und standen vor dem Altar. Ich bewunderte an Connie, dass sie überall beten konnte, ohne wirklich an eine bestimmte Religion zu glauben. Sie tat dies mit der Leichtigkeit und mit dem Vertrauen eines Kindes. Connie warf ein paar Münzen in die Opfergabenbox, betätigte die Glocke und schlug zweimal ihre Hände gegeneinander, dann flüsterte sie ihre Wünsche.

»Wozu ist die Glocke gut?«, fragte ich. »Schlafen die Götter schon?«

»Nein, sie schlafen nicht, weil sie nicht existieren. Genau gesagt, sie existieren nur, wenn ich bete. Die Götter sind mein Wunsch, mein Gebet.«

»Und wenn du den Tempel verlässt, existieren sie nicht mehr?«

»Nein, sie existieren nur, wenn ich sie wahrnehme und zu ihnen bete.«

Ich hatte bislang einiges über den Schintoismus gelesen, aber erst diese Worte zeigten mir den Kern der Religion. Hier geht die Initiative nicht von den Göttern aus, wie es bei den monotheistischen Religionen der Fall ist, sondern der Mensch sucht den Weg zu ihnen und bestimmt, wann sich diese Wege wieder trennen. Wenn der Japaner den Tempel verlässt, verfolgen ihn diese Götter nicht mit Geboten und Verboten. Der Mensch bringt die Götter zum Leben, nicht umgekehrt: ein faszinierender Gedanke.

Danach gingen wir in eine andere Ecke des Schreins, um unsere Zukunft zu erfahren. Wir holten zwei Zettel aus einer Kiste, entfalteten und lasen sie. Meiner enthielt die üblichen Floskeln. Connie öffnete ihren Zettel und las leise darin.

»Ist es gut?«, wollte ich wissen.

»Nein, das Schlimmste, was man haben kann«, sagte sie sichtlich besorgt. »Ich kann es nicht verraten, sonst geht es in Erfüllung«, sagte sie und ging zu einem Baum und hängte den Zettel dort auf.

»Dieser Baum wird mein Schicksal heilen«, sagte sie. Danach gingen wir tiefer in den Schrein zu einem Zelt, wo wir die Schuhe auszogen und sie in eine Plastiktüte steckten, die uns von einem Mönch gegeben wurde. Außerdem bekam jeder von uns eine weiße Kerze.

»Und was machen wir jetzt?«, fragte ich Connie.

»Wir gehen in den Fluss.«

Bald kamen wir zu einem kleinen Tunnel, der nach unten zum Fluss führte. Hand in Hand lief ich barfuß mit Connie im seichten, klaren Wasser und spürte, dass wir das Schicksal teilten. In der anderen Hand hielt jeder seine Kerze. Wir entzündeten diese an zwei großen Kerzen, die am Ufer aufgestellt waren, und liefen im fließenden Wasser weiter.

»Was hat das für eine Bedeutung?«, fragte ich.

»Sei nicht so deutsch!«, sagte sie lächelnd. »Wir reinigen damit unsere Seele und unseren Körper.«

Ich musste plötzlich an all meine Sünden denken. In Deutschland hatte ich selten das Wort »Sünde« gehört. Im säkularen Deutschland hat der Begriff »Sünde« kaum noch einen Platz. Nur im Zusammenhang mit Steuerhinterziehung oder der Nichtberücksichtigung der Verkehrsregeln wird dort der Begriff »Sünde« noch gebraucht. Würde dieses Ritual ausreichen, um all meine Sünden von mir abzuwaschen? Es gelang uns trotz des heftigen Windes, das andere Ufer mit brennenden Kerzen zu erreichen, die wir dort auf einem heiligen Altar nebeneinanderstellten. Connie betete erneut mit geschlossenen Augen. Danach wartete das sogenannte Wasser Gottes auf uns. Manche hatten Flaschen mitgebracht und füllten diese damit. Anscheinend brauchten sie einen Vorrat für ihre künftigen Sünden. Manche wuschen Hände und Füße, so wie die Muslime sich rituell vor dem Gebet waschen. Die religiösen Rituale der Welt scheinen nicht allzu verschieden voneinander. Ich war dankbar, dieses Ritual gemeinsam mit Connie vollziehen zu dürfen, obwohl ich abermals keine spirituelle Erfahrung machte und auch nicht das Gefühl hatte, nun von allen Sünden befreit zu sein.

Nachts lag ich nackt mit Connie im Bett und wir wollten uns lieben. Ich holte wie üblich ein Kondom aus der Packung, aber sie schüttelte ablehnend ihren Kopf. Ich hatte so etwas noch nie getan. Aber mit ihr konnte ich alles. Für sie habe ich es getan, ohne nachzudenken. Mein Vertrauen in sie war grenzenlos. Es war die schönste, wärmste und letzte Liebesnacht mit ihr.

Nach der erschöpfenden Ekstase fing sie an, ihren Bauch zu streicheln. »Was glaubst du, wie wird unser Kind aussehen? Wie viele Sprachen wird es sprechen?« Ich ahnte, was das zu bedeuten hatte, und bekam Angst. Nur solch eine Frau kann all das, was ich den anderen Frauen bislang angetan habe, rächen. Wieso geht die Liebe immer mit der Angst einher? Warum kann ich meine Oase des Friedens nicht noch eine Weile genießen? Zwei Wochen später sagte sie mir, dass ihre Periode sich verspätet habe. Ich geriet in Panik. Ich war für eine Familie noch nicht bereit. Ich konnte kein Kind in diese Welt entlassen, ohne mich vorher mit dem Kind in mir versöhnt zu haben. Connie war von meiner Reaktion sehr enttäuscht. Sie hatte geglaubt, in mir den Mann ihrer Träume gefunden zu haben. Ich bekam akute Atemnot und wurde ins Krankenhaus eingeliefert. Nach zehn Tagen wurde ich entlassen, buchte einen Flug nach Deutschland und floh, ohne von Connie Abschied zu nehmen. Sie war nicht schwanger, aber das war sowieso nicht das Problem. Ich war es, ich bin es immer. Genau vierzig Tage war ich mit Connie zusammengewesen. Die schönste Zeit meines Lebens hatte nur sehr kurze Zeit gewährt. Der Preis dafür war der Schmerz zweier Menschen, der viel länger als vierzig Tage andauern sollte. Wenn nicht sie, wer dann?

An meinem vorletzten Tag in Japan fuhr ich nach Kyoto. Ich habe es aber nicht fertiggebracht, Connie anzurufen. Ich ging allein zu dem berühmten Tempel Kiyomizu-dera, dem »Tempel des reinen Wassers«, einem Ort, wo ich mit Connie noch nicht gewesen war. Er ist auf einem der höchsten Hügel Kyotos erbaut, und man hat von dort einen schönen Blick auf die Stadt und die umliegende Landschaft. Die Pagode des Tempels ist eine der ältesten in ganz Japan, und die nahe gelegene Nou-Theaterbühne gilt als einzigartig. Sie wurde ohne einen einzigen Nagel aus Holz erbaut. In der Vergangenheit war diese Bühne zum Schauplatz vieler Suizide geworden. Von dort stürzten sich viele Japaner in den Tod. Die Legende besagt, wer von dort aus in die Tiefe springt, ohne zu sterben, dem werden alle Wünsche erfüllt. Wer stirbt, landet im ewigen Paradies. Es klang für mich wie eine Mischung aus Dschihad und russischem Roulette. »Ich würde für dich von der Bühne des Kiyomizu-dera springen!«, sagt der Japaner, wenn er seine grenzenlose Hingabe ausdrücken will. Manchmal mochte ich diese Leidenschaft. Ich liebte die Idee des Verschwindens im Zen-Buddhismus: zurück ins Nichts. Rückwärts in den Kosmos fallen.

Aber sogar zum Selbstmord war ich zu müde und zu feige. In meiner Hand hielt ich den mit Stempeln überfüllten Tempelpass, aber vom inneren Frieden war ich Welten entfernt.

SECHSTER TEIL

Deutschland, mein Schicksal

Ich kam nach Deutschland zurück und versuchte, meine Schmerzen hinunterzuschlucken. Ich nahm mein Studium wieder auf und arbeitete im Akademischen Auslandsamt der Universität. Zunächst kam ich bei meinem alten Freund Durgham unter. Er stand kurz vor seiner Pensionierung und war immer noch einsam. Danach mietete ich ein Zimmer im Haus meiner Ärztin Ursula und bekam zum ersten Mal einen Einblick in das Leben einer deutschen Familie. Aber die Seidels waren nicht irgendeine Familie. Es war ein volles Haus, es war immer etwas los. Ursula war eine großartige Mutter. Obwohl sie mit der Praxis und dem Maharaji-Kram voll beschäftigt war, kochte sie für ihre Kinder und nähte ihre Kleidung selber. Sie lud regelmäßig eine Gruppe von Schülern aus Tschernobyl zu sich nach Hause ein und fuhr zweimal im Jahr mit Kleidung und Spielzeug dorthin. Sigi, ihr Mann, war die Ruhe in Person. Stundenlang saß er in seiner Werkstatt im Haus und machte Schmuck. Ich spielte mit der süßen kleinen Sophie und den vielen Katzen. Christian war ein Genießer und hatte immer hübsche Mädchen zu Besuch, die mit ihm kifften. Einmal kam die Polizei und suchte im Haus nach Drogen. Der sechzehn Jahre alte Christian hatte einige Hanfpflanzen, die von Fenster zu Fenster gereicht wurden, bevor die Beamten in das jeweilige Zimmer kamen. Nachdem sie weg waren, lachten wir uns halbtot darüber. David war ein sensibler Junge mit einem seltsamen Humor: »Sag mal, wie heißt deine Religion eigentlich?«, fragte er mich einmal. Ich fragte ihn im Gegenzug, welche Religionen er kenne.

»Christentum, Judentum, hmmm, was gibt es denn noch?«

»In deinem Alter habe ich schon nach Gott gesucht, du Idiot«, sagte ich spaßend zu ihm und fragte, ob er keine türkischen Klassenkameraden hätte.

»Doch«, erwiderte er.

»Und welche Religion haben die?«

»Ich weiß nicht, Dönerreligion oder so was Ähnliches?«

Die große Schwester, Heidi, war mit achtzehn Jahren nach Mexiko abgehauen und hatte einen Mexikaner geheiratet. Sie kam aber bald mit ihm zurück und lebte zusammen mit ihrem Mann und ihren zwei Kindern auch im großen Haus der Seidels. Der mittlere Bruder war zum Sterben langweilig. Kein Wunder, dass ich seinen Namen vergessen habe. Mario war der ältere Bruder. Er erfuhr, als ich bei ihnen wohnte, dass Sigi nicht sein leiblicher Vater war. Er konnte das nicht verkraften und zog aus. Über Langeweile konnte man sich bei den Seidels nicht beschweren. Ursula veranstaltete wöchentlich Feste, zu denen sie viele Leute einlud. Das bot mir Abwechslung.

Connie schrieb mir ab und zu eine E-Mail, doch ich antwortete ihr nur selten. In ihren E-Mails gab es nie einen Hauch von Vorwurf. Sie rief mich sogar einmal bei den Seidels an, aber ich bat sie, das nicht mehr zu tun.

Bald hatte ich die Nase voll von den vielen Menschen und wechselte in ein Wohnheim. Eigentlich der perfekte Ort für neue Affären, aber ich hatte keine Lust, eine Frau anzufassen. Trotz des Alleinseins konnte ich immer noch nicht mein Gedächtnis öffnen, um mich meiner eigenen Geschichte zu stellen. So stark waren die Betonschichten, die ich um mich gelegt hatte. Die so begrabenen seelischen Qualen äußerten sich mehr und mehr in körperlichen Schmerzen. Zwei Nierensteine und ein Bandscheibenvorfall waren nur der Anfang.

Als Gott meine Tasche stahl

Häufig habe ich die Seidels am Wochenende besucht. Noch einmal rief mich Connie bei ihnen an, als ich gerade dort war. Sie wusste noch nicht, dass ich schon vor Monaten ausgezogen war. Sie sagte, sie würde mich gern sehen. Ich erwiderte, dass dies keine gute Idee sei. Aber sie fuhr fort, dass sie von ihrer Mutter eine Reise nach Istanbul als Geburtstagsgeschenk bekommen habe und mich gerne dabeihaben wollte. Ich flog also nach Istanbul und feierte mit ihr, blieb aber auf Distanz. Sie bemerkte meine Zurückhaltung und respektierte sie. Ich übernachtete in einem anderen Hotel und holte sie jeden Morgen ab. Ich ging mit ihr zu der schönen Blauen Moschee und zur Süleymaniye Camii. Es war das erste Mal seit Jahren, dass ich wieder in einer Moschee war. Oft standen wir auf der Galata-Brücke, jener Brücke, die, wie Connie, halb asiatisch und halb europäisch ist.

»Warum ist die Beziehung von Orient und Okzident so schwierig?«, fragte sie mich.

»Vielleicht, weil es zu viele Begegnungen zwischen ihnen gab.«

Wir gingen zum Pierre Lotti Café, einem Gasthaus auf dem höchsten Hügel Istanbuls, betrachteten die Schiffe im

Hafen und hatten einen wunderschönen Blick auf die Stadt mit ihren unzähligen Minaretten und Kirchtürmen. Wir besuchten die kleine Eyüb-Sultan-Moschee, wo ein muslimischer Heiliger begraben liegt, und sahen, wie die Gläubigen mit Ehrfurcht und unter Tränen sein Grab berührten. Connie trug ein Kopftuch und zeigte tiefen Respekt für die Moschee. Ich hingegen besuchte die Moscheen wie ein normaler Tourist. Wir wollten zum Großen Basar fahren und nahmen ein Taxi. Der Taxifahrer sah Connie mit dem Kopftuch und war sehr glücklich darüber. »Müsülman cok güzel!«, Muslime sind sehr gut, sagte er. In seinem gebrochenen Englisch versuchte er, uns seine Glaubensstrategie zu erklären: »Now I fourty year. Little play, little drink, some woman, okay. Fifty, fifty five, I go Mecca, wash myself, everything okay!« Er genießt sein Leben, bis er alt ist, dann kehrt er zu Gott zurück und wäscht in Mekka all seine Sünden weg. Warum kann ich mit der Glaubensfrage nicht so kreativ und unkompliziert umgehen?

Jede Nacht spürte ich in mir den Drang, Connie in die Arme zu schließen, sie zu küssen und ihre Wärme zu spüren, doch etwas in mir hatte Angst, dies zu tun. Ich gab ihr stattdessen zwei Geschenke. Zum einen eine Kette aus blauen Edelsteinen, die ich in der Werkstatt von Sigi selbst gebastelt hatte. Das andere Geschenk war ein Seidengemälde: Es zeigte zwei in der Luft hängende orientalische Paläste, die auf zwei Baumzweigen balancieren. Jemandem ein Geschenk zu machen, war sonst nicht mein Ding. Und ich hatte noch nie zuvor selbst ein Geschenk gebastelt. Nach fünf Tagen war Connies Urlaub vorüber und sie musste zurück. Ich hasse Abschiede und habe sie nicht zum Flughafen begleiten können. Ich winkte ihr nur leise zu, als sich der Bus Richtung Flughafen in Bewegung setzte.

Ich musste noch einen weiteren Tag auf meine Rückreise nach Deutschland warten. Nachdem Connies Bus weggefahren war, ging ich ins Zentrum und betrat eine Moschee, um mich auszuruhen. Der Muezzin rief zum Gebet, und alle Männer stellten sich in Reihen auf. Ich hatte seit Jahren nicht mehr gebetet. Konnte ich das noch? Ich stand auf und versuchte mich der Reihe der Betenden einzufügen. Wie immer spürte ich nichts. Ich musste an Connie denken, wie sie tapfer versucht hatte, beim Abschied ihre Tränen zu unterdrücken. Als ich das Gebet beendet hatte, war mein Rucksack verschwunden. Alles war darin: mein Pass, meine Tickets, meine Kamera und mein Geldbeutel mit Geld, Kreditkarte, Krankenversicherungskarte. Alles weg. Im Hause Gottes? Ich habe schon lange aufgegeben, einen Sinn darin zu suchen, warum ich immer dann Rückschläge erleide, wenn ich versuche, Gott ein Stück näherzukommen. Ich ging zur Touristenpolizei und erstattete Anzeige. Der Polizist meinte, dass es keine Türken gewesen sein können, die meine Tasche gestohlen haben, denn Türken stählen niemals in einer Moschee. Es müssen also Russen oder Tschetschenen gewesen sein. Der Beamte empfahl mir, sofort zum ägyptischen Generalkonsulat zu gehen, um einen neuen Pass zu beantragen. Er war so großzügig und gab mir das Geld für die Busfahrkarte.

Als ich die ägyptische Flagge auf dem Gebäude wehen sah, war ich voller Hoffnung. Es war ein prachtvoller Palast, so wie alle ägyptischen Botschaften in der Welt. Ich klingelte an der Tür. Eine gleichgültige, gelangweilte Stimme antwortete durch die Sprechanlage.

»Ich bin ein ägyptischer Staatsbürger. Mir wurden heute Pass, Tickets und Geld gestohlen. Und ich will einen neuen Pass beantragen.«

Der Herr machte keine Anstalten, mich einzulassen.

»Haben Sie einen Ausweis?«

»Ich habe eben gerade gesagt, dass mein Pass gestohlen wurde.«

»Wohnen Sie in der Türkei?«

»Nein, ich wohne in Deutschland.«

»Dann müssen Sie den Pass in Deutschland beantragen«, sagte der Unsichtbare.

»Ich brauche aber einen Pass, um nach Deutschland zu fahren.«

»Wenn Sie nicht in der Türkei offiziell registriert sind, dann kann ich nichts für Sie tun. Wir sind nur für Ägypter zuständig, die sich legal in der Türkei aufhalten.«

»Ich bin aber nicht illegal in der Türkei, mir wurden nur meine Sachen gestohlen.«

»Tut mir leid, ich kann für Sie nichts tun, wenn Sie nicht beweisen können, dass Sie Ägypter sind. Woher weiß ich, dass Sie kein Israeli sind, der versucht, einen ägyptischen Pass zu bekommen?«

»Was soll ein Israeli mit einem ägyptischen Pass wollen? Außerdem, können Sie nicht hören, dass ich mit Ihnen auf Ägyptisch spreche?«

»Das können viele Israelis auch.«

»Was soll ich jetzt tun? Ich habe nicht einmal das Geld, um mit dem Bus zu meinem Hotel zu fahren.«

»Kein Mensch im Konsulat wird Ihnen Geld geben. Wissen Sie eigentlich, wie viele Leute hier täglich herkommen und jammern und behaupten, ihnen sei alles gestohlen worden?«

Enttäuscht verließ ich die Türschwelle des Konsulats, ohne das Gesicht des Mannes gesehen zu haben, der mit mir gesprochen hatte. Ich ging die mehr als sechs Kilometer bis zum Zentrum. Mein Rücken schmerzte unerträglich. Erschöpft, hungrig und durstig saß ich auf der Galata-Brücke und schaute auf die Skyline von Istanbul. Wie viel ist ein Mensch wert, der keinen Pfennig und keine Papiere hat? Diese Szene war bezeichnend für mein Leben: Mittellos, identitätslos, alleine auf einer Brücke zwischen Ost und West, von Gott und den eigenen Landsleuten verkannt, blieb mir nichts außer einem müden sarkastischen Lächeln. Bis zum Abend blieb ich sitzen und beobachtete die Massen. Erst Hunger trieb mich in die Touristenzone. Ich betrat ein Restaurant im Zentrum, wo ich einmal mit Connie zu Abend gegessen hatte, und erzählte meine Geschichte, doch ich wurde höflich gebeten zu gehen. Erst vorgestern hatte ich dort zwei Mark Trinkgeld gelassen. Sie würden jetzt für einen Döner ausreichen. Ich hatte keine Lust und keine Energie, dasselbe in einem zweiten Restaurant zu versuchen. Im Müll fand ich überhaupt nichts Essbares. Dafür gab es zu viele Katzen in der Stadt. Ich ging zu meinem Hotel und legte mich, ohne ein Mittag- oder Abendessen gehabt zu haben, schlafen. Am nächsten Morgen bat ich die Dame am Empfang um eine Plastiktüte, die ich mit Essen vom spärlichen Frühstücksbüfett füllte: Marmeladenbrot und Obst. Mein Vorrat für den Tag.

Ich brauchte Geld, um nochmal zum ägyptischen Konsulat fahren zu können. Ich erzählte der Empfangsdame im Hotel meine Geschichte, die mir großzügigerweise ein wenig Geld lieh. Ich fuhr erneut zum Konsulat und sprach mit dem Mann am anderen Ende der Sprechanlage. Nach einer kurzen Verhandlung ließ er mich dieses Mal ein. Der Beamte, der für die Ausstellung von Pässen zuständig war, sagte mir allerdings, dass ich ein Wunder bräuchte, um in Istanbul einen Pass zu bekommen. Gerade vor einigen Monaten habe sich ein geistig verwirrter Ägypter, der auch nicht in der Türkei ansässig war, im gleichen Konsulat einen Pass ausstellen lassen, nachdem er behauptet hatte, dass seine Wertsachen gestohlen worden seien. Kurz danach sei er in ein Flugzeug gestiegen, habe den Piloten mit einem Bleistift bedroht und ihn zu einer Notlandung gezwungen. Der Entführungsversuch scheiterte zwar, und der Mann wurde überwältigt, aber daraufhin erging ein Befehl des Innenministeriums in Kairo, keine Pässe mehr für Ägypter auszustellen, die nicht dauerhaft in dem Land leben, in dem sich das Konsulat befindet.

»Und was soll ich nun tun?«, fragte ich ratlos.

»Es ist ganz einfach. Sie gehen in Ihr Hotel zurück und sagen, dass Sie kein Geld haben, um die Rechnung zu bezahlen. Dann wird das Hotel Anzeige gegen Sie bei der Polizei erstatten, und die Polizei wird uns verständigen. Wir begleichen Ihre Rechnung und schieben Sie nach Ägypten ab. Sie bleiben in Kairo in Polizeigewahrsam, bis ihr Vater oder ein anderer Verwandter die Kosten für das Hotel und das ganze Abschiebungstheater bezahlt hat. Dann werden Sie wieder ein freier Mann sein. Aber all das kann erst geschehen, wenn Sie uns einen Personalausweis oder ein Armeeführungszeugnis im Original vorlegen. Sonst wird die Geschichte nämlich hässlich. Wenn Sie behaupten, Sie seien Ägypter, ohne sich ausweisen zu können, werden Sie auch abgeschoben, aber nicht Ihrer Familie übergeben, sondern nacheinander an die Polizeihauptquartiere der 26 Provinzen Ägyptens überstellt, bis alle bestätigt haben, dass Sie kein gesuchter Verbrecher sind. Es gibt nämlich keine zentrale Verbrecherdatei in Ägypten.«

Der ernüchternde Vortrag des Beamten machte mir Angst. Schlimmer war für mich die aus seiner Sicht mildere Variante. Um nichts in der Welt wollte ich von meinem Vater bei der Polizei abgeholt werden. Lieber würde ich sterben. Der tägliche Besuch des Konsulats war das Einzige, was ich vorerst tun konnte. Noch nie war mir die ägyptische Bürokratie so stur erschienen und mich so teuer gekommen. Mit jedem Tag stieg meine Hotelrechnung. Ich konnte das Hotel nicht verlassen, um in ein billigeres umzuziehen, weil ich weder Geld für das eine noch für das andere hatte. Ich rief einen ägyptischen Freund in Deutschland an, der mithilfe des Hausmeisters meine Unterlagen aus dem Wohnheimzimmer besorgte und mir zuschickte. Allerdings schickte er alles mit der normalen Post, und das Ganze erreichte mich erst nach neun Tagen. Ich lebte nur vom Frühstücksbüfett und dem bisschen Geld, das mir die freundliche Empfangsdame geliehen hatte. Als die Unterlagen endlich eingetroffen waren, ging ich zum Konsulat, wo man mir sagte, ich solle in zwei Wochen wieder bei ihnen erscheinen. Vier Wochen war ich nun mit dem Konsulat in Verbindung, und noch immer fühlte sich niemand richtig für meinen Fall zuständig.

»Ich verlasse dieses Haus nicht, ohne mit dem Generalkonsul persönlich gesprochen zu haben!«, schrie ich dem arroganten Beamten ins Gesicht.

»Der Konsul hat nicht für jeden Zeit, der angeblich seinen Pass verloren hat.«

»Ich fordere Sie auf, ihn zu fragen. Denn wegen meines Falles werden in diesem Haus Köpfe rollen.«

Der Beamte ging nun doch zum Konsul und kam bald kleinlaut zurück. »Er erwartet Sie oben!«

Als ich sein Zimmer betrat, begrüßte mich der Konsul freundlich. Ich erkannte an seinem Gebetsmal auf der Stirn und den vielen Koranornamenten im Raum, dass er ein gläubiger Muslim war. Ich erzählte ihm meine Geschichte. »In der Moschee also? Wissen Sie, mein Sohn ist ungefähr in Ihrem Alter. Er studiert in Amerika, und ihm kann so etwas auch passieren. Ich werde alles, was in meiner Macht steht, tun, damit Sie Ihren Pass bekommen. Er rief den Assistenten des Innenministers in Kairo an und bat ihn um eine Ausnahmegenehmigung für die Ausstellung eines Passes aufgrund eines Härtefalles. Normalerweise dauert es Wochen, bis solch eine Genehmigung erstellt, und weitere Wochen, bis sie endlich zugeschickt wird. Alles geschah noch am selben Tag per Fax. Der Konsul wies den arroganten Beamten an, mir sofort einen Pass auszustellen. Während ich auf den Pass wartete, brachte mir die Frau des Konsuls ein Mittagessen: Hähnchen, Gemüse und Reis. Es war das erste Mal seit Wochen, dass ich etwas anderes als Käse und Konfitüre zu mir nahm. Die freundliche Dame sah in mir ihren Sohn und steckte mir auch noch zweihundert US-Dollar zu. Ich bekam meinen Pass. Am nächsten Tag ging ich zum deutschen Generalkonsulat und erhielt am gleichen Tag ein Visum. Die Leiterin des akademischen Auslandsamtes der Universität Augsburg schickte ein Fax an das Konsulat und mobilisierte auch die Ausländerbehörde in Augsburg, die wiederum ihrerseits mit dem Konsulat in Istanbul in Verbindung trat und sich für mich verwandte. Dafür bin ich den deutschen Behörden bis heute dankbar. Doch ich konnte die Türkei immer noch nicht verlassen, denn die zweihundert Dollar reichten nicht aus, um die Hotelrechnung, die mittlerweile bei ungefähr 2000 Mark lag, zu begleichen. Aber da ich nun einen Pass hatte, schickte mir mein ägyptischer Freund das benötigte Geld, das er bei mehreren Freunden gesammelt hatte, an eine Bank in Istanbul.

Als ich wieder in Deutschland war, bekam ich ein Stipendium vom Katholischen Akademischen Ausländerdienst und konnte langsam meine Schulden begleichen. An den Generalkonsul und seine Frau in Istanbul schickte ich einen Dankesbrief mit zweihundert Dollar darin.

Der 11. September oder: Suche nach Antworten

Nach meiner Rückkehr aus Istanbul überredete mich meine Japanischlehrerin, an einem Japanisch-Redewettbewerb teilzunehmen. Ich sollte frei einen Vortrag über ein japanbezogenes Thema halten und mit Kandidaten aus der Schweiz, Österreich und Deutschland konkurrieren. Der erste Preis war eine Reise nach Japan. Ich hielt eine Rede über die Essgewohnheiten von Ägyptern, Deutschen und Japanern und gewann überraschend den ersten Preis. Ich habe mich gefreut, weil ich Connie wiedersehen wollte. Doch die Zeit war für solche Reisen nicht günstig. Es war Ende September 2001. Am Flughafen in Deutschland wurde ich sehr genau kontrolliert. Noch strenger wurde ich aber in Japan überwacht. Die Japaner schienen mittlerweile alles über den Islam, die Taliban und Tora Bora zu wissen. Ein Ägypter, der in Deutschland lebte, das kam ihnen sehr verdächtigt vor. Ein Polizeibeamter besuchte mich sogar einmal im Haus meines amerikanischen Freundes, bei dem ich übernachtete. Ich wollte nicht bei Connie wohnen, weil ich mir immer noch nicht im Klaren war, was aus unserer Beziehung werden sollte. Unsere Begegnung verlief wie in Istanbul, freundlich und distanziert. Ich spürte, dass es schwierig werden würde, einen Neuanfang zu wagen. Meine Liebe stand außer Zweifel, aber an Zukunftspläne konnte ich zu diesem Zeitpunkt nicht denken. Ich wollte auch nicht, dass sie jahrelang einer Illusion aufsaß. Also deutete ich ihr an, dass ich keine gemeinsame Zukunft mit ihr sähe, und fuhr, ohne sie auch nur einmal geküsst zu haben, nach Deutschland zurück.

Die Anschläge des 11. September waren für mich in doppelter Weise schockierend: Wie können Menschen andere Menschen, die sie überhaupt nicht kennen und die ihnen nichts zuleide getan haben, im Namen Gottes töten? Diese Frage wurde mir auch häufig von Deutschen gestellt, doch ich hatte keine Antwort. Wie kann Gott es zulassen, dass Menschen in seinem Namen Böses tun? Als ich einige Biografien der Attentäter las, entdeckte ich erschreckende Parallelen zwischen ihren Lebensläufen und meinem. Ich stellte mir die Frage, warum die Attentäter diesen Weg gewählt hatten und warum ich kein Terrorist geworden war, obwohl ich ähnliche Spannungszustände wie sie erlebt hatte. Ein arabischer Studienkollege, der mir bis dahin als sehr sympathisch erschienen war, beschrieb die Bilder der brennenden Türme des World Trade Centers: »Schöner als jede Geburtstagskarte, die ich je bekam«.

Auch in Ägypten jubelten viele, sie reagierten mit Genugtuung und Schadenfreude auf die Ereignisse. Sie dachten nicht an die Opfer, sondern an die Erniedrigung Amerikas. Viele konnten sich aber nicht entscheiden, ob die Anschläge die Strafe Gottes gegen das ungläubige Amerika waren oder eine jüdische Verschwörung, um dem Islam zu schaden. Mir war unbegreiflich, warum das sinnlose Töten von Menschen als gottgewollt angesehen wurde und warum Menschen solch wahnwitziger Brutalität zujubeln. Und dennoch haben diese Anschläge, so makaber es klingen mag, etwas Positives hervorgebracht. In der islamischen Welt wurde eine Debatte in Gang gesetzt über Religion und Gewalt, die bis heute andauert. Viele Intellektuelle hatten verlangt, dass Muslime sich deutlich vom Terror distanzieren und nach anderen Antworten in ihrer Konfrontation mit dem Westen suchen sollten. Im Westen fingen viele an, sich über den Islam zu informieren. Viele Bücher über den Islam und seine Erscheinungsbilder wurden geschrieben. Viele davon waren zwar marktorientiert und erreichten nicht die nötige Tiefe, aber es war immerhin ein Schritt. Und dennoch bleibt die Frage, warum wir erst eine Katastrophe brauchen, um aufeinander zuzugehen.

Zunächst suchte ich nach Antworten. Warum Muslime? Die USA haben ja bekanntlich viel Unheil in der Welt angerichtet. Viele Menschen in Japan, Korea, Vietnam, Chile, Argentinien und Kuba mussten unter der aggressiven Machtpolitik der Amerikaner leiden, warum jagen sich nur Muslime in die Luft?

Nach Europa kommen Einwanderer aus vielen Ländern. Für alle ist die Umstellung schwer, aber der Schock der Begegnung löst keineswegs bei allen Gewaltreaktionen aus. Was bringen Muslime nach Europa, was sie so anfällig für Isolierung und Radikalisierung macht? Der syrische Philosoph Georg Tarabishi stellte fest, dass die arabische Welt gegenüber Europa ein Gefühl der Ohnmacht verspürt. Er nannte dies »die anthropologische Wunde« und brachte damit zum Ausdruck, dass es ein Gefühl der (materiellen) Unterlegenheit gibt, die mit moralischer Überlegenheit kompensiert wird. Viele Muslime können sich nicht damit abfinden, dass sie die führende Rolle in der Welt längst verloren haben, und bestehen darauf, dass sie, als Träger einer »Hochkultur«, immer noch einen Beitrag für die Menschheit leisten müssen. Die meisten Einwanderer aus arabischen Ländern leiden unter diesem Zwiespalt. Aber erst wenn diese explosive Mischung aus Minderwertigkeit und Allmacht von Erfahrungen der Demütigung und der Isolation begleitet wird, wird sie zum Problem.

Hinzu kommt, dass die meisten Muslime eine kompromisslose Haltung zum Korantext und zur Überlieferung haben. Der Koran gilt für sie bis heute als das unverfälschte Wort Gottes, und so werden manche Passagen des Korans wörtlich genommen. Den Juden und Christen gegenüber ist der Koran sehr kritisch und manchmal sogar feindselig. Dazu kommen zahlreiche Überlieferungen, welche die Dschihad-Ideologie unterstützen. Es ist ein absolutes Denken, das die in Europa vorherrschende Ambivalenz und den allerorten anzutreffenden Relativismus schwer erträglich macht. Ein weiterer Faktor ist die geopolitische und sozioökonomische Lage der islamischen Welt. Die aggressive Macht- und Wirtschaftspolitik des Westens lässt Verschwörungstheorien wuchern.

Wer war dieser Bin Laden eigentlich? War es nicht der gleiche Mann, der noch ein paar Jahre zuvor vom Westen Waffen und Geld bekommen hatte, um die Russen in Afghanistan zu bekämpfen? Mit den Anschlägen des 11. September tat er nichts anderes, als das, was er früher im Kampf gegen die Sowjets getan hatte. Er hatte lediglich nach neuen Feinden gesucht. Auch Saddam Hussein war bloß der Vertreter des Westens im Kampf gegen das schiitische Regime im Iran. Als er ihnen den Rücken zuwandte und Kuwait überfiel, wurde er vom Westen als neuer Hitler tituliert. Denn wer wen angreift, entscheidet immer noch der Westen. All diese weltpolitischen Entwicklungen werden im Westen dem Islam zugeschrieben. In der islamischen Welt wiederum glaubten viele an Marionetten wie Bin Laden und Saddam und sahen in ihnen den Erlöser. Und wenn Bin Laden und Saddam die Hoffnung für die muslimische Bevölkerung darstellen, dann möchte ich nicht wissen, wie die Hoffnungslosigkeit aussieht.

Der rapide Bevölkerungszuwachs in der islamischen Welt ließ Generationen von schlecht ausgebildeten, perspektivlosen jungen Menschen heranwachsen, die eine leichte Beute für Demagogen sind. Wo viele nicht wissen, wie es weitergehen soll, behaupten Islamisten oder Nationalisten selbstsicher, wo es langgeht: »Der Islam ist die Lösung«. »Folgt Gott und er wird euch den Weg weisen!« Für sie bietet sich der Dschihad als Weg an, um an glorreiche Zeiten anzuknüpfen. Der Führer ist auch eine Erscheinung Gottes. Man fragt ihn nicht nach seinem Handeln, und so ist die Katastrophe vorprogrammiert.

Letztlich fehlt es uns in der arabischen Welt an einer Legitimation für eine Aufklärung nach dem europäischen Modell. Bei den Sommerlagern der Muslimbruderschaft hörten wir von den Wortführern: Wir waren früher Nomaden und Barbaren, die sich gegenseitig bekriegten; erst der Islam hat aus uns eine Hochkultur gemacht. Als wir uns von unserem Glauben entfernt haben, haben wir die Macht wieder verloren. Sollten wir also den Glauben wieder so leben wie der Prophet und die Urgemeinde der Muslime den Islam lebten, dann würden wir die Welt wieder führen. Dieser Denkart zufolge kann Europa nicht als Modell für uns dienen, weil Europa selbst nicht weiß, wohin die Reise führt. Islamisten setzen dennoch auf die Diaspora in Europa. Oft zitieren sie den Propheten: »Der Islam ist als Fremder geboren und wird als Fremder zurückkehren.« Damit bringen sie die Hoffnung zum Ausdruck, dass die Muslime die Demokratie im Westen nutzen werden, um sich neu zu organisieren und zu stärken, um als Vorhut für die Reislamisierung in den eigenen Ländern und für die große islamische Revolution zu fungieren.

Als ich aus Japan zurückkam, fand ich in meinem Briefkasten eine Vorladung der Polizei. Das von Kriminologen erstelle Profil eines Terrorverdächtigen passte auf mich: arabisch, muslimisch, Student, reiselustig und mehrsprachig. Die Eigenschaften, für die ich bislang gelobt worden war, gaben nun Anlass, mich zu verdächtigen. Wie vielen anderen arabischen Studenten wurden mir von einem Polizeibeamten zu meinem Lebenswandel sehr intime Fragen gestellt, ob ich mit Frauen schlafe, Alkohol trinke oder eine Moschee besuche. Ich weigerte mich, darauf zu antworten, und gab zu bedenken: Moscheegänger zu sein bedeutet nicht auch radikal zu sein. Außerdem sind Alkoholtrinker nicht gegen Radikalisierung gefeit. Immerhin hatten viele der mutmaßlichen Attentäter Erfahrungen mit Frauen, Alkohol und Drogen, ehe sie ihre Bekehrung erlebten. Im Gegenteil neigen Konvertiten und Rekonvertiten stärker zu unversöhnlichen Ideologien als andere.

Mich störten aber die Fragen des Beamten nicht sonderlich. Genauso wenig störten mich die skeptischen Blicke auf der Straße. Ich hatte sogar Verständnis für die Massenhysterie und den Generalverdacht. Viele arabische Studenten versteckten sich in ihren Wohnheimen, um sich den misstrauischen Blicken in der Öffentlichkeit zu entziehen. Ich bemitleidete aber auch die Hilflosigkeit der deutschen Behörden. Ihre Antwort waren harmlose Gesetze und technische Errungenschaften. Immer suchen die Europäer für alle Probleme nach einer juristischen oder einer technischen Lösung. Aber kann man die Gewalt, die in den Köpfen von Fanatikern lauert, mit einem Fingerabdruck im Pass bekämpfen? Es war lediglich Symbolpolitik. Schließlich musste die Regierung zeigen, dass sie irgendetwas getan hatte. Rasterfahndung und Leitkulturdebatte waren ein Sinnbild politischer und intellektueller Hilflosigkeit der Deutschen im Umgang mit dem Terrorismus.

Mich verärgerten in erster Linie aber die Übertreibungen in den Aussagen mancher deutscher Intellektueller und Medienmenschen in Zusammenhang mit den Ereignissen: Der 11. September habe die Welt verändert, oder der 11. September sei das Schlimmste, was die Welt seit dem Zweiten Weltkrieg gesehen habe. Ich fragte mich, welche Welt meinen sie? Meine oder ihre? In meiner Welt war das, was in Vietnam, Palästina, Ruanda, Bosnien und Tschetschenien passierte, schlimmer. »Wir sind alle Amerikaner«, sagte der damalige deutsche Verteidigungsminister. Warum sagte er nicht einige Jahre zuvor: »Wir sind alle Bosniaken«? Oder: »Wir sind alle Tutsi«?

Mich beschäftigten andere Fragen: Hätte ich aufgrund meiner turbulenten Lebensgeschichte auch Terrorist werden können? Ist der Islam verantwortlich für diese brutale Form der Gewalt? Man kann den Koran auf vielerlei Weise auslegen. Ich erinnerte mich wieder an die Geschichte Abrahams, der im Traum sah, wie er seinen Sohn für Gott opferte. Als er aufwachte, verstand er den Traum als Befehl Gottes, seinen Sohn zu opfern. Er zögerte nicht und wollte seinen Sohn mit einem Messer umbringen. Diese Form des bedingungslosen Gehorsams ist in der Tat ein Bestandteil des Islam. Gottes Wille kann nicht immer vernünftig erklärt werden. Dies mag die Tür für irrationale Interpretationen mancher Koranpassagen öffnen, die Gewaltanwendung nicht kategorisch ausschließen, bisweilen sogar dazu auffordern. Doch im Koran gibt es auch wunderbare Passagen über den Frieden, das Zusammenleben der Völker, den Schutz von Menschenleben, Tier und Natur. Es kann also nicht allein am Koran liegen, dass Muslime töten. Der Koran half meinem Vater, im Alter Haltung zu bewahren, und spendet täglich über einer Milliarde Menschen Frieden und Zuversicht.

Woher kommt die Gewalt also? Entspringt sie vielleicht der Struktur des »Systems«? Ist unser System unabhängig von anderen Systemen in der Welt? Ist es unabhängig von mir? Trage ich eine Mitschuld an den schrecklichen Ereignissen? Hat sich der Hass, der in uns allen wuchert, über die Jahre hin aufgestaut und nun durch die Attentäter entladen? Reißt endlich die Kette, die das System stützend umspannt? Ist diese Gewalt womöglich ein Vorbote der Veränderung? Sind es Geburtswehen der Transformation? Ich versuchte, mich wissenschaftlich mit dem Thema Identität und Gewalt zu beschäftigen, um zu vermeiden, in meiner eigenen Geschichte tiefer zu graben und dort nach Antworten zu suchen.

Ich beteiligte mich oft an den absurdesten Veranstaltungen und sah, wie der Friede-Freude-Eierkuchen-Dialog zu einer Industrie geworden war. Ich sah Religionsgelehrte aus den islamischen Ländern, die in Deutschland den Dialog und die Toleranz beschworen, obwohl sie zu Hause offen für Dschihad gegen den Westen aufrufen. Ich sah deutsche »Gutmenschen«, die gerne Lichterketten mit vermeintlich liberalen Muslimen bildeten und dabei dachten, so könne man die Welt befrieden. In den deutschen Medien wimmelte es von Menschen, die den Islam entweder verniedlichten oder ihn als Gefahr für die Zivilisation darstellten. Auch Jahre nach den Anschlägen von New York ist man von einer differenzierten Debatte weit entfernt. Immer noch überraschen mich Nachrichtenmagazine wie »Stern« und »Spiegel«: »Wie gefährlich ist der Islam?«, »Der Koran, das mächtigste Buch der Welt« und »Papst contra Mohammed«. Wann immer es um den Islam ging, illustrierte entweder das Bild eines Schwertes oder einer verhüllten Frau den Artikel. Einen echten Dialog habe ich nirgendwo erlebt. Er wäre sehr anstrengend und würde den Menschen viel abverlangen. Genau wie der wahre Dschihad, die Selbstüberwindung, die ich mich immer noch weigere zu praktizieren.

Ich versuchte auf meine Art einen Beitrag zum Dialog zu leisten. Das Erste, was ich getan habe, war eine Besichtigung Dachaus. Als ich dort war, habe ich es bedauert, dass ich es nicht früher getan hatte. Ich glaube, kein Araber kann die Mentalität der Juden wirklich verstehen, ohne diesen Ort des Grauens besucht zu haben. Ich kann nicht sagen, dass dieser Ausflug mein Leben verändert hat, aber er hat bei mir einen Denkprozess über Gewalt und Gegengewalt in Gang gesetzt. Unvorstellbar, was Menschen anderen Menschen antun können. Im Angesicht dieser noch nie dagewesenen Brutalität erschien mir meine Leidensgeschichte auf einmal zu unbedeutend. Erst dann konnte ich verstehen, warum mir Antonia damals empfohlen hatte, nach Dachau zu fahren.

Durch meine Tätigkeit am akademischen Auslandsamt lernte ich viele ausländische Studierende kennen. Als ich vor sechs Jahren zu studieren angefangen hatte, hatte es dieses Amt noch nicht gegeben und Ausländer wie ich hatten keine Anlaufstelle für Beratung. Nun war es meine Aufgabe, diese Neuankömmlinge aus dem Ausland zu betreuen. Das Erste, was ich initiierte, war ein kostenloses Sprachprogramm für ausländische Studienbewerber. Ich handelte mit einigen Germanistikstudenten einen Deal aus. Sie sollten ausländische Studenten kostenlos unterrichten und dafür einen Praktikumsschein bekommen. Das Programm war sehr erfolgreich und läuft bis heute.

Zu meinen Aufgaben im Auslandsamt gehörten auch Länderabende und Studentenpartys. Das war mir aber zu wenig. Ich begann, Diskussionsveranstaltungen zu organisieren, bei denen sich deutsche und ausländische Studenten über aktuelle Themen austauschten. Die erste Diskussion hatte den Titel »Wer ist ein Terrorist?«. In der zweiten ging es um den Nahostkonflikt. Zum ersten Mal saß ich mit einem Juden auf dem

Podium, und wir tauschten unsere Sicht der Dinge zu diesem Thema aus. Andere Diskussionen hatten Essen und Trinken oder Sexualität und Homosexualität in den unterschiedlichen Kulturen zum Inhalt. Ich wollte dadurch vermeiden, dass die Diskussionen ausschließlich politisch wurden. Auch diese Diskussionen gehören bis heute zum Programm des akademischen Auslandsamts.

Musterausländer

Ich schloss mein Magisterstudium der Politikwissenschaft in Augsburg mit einer Arbeit über die Radikalisierung junger Muslime in der Fremde ab. Dafür erhielt ich mehrere Preise und galt als Musterausländer. Alles schien nach Plan zu laufen, keine Spur mehr von Angstzuständen und Halluzinationen. Wer mich kannte, sah in mir einen ausgeglichenen Menschen, dem man seine Geheimnisse anvertrauen und den man um Rat fragen konnte. Ich galt als rational und bedacht. Keiner ahnte, dass hinter meinen andauernden Rückenbeschwerden und regelmäßigen Magenblutungen eine kranke Seele steckte. Ich hatte einen Termin für eine Bandscheibenoperation, doch ich wollte nicht unters Messer. Die körperliche Qual war mir viel lieber, als mich meinem seelischen Leiden zu stellen. Ich hielt überall in Deutschland Vorträge über den Islam und die Muslime. Das war die nächste Ablenkung.

Ab und zu erlaubte ich mir eine kleine Grenzüberschreitung, um mir selbst zu beweisen, dass ich jederzeit auch anders sein kann. Ich spielte zum Beispiel die Hauptrolle in einem Kurzfilm, einen türkischen Studenten, der nackt vor fremden Menschen in der Straßenbahn auf dem Boden herumkriecht und dann die Notbremse zieht. Mir gefiel die Symbolik der Geschichte, sah ich doch Parallelen zu meiner eigenen.

Wenig später wurde mir der Preis des Deutschen Akademischen Austauschdiensts für hervorragende Leistungen ausländischer Studierender verliehen. Bei der Preisverleihung, die im Augsburger Rathaus stattfand, hielten sowohl der Bürgermeister als auch der Prorektor der Universität eine Laudatio. Als ich zum Pult stieg, um zu sechshundert Gästen zu sprechen, war es mir plötzlich danach, die beiden Herren, die vor mir gesprochen hatten, zu demütigen: »Sie haben Lobeshymnen auf mich gesungen, aber kennen Sie mich denn überhaupt? Was wissen Sie über den Mann, der vor Ihnen steht? Haben Sie je mit mir geredet, um mich dermaßen loben zu können? Herr Prorektor, bevor Sie jemanden so vollmundig loben, reden Sie zuerst mit ihm. Herr Bürgermeister, sagen Sie Ihren Mitarbeitern bei der Ausländerbehörde, wir sind nicht aus unseren Ländern hierhergekommen, um den Deutschen auf der Tasche zu liegen, sondern um zu lernen.«

Aber unter den Anwesenden gab es jemanden, dem mein Dank gebührte, nämlich die Leiterin des Akademischen Auslandsamtes der Universität Augsburg. Sie hatte es trotz bürokratischer Schwierigkeiten geschafft, eine gesonderte Stelle außerhalb der Ausländerbehörde errichten zu lassen, um die Visaangelegenheiten ausländischer Studierender humaner zu regeln; ein Modellprojekt, das deutschlandweit einmalig ist. Für die ausländischen Studierenden war ich ein Held, für den Bürgermeister bloß ein arroganter Ausländer, der seine Grenzen überschritt.

Nach dem Ende meiner Studienzeit bekam ich einen guten Job bei einem UNESCO-Büro in Genf und hatte gute

Chancen auf eine internationale Karriere. Die Atmosphäre war international und weitgehend ausländerfreundlich. Auch dort war meine Chefin eine Frau, die ihre Arbeit sehr gut machte und dennoch von vielen Männern schikaniert wurde. Die antiquierten Strukturen des alternden internationalen Organs erinnerten mich an das verrostete System in Ägypten. Die Mitarbeiter stellten sich nur selten in den Dienst von Kultur und Bildung, sondern bedienten sich ungeniert am offenen Büfett der internationalen Gemeinschaft. Beschäftigte aus der Dritten Welt waren mehr an der eigenen Bereicherung als der Zukunft ihrer Länder interessiert. Ellbogenmentalität und strukturierte Hänseleien bestimmten den Arbeitsalltag. Die argentinische Leiterin des Instituts bot mir einen festen Job mit UNO-Gehalt an und gab mir eine Bedenkzeit von zwei Monaten. Ich wusste, sollte ich diesen Job annehmen, dann würde es mir niemals gelingen, meine Doktorarbeit zu schreiben. Zum gleichen Zeitpunkt wurde mir eine Stelle als wissenschaftlicher Mitarbeiter am Lehrstuhl für Islamwissenschaft an der Universität Erfurt offeriert.

Obwohl der Job bei der UNESCO viel besser bezahlt war, nahm ich das Angebot aus Erfurt an, auch um den Wunsch meines Vaters, Islamwissenschaftler zu werden, endlich zu erfüllen. Mir war es gelungen, schrittweise meine Beziehung zu meiner Familie in Ägypten wieder zu normalisieren. Außerdem gefiel mir die ruhige Atmosphäre in der ehemaligen DDR, auch wenn die Lethargie vieler Menschen dort manchmal nur schwer zu ertragen ist. Früher stellte ich mir den Osten Deutschlands als öde Gegend mit Plattenbauten vor und war überrascht, wie schön die Landschaft dort war.

Der Osten hat mir eines gezeigt: Integrationsverweigerung ist nicht in erster Linie ein kulturelles, sondern ein strukturelles Problem. Nicht die Religion, sondern die soziale Realität ist dabei entscheidend. Im Osten traf ich viele Ostdeutsche und Spätaussiedler, die mit den gleichen Problemen wie viele türkische Immigranten zu kämpfen hatten: Sprache, Arbeitslosigkeit, Gewalt in der Familie und Misstrauen gegenüber den demokratischen Strukturen. Ein syrischer Arzt muslimischen Glaubens war in vielerlei Hinsicht besser in die deutsche Gesellschaft integriert als viele Ostdeutsche.

Jahre vergingen, und so etwas wie Stabilität trat in mein Leben ein. Aus heiterem Himmel schrieb mir Connie eine E-Mail aus Japan, obwohl ich sie vor längerer Zeit gebeten hatte, mir nicht mehr zu schreiben. Diese Mail hat mein Leben durcheinandergewirbelt. All die Jahre hatte ich sie keinen einzigen Tag vergessen. Aber mein Leben schien ohne sie in Ordnung zu sein.

Als ich Connie nach sieben Jahren der Trennung in meine Arme schloss, begriff ich erst, was mir gefehlt hatte. Wir waren uns genauso vertraut wie früher. Wir unternahmen zusammen eine Europareise nach Prag, Kopenhagen und Paris. Im Zug nach Paris schlief sie neben mir wie ein Engel. Ich streichelte ihr Gesicht, bis sie aufwachte. Dann fiel ich auf die Knie und fragte sie, ob sie sich vorstellen könne, einen Verrückten wie mich zu heiraten. Sie strahlte, sagte aber nichts und schlief weiter. Ich war sehr irritiert. Nach einer Stunde wachte sie wieder auf, küsste meine Wange und sagte: »Willst du mich heiraten?« Wir fuhren gemeinsam nach Ägypten und mein Vater hat die Eheschließung nach dem islamischen Ritus durchgeführt. Mein Vater und meine Mutter tanzten zum ersten Mal in ihrem Leben und waren sehr glücklich.

Neben meiner Arbeit an der Universität in Erfurt nahm

ich einen zweiten Job am Georg-Eckert-Institut für internationale Schulbuchforschung in Braunschweig an. Ich musste zwischen Erfurt und Braunschweig pendeln.

Nach der Eheschließung lebte ich mit meiner Frau in Erfurt. Die Stadt war nicht der beste Ort für ein internationales Paar. Da dort nur wenige Ausländer lebten, sah man uns auf der Straße an, als stammten wir von einem anderen Planeten. Für Connie hatte es Überwindung gekostet, nach Deutschland zu ziehen, ihr dänischer Großvater war von den Nazis umgebracht worden. Mir zuliebe kam sie in ein Land, das weder meine noch ihre Heimat war. Wie in allen internationalen Familien musste man Kompromisse eingehen, um zusammensein zu können. Unterschiedliche Rhythmen, unterschiedliche Gewohnheiten, dänische Karikaturen: all das störte uns nicht.

Ich war mit einem evangelischen Pfarrer befreundet. Wir diskutierten über die Beziehungen der drei abrahamitischen Religionen, und mir gefiel, wie offen und selbstkritisch er mit seinem Glauben umging. Seine Frau und er besuchten uns mit ihrem kleinen Sohn Andrew oft zu Hause. Andrew war ein Energiebündel, er mochte Connie sehr. Sein Lieblingsspiel war es, sich auszuziehen und auf dem Bett zu hüpfen. Ich wollte den Gästen Tee servieren und Connie im Schlafzimmer nach der japanischen Teekanne fragen. Als ich das Zimmer betrat und Andrew nackt im Bett hüpfen sah, durchfuhr eine Spannung meinen Körper. Connie bat mich, mit Andrew zu spielen, damit sie sich um den Tee kümmern konnte.

»Nein«, schrie ich und rannte in die Küche. Connie kam mir nach. Ich bat sie, keine Fragen zu stellen. Nachdem die Gäste gegangen waren, zettelte ich einen Streit an. In dieser Nacht schlief ich unruhig und hatte einen Alptraum. Ich kroch weinend im dunklen Wald auf allen vieren. Dabei grub ich unter den Bäumen, auf der Suche nach einem toten Kind. Als Connie mich im Schlaf zittern sah, weckte sie mich. Ich erzählte ihr von meinem Traum, und sie verstand intuitiv, was los war. Sie ahnte, was ich erlebt hatte.

Wenige Tage danach bat mich mein ehemaliger Professor aus Augsburg, eine kurze Autobiografie zu schreiben, um sie in einem Buch über die Ambivalenz der Religionen zu veröffentlichen. Connie war sehr skeptisch. »Ich glaube, du bist noch nicht bereit für diesen Schritt«, warnte sie. Doch stur wie ich nun einmal bin, fing ich an zu schreiben. Vielleicht war es mein Ego, vielleicht das Bedürfnis, einmal alles, was mir geschehen war, niederzuschreiben und nach einem Zusammenhang zu suchen. Doch auf 23 Seiten gelang es mir nur, meine Geschichte zu skizzieren. Ich konnte lediglich einige Etappen meiner ewig währenden Flucht benennen. Ich konnte nicht alles erzählen und versuchte, meine Geschichte versöhnlich zu beschließen.

Obwohl ich vieles erlebt habe, denke ich oft, dass ich und das Leben aneinander vorbeigelaufen sind. Ich lebte für meinen Vater, meine Mutter und stellvertretend für meinen verstorbenen Bruder. Ich lebte auch für alle Männer, die mich kränkten, und eignete mir allmählich ihre Verhaltenslogik an. Ich war ich selbst nur in zwei Situationen in meinem Leben: beim Abflug der Maschine und beim Onanieren. Sogar in den Armen meiner geliebten Frau fühlte ich mich wie in einem Traum.

Ich habe in drei Systemen nach Antworten gesucht auf das, was mir als Kind widerfahren ist. Die Lebensmodelle in den drei Ländern widersprechen deutlich den eigenen Ansprüchen. In Ägypten verleugnet man die Sexualität, um Gott zu erreichen. Aber gibt es eine größere Verleugnung

Gottes als die Verleugnung des Körpers? Man versucht, die Moral zu Tode zu schützen, und am Ende erreicht man lediglich Verstörung und Doppelmoral. In Deutschland versucht man, durch das Gesetz ein soziales Verhalten zu erzwingen, das doch eigentlich dem herrschenden kapitalistischen Wirtschaftssystem zuwiderläuft. Das System, das für Solidarität wirbt, lebt von Konkurrenzkampf und Ausbeutung. In Japan versucht man, durch starke Hierarchisierung und inszenierte Harmonie den gesellschaftlichen Frieden zu sichern. Dabei führt die Verdrängung zu starken Spannungen, die in Autoaggressionen münden. Vor einigen Wochen erfuhr meine Frau, dass sich ihre Schulfreundin in Japan zusammen mit ihren beiden kleinen Kindern unter einen Schnellzug geworfen und sich so das Leben genommen hat. Diese Art, sich aus dem Leben zu verabschieden, ist keine Seltenheit in Japan. In Ägypten leiden Kinder unter den sozialen Zwängen der Gemeinschaft. In Deutschland leiden Kinder, weil ihnen die Gemeinschaft und das Zusammenleben verschiedener Generationen fehlen. Kinder müssen in Ägypten sehr früh existenzielle Lebenserfahrungen machen, während man in Deutschland und Japan den Kindern im Willen, sie zu behüten, die Chance auf elementare Lebenserfahrungen vorenthält. Man lässt sie in einer vermeintlich heilen Welt voller Märchen und virtueller Figuren aufwachsen, bis sie spätestens mit zwölf Jahren erfahren, dass dies mit dem wirklichen Leben nichts zu tun hat. In Ägypten führt diese behütende Haltung bei Kindern zu Persönlichkeitsstörungen, in Deutschland und Japan zu Langeweile. Beides ist gefährlich, und beides erzeugt Gewalt. Wo und wann immer Menschen aufeinandertreffen, werden sie anscheinend von Angst, Widersprüchen und Unwahrhaftigkeit begleitet. Keine Gesellschaft weiß, was sie den eigenen Kindern zumuten kann. Überall müssen Kinder, die von den Regeln der eigenen Gesellschaft unterdrückt wurden, den Leistungsdruck abfedern, den schon ihre Eltern nicht aushalten konnten.

Es ist schwer, einen einzelnen Schuldigen zu finden, den ich für meine Misere verantwortlich machen kann. Eine stupide, endlose Kette der Gewalt regiert die Welt, und alle Systeme scheinen miteinander zu kollaborieren. Bush, Bin Laden und General Motors sind Freunde, und mein Vater und Saddam Hussein verfolgen die gleichen Ziele. Alle sind bemüht, die Vielfalt zu erdrücken und eine vorgefertigte Antwort auf die Fragen des Lebens anzubieten. Die Samen der Gewalt und der Dummheit liegen so nah an der Erde, und sie erblühen sofort, wenn wir nur spucken. Dagegen liegen die Samen der Vernunft und die des Friedens tief in der Erde vergraben; die Flüsse vertrocknen, bevor diese Früchte tragen. Den Gutmenschen gelingt es zwar immer wieder, ein verrostetes Glied der Kette zu entfernen, während am anderen Ende zwei neue nachwachsen, die stärker sind als jede Kneifzange. Die Lebensspanne eines Menschen reicht nicht aus, diese verrostete Kette zu sprengen. Deshalb begnügen wir uns damit, gelegentlich die Kette in unserer Lieblingsfarbe anzustreichen. Die Masse ist damit beschäftigt, das tägliche Brot zu verdienen, und scheint gleichzeitig vor Angst wie gelähmt. Manche suchen nach Antworten im Koran und manche in der Superstringtheorie.

Nachdem ich die Kurzfassung meiner Autobiografie beendet hatte, war ich nicht mehr derselbe. Plötzlich war der gebrochene Mann wieder da. Unkontrollierte Emotionen fingen an, unter der Betondecke zu brodeln. Ich spürte, dass das gesamte seelische Fundament, auf dem ich stehe, extrem instabil ist. Ich fühlte mich wie ein Mann, der sein Bankkonto jahrelang überzogen hat, und nun auf einen Schlag alles samt Zinsen an das Leben zurückzahlen sollte. Wie viele Lügen, wie viele Wunden und Narben würden wieder aufplatzen? Die Identitätskonflikte und das Gefühlschaos, die aus den vielfachen Verortungen, Umorientierungen und Lagerwechseln in meinem Leben entstanden waren, hatten tiefe Spuren hinterlassen, die nicht allein durch die Versöhnung mit der Familie und eine Eheschließung geheilt werden konnten.

Ich bemühte mich, nicht in die Spirale der Angst zu geraten und versuchte, mich normal zu verhalten. Jogging, Schwimmen und viel Fernsehen boten Ablenkung. Einmal saß ich mit Connie im Wohnzimmer und war damit beschäftigt, ein Bild von meinen Eltern zu rahmen. Ich stellte das Bild an eine prominente Stelle im Bücherregal und blickte begeistert auf meine Eltern, die Hand in Hand ins Bild lächelten. Connie schaute mich skeptisch an und sagte: »Glaubst du, dass das die Lösung ist?«

»Was meinst du?«, fragte ich.

»Du weißt, wie sehr ich deine Eltern schätze, aber ich glaube, du belügst dich selbst. Du schaffst es nicht, deine Eltern mit deiner Geschichte zu konfrontieren, deshalb versuchst du, sie stattdessen zu vergöttlichen.«

»Das geht dich nichts an. Du bist ein Einzelkind und deine Eltern sind geschieden, das verstehst du nicht.«

»Nein. Es geht mich an, Hamed. Ich bin deine Frau, und ich sehe, dass du ein gefährliches Spiel spielst. Ich sehe, dass es dir schlechtgeht. Aber anstatt über dein Problem nachzudenken, läufst du davon.«

»Halt die Klappe und geh weg.«

»Ich werde nicht gehen. Hör mir zu!«

Ich verlor die Fassung und schlug ihr ins Gesicht. Nein, meine Hand rutschte nicht aus, ich schlug sie. Eine innere Stimme riet mir, mich sofort bei ihr zu entschuldigen. Etwas anderes in mir drängte mich, sie weiter zu schlagen. Als ich aus dem Rausch meiner Wut erwachte, lag sie am Boden und sagte, dass sie nichts hören kann. Ich fuhr sie ins Krankenhaus, wo sie am Ohr notoperiert werden musste. Die Ärztin, die sie operierte, blickte mich voller Verachtung an und fragte Connie, ob sie die Polizei anrufen solle. Connie lehnte ihr Angebot ab. Ich schämte mich und werde mich immer für diesen Tag schämen. Als sie wieder nach Hause kam, sagte ich ihr, dass ich mich von ihr trennen muss, weil ich mich allem Anschein nach nicht unter Kontrolle halten konnte.

»Das ist typisch für dich, Hamed, erst alles kaputtmachen und danach abhauen!« Sie sagte, dass die Beendigung unserer Ehe sie und nicht mich bestrafen würde.

Meine einzige Bestrafung bestand darin, dass sie mir verziehen hat und bei mir blieb. Jeden Tag musste ich die schmerzlichen Spuren meiner Gewalt auf ihrem Gesicht sehen. Ich schäme mich für meinen Vater und meine beiden Brüder, die ihre Frauen regelmäßig schlugen. Ich schäme mich für die Sure 4 des Korans, die Gewalt gegen die eigene Ehefrau billigt. Ich schäme mich, dass die berühmtesten Figuren meiner zeitgenössischen Kultur nicht Gandhi, Dalai Lama oder Martin Luther King heißen, sondern Khomeini, Bin Laden, Saddam Hussein, Mulla Omar und Mohammed Atta. Ich schäme mich, dass ich um nichts besser war als jeder Mann, der mich kränkte. Ein Teil von mir identifiziert sich offenbar auf perverse Weise mit jenen Männern, die ich aufgrund meiner eigenen Erfahrungen zutiefst verabscheute. Ich war voller Wut und voller Fragen und fühlte mich ohnmächtig und verlassen. Drei Monate lang sperrte ich mich selbst zu Hause ein, bevor ich zu meinem Leidensdruck stehen konnte und aus eigenem Entschluss in die Psychosomatikklinik ging.

Abschied von Gott

Wäre meine Frau nicht bei mir gewesen, hätte ich das, was an jenem Tag geschah, nicht glauben können. Es erscheint mir selbst allzu unglaubwürdig. Nach Monaten der Zurückgezogenheit in der Klinik begann ich, meine Geschichte niederzuschreiben, dieses Mal ausführlich. Ich wollte noch tiefer in meiner Vergangenheit graben, um nach Antworten zu suchen, auch wenn es schmerzte. Ich war auf der Suche nach einem passenden Titel, nach einem Titel, der meiner Sinnsuche Ausdruck verleiht. Vor allem wollte ich die Religion endlich hinter mir lassen können. Ich wollte Abschied nehmen von Gott. Ich schlug meiner Frau einen Titel vor, der diesem Wunsch entsprach: Good Bye Gott.

»Dieser Titel verrät, dass du dich nicht von Gott trennen willst, sondern dass du noch hoffst, ihn irgendwann mal wiederzutreffen. Du kannst wohl weder die Existenz Gottes noch seine Leerstelle ertragen.« Wochen nach ihrer Operation konnte sie wieder lächeln, sie war darum bemüht, mich aus meiner Lethargie herauszuholen.

Es war schon später Nachmittag, als meine Frau eines Tages mein Schreiben unterbrach.

Wir wollten zum ersten Mal seit Wochen wieder einmal gemeinsam in die Stadt gehen. Wir kehrten bei McDonald's ein. Als wir eintraten, fiel mir auf, dass relativ wenig Leute im Laden saßen. Aus dem Nichts tauchte plötzlich ein kleiner Junge auf, der einen Burger in der Hand hielt. Völlig unvermittelt fragte er uns, ob wir diesen haben wollten.

Nachdem ich verneint hatte, ging er weg. Ich war gerade in ein Gespräch mit meiner Frau vertieft, als der Junge nach ungefähr zehn Minuten wieder zurückkam und mich erneut ansprach, als wäre ich der einzige Mensch weit und breit.

»Haben Sie drei Euro fünfzig für mich?«

»Willst du dir etwas zu essen kaufen?«, fragte ich ihn.

»Nein, ich will bloß das Spielzeug da drüben.«

Wir fragten, wo seine Mutter sei, und er antwortete knapp: »Zu Hause.« Wo sein Vater war, wusste er nicht.

Es war schon reichlich spät für einen Neunjährigen. Ich ging mit ihm zur Kasse und wollte für ihn das Spielzeug kaufen, erfuhr aber von der freundlichen Kassiererin, dass dieses Spielzeug nicht zu kaufen war, sondern dass man es bekäme, wenn man ein Menü bestellt. Also kaufte ich ihm eines samt dem Spielzeug und ging zu meiner Frau zurück. Er folgte mir und fragte, ob er sich zu uns setzen dürfe. Die Frage war eigentlich überflüssig, denn er hatte schon Platz genommen. Er packte das Spiel aus und war ganz begeistert. Das Essen schien ihn zunächst wenig zu interessieren.

»Wo kommt deine schöne Freundin her?«

»Aus Japan, weißt du wo Japan ist?«

»Ja, ich glaub schon«, antwortete er etwas unsicher. Er aß eine Weile schweigend und fragte dann: »Und du? Woher kommst du?«

»Aus Ägypten. Und wie heißt du?«, fragte ich ihn.

»Steven Gott«, antwortete er.

»Du heißt Gott?«, fragte ich verwundert. Er begegnete meinem Erstaunen mit einem müden Lächeln, als wäre er blöde Bemerkungen über seinen Namen schon gewohnt.

»Ja, mein Vater heißt Herr Gott!«

Just an dem Tag, da ich von Gott Abschied nehmen wollte, sollte mich ein Junge verfolgen und behaupten, auf den Namen Gott zu hören? Es war absurd. Er sah nicht gerade wie ein Engel aus, eher wie ein Kind, das zu wenig Liebe, Aufmerksamkeit und Taschengeld bekommt. Die unruhige und gierige Art, wie er aß, zeigte, dass er noch nicht oft in dem Schnellrestaurant gewesen war.

So wusste er nicht, dass die frittierten Taler auf meinem Teller Chicken Nuggets waren, und verstand nicht, wozu die Sauce gut sein sollte. Anscheinend war die Globalisierung an ihm vorbeigegangen. Ein deutsches Kind, das das Angebot von McDonald's nicht kannte? Er ging zur Theke, holte zwei Strohhalme, kam zurück und bot meiner Frau an, von seinem Orangensaft zu trinken.

»Und mir gibst du nichts? Ich hab dir schließlich dein Spielzeug gekauft!«

Er sagte lächelnd: »Sie ist doch ein Mädchen!«

Meine Frau amüsierte sich köstlich, aber ihr war nicht entgangen, dass das Ganze für mich mehr als nur eine amüsante Episode war. Als wir uns von ihm verabschieden wollten, sprang er auf.

»Ich bin auch satt. Darf ich mit euch fahren? Habt ihr ein Auto?«

Als wir ihm erklärten, dass wir die Straßenbahn nehmen würden, beschloss er uns zu begleiten, er würde dann an der Lutherkirche aussteigen, sagte er. – Wie wir.

Gott ist also tatsächlich unser Nachbar. Wir wollten ihn die letzten Schritte zur Haustür nicht allein gehen lassen, es war bereits dunkel geworden, und so fanden wir uns bald darauf nicht vor seiner, sondern vor unserer Haustür wieder. Er versuchte erneut, uns in ein Gespräch zu verwickeln.

»Habt ihr Kinder?«

»Nein, noch nicht.«

»Habt ihr einen Computer?«

»Ja, den haben wir schon.«

»Und Computerspiele habt ihr auch?«

»Nein, da muss ich dich leider enttäuschen. Wir haben wirklich gar nichts, womit wir dich beeindrucken können«, sagte ich.

Dennoch wollte er uns gern begleiten. Ich schaute meine Frau kurz fragend an, und sie nickte zustimmend. Allein hätte ich so etwas nicht getan, wäre ich doch möglicherweise sofort verdächtigt worden, etwas Schlimmes im Schilde zu führen. Plötzlich begann es, heftig zu regnen. Steven stürmte als Erster in die Wohnung und eilte zielstrebig zum Computertisch und nahm Platz. Er drückte sogleich auf den On-/Off-Schalter. Er konnte nicht wissen, dass der Computer auf Stand-by weitergelaufen war und der Computer ging aus.

»Meine Autobiografie!«

Ich hatte das untrügliche Gefühl, dass die 32 Seiten weg waren. Ich verlor oft Dateien, wenn ich den veralteten PC aus Versehen ausschaltete, ohne alle offenen Dateien vorher geschlossen zu haben. Ich schaltete den Computer wieder an, und es war so, wie ich befürchtet hatte. Glücklicherweise hatte ich die Datei tags zuvor auf einem Datenträger gespeichert. Es waren also nur die Seiten verlorengegangen, die ich seither geschrieben hatte.

Eine Woche später verschlechterte sich mein Zustand und ich musste mich wieder in die Klinik einweisen lassen. Dort schrieb ich und nahm auch die neuen Geschichten über meine Kindheit auf, die ich in der kurzen Biografie nicht erzählt hatte.

Bestandsaufnahme

Gott ist nicht die Antwort auf meine Einsamkeit.

Gott ist meine Einsamkeit.

Er steht nicht ganz oben und über den Dingen, sondern ist genau wie ich: Ein Namenloser, der von den Massen Tag für Tag verschlungen wird. Wäre ich ein Opfer, dann müsste auch Gott ein Opfer sein. Doch ich bin kein Opfer, denn ich war um nichts besser als meine Peiniger.

Ich bin aus der Sehnsucht und der Gewalt meiner Welt gemacht, und ich hinterließ meiner Welt nur Gewalt und Sehnsucht. Ich bin kein Opfer, sondern Teil eines Konfliktes, ein »Sohn meines Vaters«.

Mein Name ist Hamed Abdel-Samad. Übersetzt bedeutet mein Name: Der dankbare Sklave Gottes! Mein Glaube ist, wie mein Name und mein Leben, ein Paradoxon. Manchmal kann man meine Beziehung zu meinem Glauben mit einem Muslim vergleichen, der Schweinefleisch isst, aber Wert darauf legt, dass das Schwein nach islamischen Vorschriften geschlachtet wurde. Ich beneide Menschen, die, ohne mit der Wimper zu zucken, sagen können: »Ich glaube an nichts mehr.« Ich hatte einen Professor, der mir sagte: »Ich brauche nicht an etwas zu glauben, und selbst wenn Gott existieren würde, wäre seine Existenz für mein Leben bedeutungslos.« Trotzdem, oder vielleicht gerade deshalb, war er stets ein ruhiger Mensch und hatte eine gefestigte Moral. Er war gütig und freundlich und hatte keine Angst vor dem Tod, obwohl er ziemlich alt war.

Aber gelegentlich beneide ich auch einfache Menschen, wenn ich sehe, wie sie weinend in ihr Gebet vertieft sind. Meine Großmutter war ein solcher Mensch. Sie hatte nie die

Muße, über den Sinn des Lebens nachzudenken. Sie lebte gerne, hatte aber auch keine Angst vor dem Tod. Sie war davon überzeugt, dass Gott immer bei ihr ist und dass nach dem Tod etwas Schönes geschehen werde. »Gott hat uns zum Studium ins Leben geschickt, und es ist egal, wer von uns sein Studium geschafft hat und wer nicht. Er freut sich, uns wiederzusehen, und wir freuen uns, ihn wiederzusehen.«

Bendari war ein Schafhirte in unserem Dorf, der nie ein Buch gelesen hat. Er konnte nicht einmal seinen Namen schreiben. Fast jeden Abend sah man ihn mit einem kleinen Schaf auf den Schultern, gefolgt vom Rest der Herde, auf dem Weg nach Hause. Wenn man ihn nach seiner Gesundheit fragte, antwortete er meist: »Gott hat es gut mit mir gemeint. Ich bin zufrieden. Mögest du auch gesund und zufrieden sein!« Bendari hatte bestimmt mitbekommen, dass unser Dorf voller Probleme und Verlogenheit ist. Aber er dachte nicht nach, er lebte einfach, und sein breites Lächeln verließ ihn nie. Man mag sagen, er glaubte und war glücklich, weil er nichts anderes kannte und das Dorf nie verließ. Auch wenn dem so wäre, was ist dann der Wert des Wissens, wenn es den Menschen nicht glücklicher machen kann? Was ist schöner: besser oder glücklicher zu leben? Warum denken wir? Ist das Leben überhaupt dafür geeignet, darüber nachzudenken? Ist es Gott? »Meine Gedanken sind nicht wie eure Gedanken«, sagte die fromme Schwester Annegret über Gott. Die ehemalige Nonne, die mich im Krankenhaus betreute, glaubte unerschütterlich an Gott, auch wenn sie die Welt manchmal nicht verstand. Als ich ihr von meinen Zweifeln erzählte, sagte sie: »Ich werde für Sie beten, dass der Herr seinen Segen und seine Gnade auf Sie herablässt!« Ich antwortete: »Und ich werde mit beiden Händen danach greifen, falls sie mir jemals entgegengeflogen kommen sollte.«

Ich wusste nie, ob ich an Gott glaubte, nur weil mein Vater an ihn glaubt oder weil ich weder meinem Vater noch einem anderen Menschen je richtig vertrauen konnte. Manchmal empfand ich es als Genugtuung, wenn sich mein Vater, meine Lehrer, die Reichen und die Armen gemeinsam mit mir beim Gebet niederwarfen. Wir waren alle gleich vor dem Angesicht Gottes, und das gefiel mir. Aber kann Gott allein unsere Hoffnung auf Gerechtigkeit sein? Nicht einmal in den dunkelsten Stunden meines Lebens war er für mich da. Ich wollte ihn finden, aber er lässt immer andere für sich sprechen und versteckt sich hinter den Wolken.

Ich komme mir vor wie ein Archäologe, der die Hälfte seines Lebens nach dem verschollenen Grab eines legendären Königs gesucht hat, von dem er nicht wusste, ob er je gelebt hatte. Sartre sagt, die Hölle seien die anderen. Für mich liegt die Hölle in mir. Am Ende bleibt mir nichts übrig, als zu akzeptieren, dass keine Antwort auch eine Antwort ist.

Ich habe, wie alle Menschen auch, von meinen Eltern Vorstellungen, Lebensthemen und -aufgaben geerbt, die es zu verstehen und zu bewältigen gilt. Ich habe aber nichts bewältigt und nur wenig verstanden. Das ist die Erbsünde, die auf mir lastet. Zweimal hätte ich vor meinen Peinigern fliehen müssen. Weil mir das nicht gelungen ist, fliehe ich mein Leben lang. Ich ging ans Ende der Welt, nur um das zu wiederholen, was mein Vater tat. Er konnte die Israelis, die ihn gedemütigt haben, nicht erwischen, deshalb richtete er seinen Zorn gegen meine Mutter und mich und flüchtete in Drogen. Ich konnte meine Peiniger nicht bestrafen, deshalb richtete sich meine Strafe gegen Unschuldige. Ich bin stets vor einer Geschichte in die nächste geflohen.

Die Klinik war für mich genauso ein Ort der Zuflucht wie die Betten der vielen Frauen, die ich kannte, wie das Dach unseres Hauses im Dorf und wie die Brücke, auf der die Zigeuner ihr Kind zurückgelassen haben sollen. Gerade diese Zigeunergeschichte scheint das einzig Wahre in meinem Leben zu sein. Ich sehe mich am Ende jedes Lebensabschnitts immer wieder auf dieser Brücke stehen: einsam und verlassen; keiner, der Brücken baut, und keiner, der welche abreißt, nur einer, der auf der Brücke steht und darauf wartet, von seinen wahren Eltern abgeholt zu werden. Doch weit und breit gibt es nichts und niemanden. Der Wind steht still, und kein Zweig rührt sich. In der sengenden Hitze rinnt mein Schweiß. Ich höre nichts außer dem Bellen herrenloser Hunde. Der Gestank der Angst durchströmt meine Nase und betäubt mich.

Auch Gott war für mich eine Flucht vor der Flucht. Ich floh immer vor ihm zu ihm hin. Es half mir nicht, den Glauben vorzutäuschen oder den Glaubensverlust zu erzwingen. Ich kann weder ausschließlich ein Gläubiger noch ausschließlich ein Ungläubiger sein. Gott konnte ich nie endgültig aufgeben, weil ich keine Alternative gefunden habe. Illusionen scheinen mir erträglicher als Zweifel.

Gott war manchmal für mich, was der israelische Mossad für meine Landsleute ist: eine einfache Erklärung für komplizierte Zusammenhänge. Ein Schuldiger, den ich für mein Elend verantwortlich machen konnte. Er war für mich eine Zuflucht und eine Hoffnung, dass das, was mir geschah, eine Bedeutung und eine Erklärung hatte. Ich wollte den Gedanken an Gott behalten, um am Ende jemanden zu haben, der mir das Unerklärliche erklären kann. Jemand, der mir Rede und Antwort stehen sollte.

Aber ist nicht auch mein ewiges Warten ein Versuch, erneut mit Gott zu flirten?

Ich habe den Versuch unternommen, mein Leben niederzuschreiben, um es verstehen zu können. Aber ich will mich hüten, die Bedeutung meiner Geschichte zu überhöhen. Denn diese Erzählung vermittelt nicht unbedingt die Wahrheit über mein Leben, sondern spiegelt nur wider, wie ich von einem Bett in einer Psychiatrie aus auf meine Geschichte zurückblicke.

Als ich vor zehn Jahren zum ersten Mal aus der Psychiatrie entlassen wurde, hatte ich mir geschworen, nie wieder durch diese Tür zu gehen. Wie so oft in meinem Leben konnte ich mein Versprechen nicht einlösen. Aber das zweite Mal hatte mein Zimmer wenigstens ein Fenster. Von dort aus hatte ich einen Blick auf den großen Gartenteich. Der Garten ist eigenartig, er ist nicht eingemauert wie in den anderen psychiatrischen Kliniken. Auf der einen Seite des Gartens sitzen Kranke, und auf der anderen Seite des Teiches sah ich Menschen, die sich sonnten, und zwei junge Mütter mit Kinderwagen, die auf einer Bank saßen und sich unterhielten.

Sollte ich etwas aus dem Schreiben gelernt haben, ist es, dass das Leben keinen großen Trost und keine großen Antworten bereithält. Der Alltag bietet hingegen eine Vielzahl kleiner Möglichkeiten, die der Mensch wie ein Puzzle zusammenfügen und damit seinem Leben einen Sinn geben kann. Gott sollte man lieber aus dem Spiel lassen.

Am Abend besuchte mich meine Frau und setzte sich auf die Bettkante. Ich schaute in ihre Augen, und mir wurde plötzlich klar, warum ich früher Kinder begehrte. Ich wollte mich mit der Reinheit und Unschuld der Kinder, die mir früh in meinem Leben entrissen wurden, vereinen. Diese Reinheit und Unschuld fand ich in Connie, deshalb war sie die Frau, zu der ich zurückgekehrt bin. Ich lächelte ihr zu und begann, ihren Bauch zu streicheln.

Ich flog nach Ägypten und erzählte meiner Mutter von meiner Erkrankung. Jahrelang habe ich meiner Familie verheimlicht, wie es um mich stand. Meine Mutter weinte, erinnerte mich jedoch daran, dass ich noch viel Positives in meinem Leben habe: Meine liebevolle Frau, meinen Beruf an der Universität in Deutschland und die Tatsache, dass ich für alle Jugendlichen im Dorf eine Art Vorbild geworden bin. Ich ging zum ersten Mal mit meinem Vater entlang der Felder spazieren. Irgendwie vermisste ich unser Dorf. Ich sah die Dorfbewohner plötzlich mit anderen Augen. Sie sahen nicht aus wie Menschen, die morgens aufstehen und vorsätzlich beschlossen, ihre Mitmenschen zu quälen. Sie jagten einfach ihrem Brot nach und hatten keine Zeit, darüber nachzudenken, in welchem System sie lebten. Meine Schmerzen hatten mich all die Jahre daran gehindert, die vielen gütigen Augen um mich herum wahrzunehmen. Vor wenigen Wochen ist mein Vater siebzig Jahre alt geworden, zur gleichen Zeit, als sein Sohn fünfunddreißig Jahre alt geworden ist. Ich war entschlossen, ihn mit meiner Geschichte zu konfrontieren, und fragte ihn, ob er irgendetwas in seinem langen Leben bereut.

»Das Leben ist viel zu bedeutungslos, um etwas zu bereuen. Das Leben ist für Allah nicht einmal einen Mückenflügel wert, sagt der Prophet Mohammed. Außerdem stehe ich schon kurz vor dem Tod, was bringt mir das Bereuen?«

»Möge Allah dir viel Gesundheit und ein langes Leben schenken!«

Ich rief meinen alten Freund Hosam in Kairo an und sagte ihm, dass ich im Dorf eine Konferenz über die Beschneidung von Frauen organisieren wollte und dass ich seine Hilfe brauchte. Ich lud prominente Gegner sowie prominente Fürsprecher der Beschneidungspraxis ein. Diesmal wollte ich keine Kampagne gegen die Beschneidung organisieren, sondern einen offenen Dialog herbeiführen. Auf dem Podium saßen neben mir eine Frauenrechtlerin, ein berühmter Scheich von der Al-Azhar-Universität, ein Frauenarzt und mein Vater. Ich bat ihn, sein Schweigen endlich zu brechen und seine Haltung zu diesem Thema zu offenbaren. Die Halle war überfüllt, viele mussten stehen. Auch viele Frauen waren gekommen. Mein Vater eröffnete die Konferenz und sagte, dass er heute kein religiöses Rechtsgutachten zu diesem Thema abgeben wolle, sondern seine persönliche Meinung sagen. Er glaube, dass die Beschneidung ein Unrecht der Frau gegenüber ist, und gab zu, dass er in der Vergangenheit den Fehler machte, diesem Unrecht billigend zuzusehen. Die Frauenrechtlerin und der Arzt schlossen sich an und schilderten die negativen sozialen, psychischen und gesundheitlichen Folgen der Beschneidung. Der Scheich war der Einzige, der die Beschneidung als eine vom Propheten befürwortete islamische Tugend bezeichnete, er hatte die Mehrheit der Dorfbewohner auf seiner Seite. Meine Rolle beschränkte sich zunächst darauf, die Diskussion zu moderieren, aber als ich die Worte des Scheichs und den ohrenbetäubenden Applaus des Publikums hörte, stand ich auf und fragte in die Runde: »Wenn eine eurer Töchter bei der Beschneidung verbluten würde, würdet ihr zum Arzt oder zum Scheich gehen?«

Doch meine Frage stieß auf taube Ohren. Die meisten Fragen richteten sich an den Scheich. Kaum jemand sprach den Arzt oder die Frau auf dem Podium an. Mein Vater stand nicht zur Verfügung. Die Fragen kamen nur aus den Reihen der Männer. Frauen trauten sich nicht, in ihrem Beisein offen zu sprechen. Der Beginn der Veranstaltung war jedoch so angesetzt, dass etwa nach der Hälfte der Diskussionszeit der Ruf für das Nachmittagsgebet erfolgte. Daran schloss sich die übliche dreißigminütige Gebetspause an. Frauen hatten somit Gelegenheit, mit der Frauenrechtlerin ungestört zu reden.

Am Ende der Veranstaltung war es ein einziger Bauer, der zu mir kam und sich bedankte. Er sagte, dass er fünf Töchter habe und dass die Älteste von ihnen bereits beschnitten wäre. Aber nach all dem, was er heute gehört habe, sei er nun entschlossen, die anderen vier Töchter nicht beschneiden zu lassen. Mein Vater, meine Mutter und meine beiden Schwestern versprachen mir ebenfalls, kein Mädchen mehr zu verstümmeln. Auch die Medien waren an dieser Veranstaltung sehr interessiert. Ägyptische Fernseh- und Radiostationen berichteten ausführlich über die Konferenz. Die größte Tageszeitung Ägyptens schrieb, dass diese Veranstaltung unter der Schirmherrschaft der Gattin des Staatspräsidenten und mit Unterstützung der regierenden Nationalpartei stattgefunden habe. Mich interessierte nicht, wer sich mit dieser Aktion schmücken wollte. Wichtig für mich war, dass die Leute miteinander ins Gespräch gekommen waren.

Kurz vor meiner Rückreise nach Deutschland ging ich mit Hosam eine Straße im Zentrum Kairos entlang und wurde Zeuge einer Szene, die sich wohl nur in Ägypten abspielen kann. Es war Freitagabend, und die lange Einkaufsstraße war so mit Menschen überfüllt, dass ich beinahe Platzangst bekam. Der Gedanke, wie all diese Massen dreimal am Tag etwas zu essen bekommen und wie eine Stadt wie Kairo überhaupt noch funktioniert, faszinierte mich. Nach allen Einschätzungen und Berechnungen sollte diese Stadt längst in sich zusammengebrochen sein. Plötzlich hörte ich mehrere Schreie: »Ashraf, mein Kind, Ashraf!« Eine junge Mutter aus der Provinz rief verzweifelt nach ihrem dreijährigen Sohn, den sie in der Menschenmenge verloren hatte. Sie schrie und schrie, und plötzlich stand die Straße still. Kein Mensch bewegte sich mehr, und jeder fing an, den Namen des Jungen laut zu rufen. Zum ersten Mal fühlte ich mich als Teil der Masse und rief: »Ashraf, Ashraf!« Das Schicksal dieses Kindes schien mir als mein eigenes, als das Schicksal von uns allen zu sein. Bald kam die Polizei, was ungewöhnlich ist, da sie üblicherweise erst eintrifft, wenn sich die Sache geklärt hat oder wenn es zu spät ist. Doch die Polizisten konnten nichts ausrichten. Die Menschen auf der Straße blieben unbeeindruckt von der Polizei und riefen weiter nach dem Jungen. Schon immer wussten die Ägypter, dass sie sich auf die staatlichen Institutionen nicht verlassen können. Minuten vergingen, und die Rufe erreichten die Parallelstraße, wo das Kind sich aufhielt. Ein junger Mann sah den weinenden Jungen. Sein Ruf wurde von den Massen über eine Entfernung von sechshundert Metern getragen, bis die Nachricht die Mutter erreichte. Die Massen spalteten sich, um den Weg für den Mann mit dem Jungen zu öffnen. Bald lag das Kind in den Armen seiner Mutter und nicht nur in ihren Augen waren Freudentränen zu sehen. Ein unglaublicher Jubel brach aus. Jeder, der dort stand, war zutiefst gerührt.

Die gleiche Stadt, die vor dreißig Jahren ein vierjähriges Kind aus der Provinz gedemütigt hatte, kam an diesem Tag zusammen, um ein Kind aus der Provinz zurück in die Arme seiner Mutter zu bringen. Das ist Kairo. Das ist Ägypten.

NACHTRAG

Erzählen, um zu leben

Ich kam nach Deutschland zurück und schrieb dieses Buch zu Ende. Ein Buch, das einfach kein Ende finden will. Jeden Tag geschieht etwas Neues. Jeden Tag gibt es einen Grund zur Hoffnung und einen Grund zur Verzweiflung. Nachrichten sind das Schlimmste für mich. Nicht nur die Berichte über Terror und Krieg bedrücken mich. Einmal kamen zwei Meldungen hintereinander, die mir gezeigt haben, wie groß die Lücke zwischen Ost und West tatsächlich ist. In Ägypten und in mehreren Staaten der Dritten Welt herrschte 2008 eine Nahrungskrise. Es kam vor, dass Menschen einander wegen eines Stücks Brot umbrachten. In Deutschland protestierten gleichzeitig Bauern gegen niedrige Preise und kippten die Milch weg. In dieser Welt leben wir. Mein Leben ist genauso widersprüchlich und unharmonisch wie die Welt, in der ich lebe.

Scheherezade, die Erzählerin von »Tausendundeiner Nacht«, trug ihre Erzählungen vor, nicht nur um den König zu unterhalten, sondern um ihn zu zähmen. Sie lebte nicht, um zu erzählen, sondern nutzte das Erzählen als Trick, um ihr Leben zu verlängern. Erzählen, um zu leben und um zu verstehen: genau das habe ich versucht. Nachdem der junge Gott meine Lebensgeschichte mit einem Knopfdruck gelöscht hatte, verhandelte ich meine Erinnerung neu und versuchte, mein Leben neu zu erfinden. Ich spielte ein Puzzle, nur andersherum. Nicht die kleinen Geschichten konstruieren ein Gebäude, das ich mein Leben nenne, sondern beim Dekonstruieren meines Lebens kamen kleine Geschichten zum Vorschein. Ich sammelte diese Geschichten und beschloss, das Buch vor einer Veröffentlichung in Deutschland auf Arabisch in Ägypten unter die Menschen zu bringen. Ich wollte damit vermeiden, dass meine Landsleute mir vorwerfen, ein Nestbeschmutzer zu sein, weil ich es zuerst im Ausland veröffentlichte. Doch gab es ein Problem: Welcher Verleger sollte das Risiko eingehen, so ein Buch in Ägypten zu veröffentlichen? Drei große Tabus der islamischen Welt breche ich in diesem Buch: Religion, Sexualität und Politik. Ich schickte das Manuskript an einen unabhängigen Verlag, der oft von der Regierung in Kairo schikaniert wurde, weil der Besitzer einer der Begründer der Oppositionsbewegung »Genug« ist, die das Ende der Herrschaft von Präsident Mubarak und seiner Familie fordert. Der Verleger war vom Buch fasziniert, meinte jedoch, dass es zehn Jahre zu früh komme. Nicht nur die Inhalte, auch die Sprache fand er revolutionär. Er wusste um die gefährlichen Reaktionen, die es hervorbringen würde, und beschloss, es dennoch zu publizieren. Nur das Kapitel über meinen Militärdienst musste ich kürzen. »Über Gott kann man in Ägypten vielleicht diskutieren, aber nicht über die Armee«, sagte er. Er schlug mir vor, das Buch unter Pseudonym zu veröffentlichen. Ich lehnte ab und bestand auf ein Foto von mir auf dem Umschlag. »Ich habe mich lange genug versteckt, jetzt nicht mehr!« Noch zwei weitere Korrekturen musste er vornehmen. Der Titel »Abschied von Gott« wurde in »Abschied vom Himmel« und die Bezeichnung »Autobiografie« musste in »Roman« umgewandelt werden, um Ärger mit den Behörden zu vermeiden.

Meine Ruhelosigkeit hatte bei mir derweil nicht nachgelassen. Ich beschloss, Erfurt zu verlassen und nach Braunschweig zu ziehen, wo sich das Georg-Eckert-Institut befindet. Zwei Monate nach dem Umzug erhielt ich ein Angebot der Universität München, als Dozent am Lehrstuhl für Jüdische Geschichte zu arbeiten. Ausgerechnet jüdische Geschichte! Und ausgerechnet München! Ich sollte dort einen Forschungsschwerpunkt einrichten, der jüdische und islamische Geschichte miteinander verbindet. Eine Herausforderung, die ich ohne zu zögern annahm. Die Hälfte der Umzugskartons und einige Ikea-Pakete waren noch nicht ausgepackt. Ich begann mit den Umzugsvorbereitungen. München, jene Stadt, in der ich Deutsch und Japanisch gelernt hatte und wo ich das erste Mal in die Psychiatrie eingewiesen wurde. Die einzige Stadt außer Kairo, in die ich zurückgekehrt bin, nachdem ich sie einmal verlassen hatte. Dort lebe und arbeite ich nun. Ich lehre – und lerne gleichzeitig die Geschichte der Juden in der islamischen Welt kennen. Nächstes Jahr organisiere ich an der Universität eine Sommerschule, bei der Studenten aus den arabischen Staaten und Israel über dieses Thema diskutieren werden.

Mein Buch löste mit seinem Erscheinen heftige Diskussionen in der islamischen Welt aus. Schmäh- und Drohbriefe werfen mir Blasphemie vor. Das kommt nicht überraschend. Zum Glück kommt das Buch in einer Zeit auf den Markt, in der sich die Zensur zurückhält. Die Regierung hat erkannt, dass verbotene Bücher intensiver gelesen und diskutiert werden als zugelassene. Deshalb genehmigt sie ab und zu kritische Bücher als Ventil für die unzufriedenen Schriftsteller und Leser. Nicht nur Schmähbriefe, sondern auch erstaunlich viele zustimmende Briefe erreichen mich, von jungen Leuten, die sich bei mir dafür bedanken, dass ich die Biografie unserer ganzen Generation in Ägypten geschrieben habe. Keiner lässt sich von der Bezeichnung »Roman« beirren. Gerade von jungen Frauen erhalte ich zahlreiche Dankesbriefe. Das Buch ist für einen Literaturpreis nominiert, was die Diskussion weiter anheizt.

Eine Debatte in Gang zu setzen war mein Ziel, und dieses habe ich erreicht. In den ersten beiden Monaten beschränkte sich die öffentliche Diskussion auf Kairo, niemand in meinem Dorf hat davon etwas mitbekommen. Ich hatte vor, meinem Vater, meiner Mutter und meinen Geschwistern bei meinem nächsten Besuch das Buch zu schenken und mit ihnen darüber zu sprechen. Aber das ägyptische Fernsehen war schneller. »Abschied vom Himmel« wurde von Nile-TV als Buch des Monats diskutiert. Ein erfolgloser Romanautor aus dem Dorf sah die Sendung. Nachdem er mein Buch gelesen hatte, ging er zu meinem Vater und erzählte ihm, dass ich ein Buch geschrieben habe, in dem ich meine Familie, mein Dorf und ganz Ägypten in den Dreck zöge. Mein Vater rief mich an und fragte mich danach. Ich erzählte ihm von den Umständen der Veröffentlichung und meinen Absichten. Er meinte, er könne das Buch erst beurteilen, wenn er es selbst gelesen habe. Mein junger Bruder besorgte ihm ein Exemplar. Mein Vater zog sich in sein Zimmer zurück und las. Nach drei Tagen rief er mich an und sagte, dass er das Buch dreimal gelesen habe. Er könne mir seine Meinung aber nicht am Telefon mitteilen und bat mich, nach Ägypten zu kommen. Kurz zuvor hatte ich eine Forschungsreise in mein Heimatland geplant, um Bücher für meine neue Forschung zu sammeln und Mitglieder der jüdischen Gemeinde in Kairo zu sprechen. Auch mein Verleger wollte, dass ich nach Kairo komme, um das Buch mit Journalisten und Lesern zu diskutieren.

Dank des verbitterten Schriftstellers wusste mittlerweile jeder im Dorf von dem Buch. Die meisten lasen es aber noch nicht. Sie hatten gehört, dass es ein unmoralisches Buch voller Sex und Blasphemie sei. Der Schriftsteller las ihnen entsprechende Passagen vor. Ohne das Buch zu kennen, veröffentlichte einer meiner Cousins einen Brief im Internet, in dem er sich von mir distanzierte und mich aufforderte, mich zu entschuldigen. Die Propagandamaschine des Schriftstellers lief weiter. Er googelte mich und stellte fest, dass ich am Lehrstuhl für Jüdische Geschichte in München arbeite. Schon bald kursierte das Gerücht, dass das Buch Ergebnis einer jüdischen Verschwörung sei. Er ging zu meinem Onkel und erzählte ihm, dass ich in meinem Buch schreibe, dass mein Onkel Israel liebe. Mein 75-jähriger Onkel antwortete: »Ich liebe Israel wirklich, wo ist das Problem?« Nicht alle reagierten wie er. Wie die Beschneidungskonferenz ein Jahr zuvor Dorfgespräch war, wurde nun auch das Buch, das keiner gelesen hatte, Gesprächsstoff. Viele junge Menschen aus dem Dorf schrieben mir Briefe und baten mich um eine Erklärung. Ich eröffnete ein Internetforum, um mit ihnen zu diskutieren, und versprach, bei meinem nächsten Besuch mit ihnen zu sprechen.

Ich reiste nach Ägypten und in mein Vaterhaus. Während der Fahrt stieg meine Anspannung. Als ich aus dem Auto stieg, kam mein Vater die Treppe hinunter und stand schweigend vor mir. Er legte seine Hand auf meine Schulter und sagte: »Schön, dass du gekommen bist.« Meine Mutter und meine Geschwister umarmten mich. Alle waren schweigsam, und auch ich wusste nicht, was ich sagen sollte. Meine ältere Schwester sagte mir: »Ich bin sauer auf dich. Wie kannst du in deinem Buch schreiben, dass mein Essen ungenießbar war?« Sie versuchte zu lachen und brach in Tränen aus. Auch meine Mutter konnte ihre Tränen nicht zurückhalten. Nur mein Vater blieb ruhig und bat meine Mutter und meine Geschwister, uns alleine zu lassen. Er saß mir gegenüber, schaute mir lange in die Augen und sagte nichts. Schließlich fragte er mit sanfter Stimme: »Geht es dir gut?«

Ich blickte ihm zum ersten Mal in meinem Leben lange in die Augen. »Ja, mir geht es gut.«

»Hat dir dieses Buch geholfen, dich besser zu fühlen?«

»Ich glaube schon.«

»Ich habe das Buch oft genug gelesen. Ich finde es sehr gut. Ich kenne niemanden, der sich selbst mit so viel Ehrlichkeit und Mut begegnet. Du bist wirklich ein richtiger Mann. Und mir gefällt, dass du trotz allem deinen Humor nicht verloren hast. Mehr kann ich über das Buch nicht sagen!«

Mittlerweile befanden sich mehr als einhundert Exemplare des Buches im Dorf, kursierten zwischen den Häusern und wurden von jedem, der lesen konnte, gelesen. Die Meinungen gingen auseinander. Einige fanden das Buch gut und konnten die Botschaft und die Fragen darin verstehen. Viele fanden es unislamisch und drückten ihre Enttäuschung aus. Unser Haus war während meines Aufenthaltes immer von Besuchern überfüllt, die mit mir diskutierten. Bei einer Diskussion in der Grundschule forderte mich ein Lehrer auf, das islamische Glaubensbekenntnis zu sprechen. Zur Entrüstung aller weigerte ich mich. Ich sagte, dass ich Glauben für eine Privatsache halte. »Sollte ich das Glaubensbekenntnis vor euch aussprechen, dann räume ich euch damit das Recht ein, jeden in einem Gerichtsverfahren nach seinem Glauben zu befragen. Das wäre für mich Inquisition!«

Obwohl ich es ursprünglich nicht wollte, nahm ich die Einladung eines Fernsehsenders an, in einem Live-Interview Fragen zu beantworten. Es schien mir eine gute Gelegenheit, meine Sicht der Dinge einem breiten Publikum zu präsentieren. Aber auch dort beschränkte sich der Moderator auf die Glaubensfrage. Er meinte, er glaube an Meinungsfreiheit und dass man alles infrage stellen könne, nur Gott dürfe man nicht hinterfragen. »Wahrer Glaube ist für mich etwas, das durch Erfahrung und Überzeugung zustande kommt, nicht etwas, das wir von den Eltern vermittelt bekommen. Wenn wir Gott nicht hinterfragen, können wir uns selbst nicht hinterfragen. Und das Ergebnis davon wäre, dass alles bleibt, wie es ist! Die Religion infrage zu stellen, heißt allerdings nicht unbedingt die Religion grundsätzlich abzulehnen!«, erwiderte ich.

Monatelang ging die Diskussion im Dorf weiter, und sie ist immer noch in vollem Gange. Einer der Lehrer nannte mich ungläubig und schlug vor, alle Exemplare meines Buches, die den Weg ins Dorf gefunden hatten, vor der Moschee zu verbrennen. Niemand dort kennt die deutsche Geschichte oder weiß, was es bedeutet, Bücher zu verbrennen. Danach reisten Männer aus dem Dorf nach Kairo, reichten eine Beschwerde beim Amt für religiöse Angelegenheiten an der Al-Azhar-Universität ein und beantragten den Erlass einer Fatwa gegen das Buch. Diese Fatwa sollte ebenfalls betonen, dass ich kein Muslim mehr sei. Das Buch liegt immer noch zur Begutachtung vor.

Es kam zu heftigen Wortgefechten zwischen Mitgliedern meines Clans und einigen Nachbarn. Der Streit drohte zu eskalieren. Mein Vater sah sich gezwungen, etwas zu tun, was er seit Langem nicht getan hatte. Zum ersten Mal seit zwölf Jahren stieg er auf die Kanzel der Moschee, um an einem Freitag zu predigen. Die Predigt für private Zwecke zu nutzen, ist im Islam eigentlich verboten, aber mein Buch war keine private Angelegenheit mehr. Mein Vater brachte seine

Enttäuschung über die Urteile, die einige Dorfbewohner über mich gefällt hatten, zum Ausdruck und sagte zu den wütenden Moralhütern: »Wir sollten uns ärgern, weil das, was Hamed geschrieben hat, tatsächlich überall geschieht, und nicht, weil er es geschildert hat.«

Nachdem ich nach München zurückgekehrt war, veröffentlichte eine extremistische Gruppe in Ägypten, die sich die Verteidigung des Islam auf die Fahne schreibt, eine Stellungnahme im Internet, in der sie mir Apostasie und Gotteslästerung vorwarf. Das Buch sei unmoralisch und würde zum Verlassen des Glaubens aufrufen. Daraufhin erließ eine weitere islamistische Gruppe eine Fatwa gegen das Buch mit der Begründung, es verstieße gegen die Gesetze der Scharia und bezweifle die Existenz Gottes. In der Absicht, sich mit mir zu solidarisieren, berichteten mehrere liberale ägyptische und arabische Zeitungen empört darüber. Dies verbreitete die Fatwas aber noch mehr und heizte die Debatte weiter an. Danach erreichten mich Schmäh- und Drohbriefe und Belästigungsanrufe in gesteigertem Maße. In einem Brief wurde ich mit dem Tod bedroht, falls ich mein Buch nicht zurückzöge und mich dafür entschuldigte. Irgendwann erreichte die Geschichte sogar München. Ich fing an, die Drohungen ernst zu nehmen, als mich ein junger Mann verfolgte. Nachdem ich ihn auch nach Mitternacht vor meinem Haus entdeckt hatte, rief ich die Polizei. Monatelang stand mein Haus unter Beobachtung der Polizei.

Dieses Buch ist weder eine Abrechnung mit meiner Kultur noch ein Aufruf zum Glaubensverlust. Mein Anliegen ist es lediglich, die Widersprüche meines Lebens zu verstehen. »Abschied vom Himmel« ist ein Abschied von einem Gottesbild, das ich ablehne: ein erhabener, wütender Gott, der nicht nach seinem Handeln gefragt werden darf und dennoch Menschen für ihre Fehltritte bestraft. Ein Patriarch, der nur diktiert, aber nie verhandelt, und die Menschen bis in die intimsten Lebenssituationen mit Geboten und Verboten verfolgt. Dieses Bild erweckte viele Götter in der islamischen Welt, die sich auf den Allmächtigen beziehen und ihn nachahmen: Machthaber, Polizisten, Generäle, Islamistenführer, Lehrer und Väter, die ohne Fehl und Tadel scheinen und keine anderen Götter neben sich dulden. Ich nahm Abschied von einem Glauben, der Andersdenkende und Andersgläubige schikaniert und die eigenen Anhänger in die Isolation treibt, so dass sie keine Antworten mehr auf das Weltgeschehen außer Wut und Verschwörungstheorien finden. Ein Glauben, der die Kreativität hemmt und die Menschen entweder passiv oder explosiv macht.

Dreizehn Jahre zuvor hatte ich Ägypten in der Hoffnung verlassen, in Freiheit leben zu können. Nun musste ich mitten in Europa eine Weile unter Polizeischutz leben und danach sogar meinen Wohnort wechseln, weil ich von meinem Recht auf freie Meinung Gebrauch machte. Dennoch sehe ich keinen Anlass zu übertriebener Angst noch dazu, den Märtyrer zu spielen. Ich bin lediglich Teil eines Konfliktes, der mit der Veröffentlichung dieses Buches nicht beginnt und damit nicht enden wird: ein Konflikt zwischen Absolutismus und Ambivalenz; Dogmen und Vernunft; Monokultur und Vielfalt. Dieser Konflikt beschränkt sich allerdings nicht auf den Islam.

Als das Buch in Deutschland erschien, sahen die einen in ihm einen emanzipatorischen Akt, andere fürchteten, es könne zu mehr Hass gegen Muslime führen. Eine Angst, die ich als antiaufklärerisch empfand und empfinde. Ich weiß, dass man Muslime niemals über einen Kamm scheren darf, und das tue ich auch nicht. Aber wie kann eine Gesellschaft sich gesund entwickeln, wenn Probleme aus Angst vor Einschüchterung oder aus falsch verstandener Toleranz totgeschwiegen werden? Die Entwicklungen der letzten zehn Jahre in Deutschland, in ganz Europa und auch in der islamischen Welt haben gezeigt, dass dieser Ansatz eher kontraproduktiv ist. Denn wenn Kritiker des Islam, die sich dem Humanismus und der Vernunft verpflichtet fühlen, diffamiert oder marginalisiert werden, übernehmen diese Kritik andere, die sie missbrauchen und die Gesellschaft dadurch destabilisieren. Wer Kritiker wie Bassam Tibi, Seyran Ateş, Ahmad Mansour und mich in die Nähe des rechten Randes stellt, macht diesen Rand in gewisser Weise zur neuen Mitte. Wer Stimmen wie die unseren ignoriert oder zum Schweigen bringen will, überlässt das Feld Lautsprechern, denen nichts an einem ernsthaften Dialog liegt.

Untergang oder Revolution?

Vor und nach dem Erscheinen des Buches unternahm ich mehrere Reisen nach Ägypten, Syrien, Jordanien, Marokko, Tunesien und in den Libanon. Ich spürte überall, dass etwas in der Luft liegt. Auf der einen Seite traf ich zahlreiche junge Frauen und Männer, die in Freiheit und Demokratie leben wollten, auf der anderen Seite beobachtete ich verstärkt Radikalisierungs- und Abschottungstendenzen. Ich sah die Zeichen eines baldigen innerislamischen Kulturkampfes. Das motivierte mich, mein nächstes Buch zu schreiben. »Der Untergang der islamischen Welt« war eine Warnung, sowohl an die arabisch-islamische Welt als auch an Europa gerichtet, das unmittelbar von diesem Untergang betroffen sein würde. In den letzten Passagen des Buches schrieb ich:

»Die Wüste und die Bevölkerung wachsen, Erdöl, Wasser und Nahrung werden immer knapper. Der Fundamentalismus und die Orientierungslosigkeit der jungen Menschen machen sich breit. Dies ergibt zweifelsohne ein explosives Gemisch, das jeden Nationalstaat schwächen muss. Der Staat wird das Gewaltmonopol verlieren, was zu Unruhen bis hin zur Anarchie führen kann. Hinzu kommt eine unversöhnliche Geisteshaltung gegenüber dem Westen und der modernen Wissenschaft, wie gegenwärtig in vielen arabischen Staaten zu beobachten ist.

All diese Faktoren legen es leider nahe, der Prognose zuzustimmen: Die arabisch-islamische Welt wird untergehen. Zwei Prinzipien beherrschen das Leben und die Natur: Vielfalt und Flexibilität. Wer gegen sie verstößt, stirbt aus. Die islamische Welt tut dies seit geraumer Zeit und wird deshalb in sich zusammenfallen. Es bleibt nur, sich Spenglers Rat zu Herzen zu nehmen: dem Untergang der eigenen Kultur ›gefasst ins Auge zu schauen‹, die Ursachen dafür unaufgeregt zu analysieren und das zu retten, was noch zu retten ist. Der Untergang der islamischen Welt würde automatisch bedeuten, dass die Migrationswellen Richtung Europa deutlich zunehmen werden. Entweder wird man den Neuzugewanderten die Pforten öffnen müssen oder sie im Mittelmeer ertrinken lassen. Europa ist dem in beiden Fällen weder moralisch noch wirtschaftlich gewachsen. Junge Muslime, die vor Armut und Terrorismus fliehen, werden auch die Konflikte ihrer Heimatländer mit nach Europa tragen. Europa stellt für sie zwar eine Hoffnung in der Krise dar, doch befreien können sich viele von ihnen trotzdem nicht von ihren alten Feindbildern. Sie werden in einen Kontinent einwandern, den sie innerlich verachten und für ihre Misere verantwortlich machen. Weder die staatlichen Institutionen noch die hier alteingesessenen muslimischen Einwanderer können ihnen helfen, sich einzugliedern. Die privatisierte Gewalt, die im Zuge des Untergangs ihrer Staaten entstanden ist, wird sich somit nach Europa auslagern. Die zahlreichen Sünden des Westens und die Versäumnisse der islamischen Welt in den letzten Jahrhunderten werden sich erneut asymmetrisch begegnen und in die Augen schauen. Sollte die islamische Welt tatsächlich untergehen, könnte sich auch Spenglers Prophezeiung über den Untergang des Abendlandes bewahrheiten. Das ist die Kehrseite der Globalisierung. Schwere Zeiten warten auf uns auf beiden Seiten des Mittelmeers, und uns allen läuft die Zeit davon.«

In diesem Buch prophezeite ich sowohl, was wenige Monate später in der arabischen Welt beginnen sollte – nämlich den sogenannten arabischen Frühling –, als auch das, was sich 2015 in Europa ereignete: die Flüchtlingskrise. Ich bin kein Prophet. Ich habe nur die Gegenwart analysiert und Konsequenzen für die Zukunft daraus abgeleitet. Meine Warnungen wurden leider weder in der arabischen Welt noch hier in Deutschland gehört. Stattdessen war ich durch dieses Buch zu einem neuen Titel gelangt: »Panikmacher«. So werden häufig Autoren genannt, die eine Misere beschreiben und vor ihrer Ausweitung warnen. Andere instrumentalisierten meine Analysen für ihre Zwecke, denn sie sahen den Islam auf dem Vormarsch. Meine These aber lautete, dass das, was wir an Gewalt in der islamischen Welt wahrnahmen, und das, was noch kommen würde, nichts anders sei als das letzte Aufbäumen eines überkommenen Wertesystems. Die islamische Welt sozusagen als verletzter Löwe, der noch einmal um sich schlägt, bevor er stirbt.

Es war eine seltsame Situation für mich. Für die einen war ich ein Panikmacher, für die anderen ein Verharmloser. Letztere wurden mehr, denn im gleichen Monat war auch Thilo Sarrazins Buch »Deutschland schafft sich ab« erschienen, das die These vertritt, dass der Islam immer stärker werde, Deutschland immer schwächer. Zwischen diesen beiden Polen – Panik und Verharmlosung – verlaufen die Debatten im Lande noch heute.

Der arabische Frühling

In meinem Buch sprach ich nicht von Revolution und Umwandlung, sondern von Unruhen und Bürgerkriegen, die bald die arabische Welt überziehen würden. Ich erwartete für Länder wie Ägypten, Syrien, Irak und Jemen die Wiederholung der algerischen Tragödie, die sich Anfang der 1990er-Jahre zugetragen hatte. Tunesien hatte ich gar nicht auf dem Schirm. Doch es kam zunächst anders. Die Selbstverbrennung eines Gemüsehändlers in Tunesien entfachte das Feuer in der gesamten arabischen Welt. Friedliche Demonstranten konnten in Tunesien den Diktator Ben Ali aus dem Amt jagen. Die Ägypter wurden von den Tunesiern inspiriert und kündigten ihre Revolution sogar drei Wochen im Voraus an. Ich bekam eine Facebook-Einladung mit folgendem Wortlaut: »Nimm an der ägyptischen Revolution teil, am 25.01.2011, um 14 Uhr. Ort: Tahrir-Platz.« Ich musste lachen und fragte mich, wie das in einem Polizeistaat gehen sollte. Außerdem sind Ägypter nie pünktlich, wie konnten sie sich da um 14 Uhr versammeln? Doch sie waren pünktlich. Und ich auch.

Ich flog nach Kairo und begab mich auf den Weg zum Tahrir-Platz. Es war überwältigend. Tausende junge Männer und Frauen marschierten Richtung Tahrir-Platz, und ich war mittendrin. Unbeeindruckt von Gummigeschossen, Schlagstöcken und Tränengas liefen wir weiter. Auf dem Platz stampften alle mit den Füßen auf den Boden und riefen: »Freiheit, Freiheit!« Mir kamen die Tränen, und ich musste an jenen Tag denken, als ich auf die gefrorene Oberfläche des Sees in Augsburg eintrat, um das Eis zu brechen. Auch ich hatte damals nicht sterben wollen, sondern das Leben provozieren. Ich hatte frei sein wollen von meinem inneren Gefängnis, das ich überall mit mir herumschleppte. Für die Menschen in Kairo war das System das Gefängnis, dessen Mauern sie einreißen wollten.

Ich wollte so fest an diese Revolution glauben. Ich sah, wie junge Menschen vor mir ihr Augenlicht durch Gummigeschosse der Polizei verloren, genau wie sie rang ich um Luft, hatte gerötete Augen vom Tränengas. Ich erlebte, wie manche ihr Leben verloren im Kampf für die Freiheit. Ich wollte diese Revolution gegen meine eigenen Thesen verteidigen. Ich wollte daran glauben, dass diese Menschen auf den Trümmern des untergehenden Systems etwas Neues errichten konnten. Ich verteidigte diese Revolution auf dem Tahrir-

Platz und wurde dafür von den Schlägertrupps des Mubarak-Regimes mit Stöcken geschlagen, bis mir ein Finger brach. Ich verteidigte diese Revolution gegenüber den deutschen Medien, die nach der euphorischen Anfangsphase immer skeptischer wurden, vor allem nachdem Berichte über Gewaltexzesse, Vergewaltigungen und Massenbelästigung von Frauen ans Tageslicht kamen. Auch ich war skeptisch. Mein Kopf wusste, dass die Freiheit nicht einfach durch Demonstrationen erlangt werden kann. Aber mein Herz war voller Hoffnung, dass diese Millionen an jungen Menschen endlich die Freiheit und die Menschenwürde genießen würden, die ich jeden Tag in Deutschland erlebte.

Es kam, wie es kommen muss. Die Tahrir-Bewegung war keine Französische Revolution und keine 68er-Bewegung. Es standen keine Theoretiker und Politiker dahinter, die sie in eine politische Bewegung hätten verwandeln können, um nachhaltig Einfluss auf das weitere Geschehen in Ägypten zu nehmen. Die Demonstranten wollten Mubarak stürzen, nicht aber die Geisteshaltung, die ihn zum Diktator gemacht hatte. Sie wollten einen Machtwechsel, wagten aber keinen Traditionsbruch. Als Mubarak gestürzt war, gingen die Demonstranten nach Hause und überließen dem Militär und den Muslimbrüdern das Feld. Die beiden Kontrahenten, die seit Jahrzehnten verfeindet waren, verbündeten sich gegen die Stimmen, die für Demokratie und Freiheit warben. Bei den ersten Parlamentswahlen errangen die Muslimbrüder und Salafisten einen Erdrutschsieg. Auch die Präsidentenwahl gewannen die Muslimbrüder.

So wie in Ägypten ging auch in anderen arabischen Ländern der Frühling schnell zu Ende. In Libyen wurde Muammar al-Gaddafi zwar abgesetzt, doch Islamisten übernahmen die Macht in vielen Gebieten und stürzten das Land in einen

Bürgerkrieg, der bis heute andauert. Das gleiche Szenario wiederholte sich im Jemen. Im Irak, in Bahrain und Marokko waren die Massen ebenfalls auf die Straßen gegangen, konnten die alten Eliten aber nicht entmachten. Am schlimmsten traf es Syrien. Über vierhunderttausend Tote und fünf Millionen Flüchtlinge gehen auf das Konto des Bürgerkriegs, der auf die anfänglich friedlichen Proteste folgte. Wobei man eigentlich nicht mehr von Bürgerkrieg sprechen kann, wenn man weiß, wie viele ausländische Mächte in diesen Krieg verwickelt sind. Saudis und Iraner, Russen und Amerikaner, Türken und Kataris – sie alle vertreten auch ihre eigenen Interessen. Es geht in Syrien nicht nur um den Kampf gegen einen Diktator, es geht um Erdöl und Gaspipelines, um den Konflikt zwischen Sunniten und Schiiten, zwischen Türken und Kurden. Konflikte, die im Zuge der Flüchtlingskrise auch zunehmend nach Deutschland einwanderten.

»Wanted Dead«

Zwei Jahre nach dem »Tag des Zorns«, wie die erste Demonstration am Tahrir-Platz genannt wurde, lebte ich zeitweise wieder in Kairo, vor allem während der Wintermonate. Ich wollte meine Beziehung zu meiner Heimat nach der gescheiterten Revolution normalisieren. Doch die politische Entwicklung im Lande stand dem im Wege. 2013 kontrollierten die Muslimbrüder und die Salafisten das Parlament, die Kommunen und das Bildungssystem. Präsident Mursi ließ ein Dekret verabschieden, das er tatsächlich »Ermächtigungsgesetz« nannte. Demzufolge hatte er Befugnisse, die ihm und seinen

Muslimbrüdern mehr Macht verliehen als allen ägyptischen Präsidenten davor.

Bei einem meiner längeren Aufenthalte erhielt ich von einer jungen Gruppe namens »Die Säkularen« die Einladung zu einem Vortrag. Die Veranstaltung fand in den Büroräumen der sozialdemokratischen Partei in Kairo statt. Es waren vorwiegend Studenten und Intellektuelle im Saal anwesend. Mein Vortrag trug den Titel »Der islamische Faschismus«. Es war das erste Mal, dass ein Vortrag mit einem so islamkritischen Titel in der Öffentlichkeit gehalten wurde. Ich sprach über die strukturelle und ideologische Nähe der Muslimbrüder zur NS-Bewegung in Deutschland. Nach dem Vortrag gab es einige kritische Fragen, doch insgesamt verlief der Abend relativ friedlich.

Zwei Tage später riefen mich Freunde an und baten mich eindringlich, Kairo sofort zu verlassen. Im ägyptischen Fernsehen hätten drei Gelehrte zu meiner Ermordung aufgerufen. Ein Plakat mit meinem Bild und meiner Adresse würde im Netz kursieren, darauf die Worte »Wanted Dead«. Das alles klang ziemlich surreal, und ich wollte dem eigentlich keinen Glauben schenken. Doch dann rief mein Vater mich an. Er war sehr besorgt und sagte, die Salafisten hätten seine Telefonnummer herausgefunden und ihn angerufen. Er solle sich live im Fernsehen von mir lossagen und meine Thesen kritisieren. Wie fünf Jahre zuvor fiel mein Vater mir auch diesmal nicht in den Rücken. Er habe den Salafisten gesagt, sie sollten mit Büchern und Vorträgen auf meine Thesen antworten, statt einen Vater gegen seinen Sohn aufzuhetzen. Gleichwohl bat er mich, das Land sofort zu verlassen, denn er nehme die Drohungen sehr ernst.

Ich packte meine Sachen und flog nach Tunesien, von dort ging es über London zurück nach Deutschland. Am Flughafen erwarteten mich Beamte des Landeskriminalamtes Berlin und teilten mir mit, dass ich von nun an unter Polizeischutz stehe. Einer der Gelehrten, der zu meiner Ermordung aufgerufen hatte, habe in Deutschland viele Anhänger.

Erst in diesem Moment begriff ich, dass mein Leben sich von nun an grundlegend verändern würde. Seit diesem Tag werde ich in einem besonders gesicherten Fahrzeug zu Veranstaltungen gefahren, wo die Taschen der Besucher gründlich untersucht werden. Nur privat kann ich mich in einem klar begrenzten Rahmen ohne Polizeischutz bewegen.

Ich stand nun also vor der Entscheidung, mich zurückzuziehen, um meine Ruhe zu haben, oder weiterzumachen, trotz eingeschränkter Bewegungsfreiheit. Meine Mutter tat alles, um mich zum Rückzug zu bewegen. Vor allem wollte sie mich davon überzeugen, mein Buch über den islamischen Faschismus nicht zu veröffentlichen, weil sie weitere Anfeindungen fürchtete.

Es war eine der schwierigsten Entscheidungen meines Lebens. Würde ich das Buch veröffentlichen, würde sich meine Sicherheitssituation wohl verschlechtern und meine Mutter würde sich noch mehr Sorgen machen. Würde ich von einer Veröffentlichung absehen, wäre ich vor den Radikalen eingeknickt und hätte ihnen damit noch ein Argument geboten, weitere Schriftsteller zu bedrohen, um sie zum Schweigen zu bringen.

Am Ende entschied ich mich für eine Veröffentlichung. Im Buch spreche ich nicht nur über die Muslimbrüder, sondern auch über andere Gruppen im Irak und Syrien, die – so meine Befürchtung – der Welt bald eine neue Dimension des Terrors aufzeigen würden. In Deutschland wurde das Buch heftig kritisiert, nicht nur von Muslimen, sondern auch von linken Intellektuellen, die meinten, die Deutungshoheit über den Begriff Faschismus zu besitzen. Er impliziere den Auftrag, gegen rechts zu kämpfen. Dabei reicht das faschistoide Gedankengut des Islamismus viel weiter zurück, es ist bereits im Ur-Islam angelegt. Auch wenn die Bewegung des Islamismus selbst parallel zum italienischen Faschismus und zum Nationalsozialismus entstand, schlage ich einen weiten Bogen, der viele Kernpunkte aufgreift: Herrschaftstreue und Führerprinzip, Kampf als Ziel an sich, Antisemitismus, Überhöhung der eigenen Rasse bzw. Religion und Herabsetzung, ja Entmenschlichung der anderen. Dies sind nur einige Aspekte, die die Grundlage des Vergleichs bildeten.

Was mich an der Kritik empörte: Die gleichen linksliberalen Aktivisten und so manche Politiker, die angeblich so vehement gegen rechte Strömungen kämpfen, haben kein Problem, mit muslimischen Rechtsradikalen und Islamisten an einem Tisch zu sitzen und diese sogar mit Steuergeldern zu fördern. Erst der Aufstieg des IS hat einige dazu gebracht, anders über meine Analyse zu denken.

Besuch bei Helmut Schmidt

In der arabischen Welt wurden meine Thesen über den islamischen Faschismus kontrovers diskutiert, denn dort müssen Muslime mit den direkten Folgen des Erstarkens von Islamismus leben. Im Westen dagegen können sich sowohl Muslime als auch linksliberale Intellektuelle den Luxus leisten, den Islamismus zu verharmlosen oder sogar in Schutz zu nehmen. Es sind die gleichen Protagonisten, die früher vom moderaten Islamismus sprachen und den türkischen Präsidenten Erdoğan als einen Brückenbauer zwischen dem Islam und dem Westen bejubelten.

Mitten in dieser Debatte bekam ich eine überraschende Einladung des Altbundeskanzlers Helmut Schmidt: Er wolle mit mir bei sich zu Hause über mein Buch diskutieren. Schmidt empfing mich zunächst allein im Arbeitszimmer seines Hauses in Hamburg und bot mir gleich nach der Begrüßung eine Menthol-Zigarette an. Ich zögerte zunächst aus einem simplen Grund: Ich bin Nichtraucher. Doch eine Zigarette von Helmut Schmidt lehnt man nicht so einfach ab. Also rauchte ich mit ihm nicht nur eine, sondern gleich mehrere Zigaretten, bis mir schwindlig wurde.

Schmidt erzählte mir von seinen Besuchen in Ägypten und von seiner engen Freundschaft mit dem damaligen Präsidenten Anwar as-Sadat. Dann redeten wir über die letzten Entwicklungen in der islamischen Welt und über den Islam in Europa. Schmidt hörte aufmerksam zu, nickte manchmal lächelnd und zustimmend oder widersprach energisch. Später wechselten wir ins Esszimmer, wo ein Stückchen Mauer mein Interesse weckte.

Ich erfuhr, dass es aus einem pharaonischen Tempel stammt, ein Geschenk von Sadat. Ich hatte den Eindruck, dass es Helmut Schmidt ein wenig unangenehm war, dass ein Ägypter ein Stück seines Kulturerbes in einem privaten Haushalt in Hamburg entdeckt hatte. In der Tat finde ich es nicht in Ordnung, dass ägyptische Präsidenten mit Kulturgütern verfahren, als wären sie ihr eigener Besitz. Ägyptische Obelisken, Statuen, Papyri, Grabbeigaben, Mumien und sogar ganze Tempel wurden über Jahrhunderte in den Westen geschmuggelt, verschenkt und verkauft. Aber ich wollte meinen Gastgeber nicht in Verlegenheit bringen, zumal inzwischen weitere Gäste gekommen waren.

Nach dem Abendessen diskutierte ich mit Schmidt und seinen Freunden über den Islam. Natürlich waren wir nicht immer einer Meinung, aber der Altkanzler war ein leuchtendes Beispiel dafür, wie eine faire Diskussionskultur funktioniert. Er hatte mein Buch gelesen, einige Thesen gefielen ihm, andere nicht. Über die einen wie über die anderen wollte er mit mir reden – auf Augenhöhe. Schmidt war da nicht der Altkanzler und ich der junge Migrant, sondern wir waren zwei gleichberechtigte Bürger, zwei politische Menschen mit zwei unterschiedlichen Meinungen. Die unterschiedlichen Auffassungen haben uns aber nicht daran gehindert, freundlich und respektvoll miteinander umzugehen.

Am Ende bat ich ihn um etwas, um das ich sonst niemanden bitte: um eine Widmung. Schmidt griff zu seinem letzten Buch und wollte dort die Widmung hineinschreiben. Doch ich sagte: »Ich möchte die Widmung bitte auf einer leeren Zigarettenschachtel haben.« Er stutze einen Moment, lächelte dann und erfüllte meinen Wunsch.

Ein Jahr später ist dieser beeindruckende Mensch von uns gegangen. Die Zigarettenschachtel habe ich immer noch, in Erinnerung an einen besonderen Besuch. Schmidt verkörperte nicht nur ein Stück gelebte Demokratie, ich erlebte bei ihm auch, dass Meinungsvielfalt auch als Tugend gelten kann.

Ein neuer Mordauftrag und ein Besuch beim Staatsanwalt

2015 erschien mein Buch »Mohamed. Eine Abrechnung«. Darin versuche ich, anhand des Korans und der islamischen Erzählungen ein Psychogramm des Propheten zu erstellen. Mein Ziel war es, den heutigen Umgang vieler Muslime mit ihrer Religion, mit Nichtmuslimen und Frauen zu erklären. Ich erzähle von Mohameds Verdiensten, der die Araber einte und ihnen eine Identität und eine Stimme gab. Aber auch von seiner gestörten Persönlichkeit, davon, dass Mohamed offensichtlich unter Narzissmus und einer Zwangsstörung litt. Ich spreche über sein Verständnis von Dschihad und Scharia und wie dies die Politik, die Gesetzgebung und die Gesellschaften in der islamischen Welt bis heute prägt. Über seine Ängste, Selbstmordversuche und seinen Umgang mit Frauen und Sexualität, der modernen Muslimen eine schwere Bürde auferlegt. Vor allem den Frauen, aber nicht nur.

Das Buch kam mitten in der Flüchtlingskrise 2015 auf den Markt und wurde deshalb stark wahrgenommen. Wenige Tage später bekam ich eine Einladung von der Berliner Staatsanwaltschaft. Gegen mich gab es eine Anzeige wegen Volksverhetzung. Die Thesen meines Buches würden Hass gegen Muslime schüren, denn ich nenne den Propheten darin etwa »Massenmörder« und »krankhafter Tyrann«. Ich fand es kurios, dass ein Schriftsteller im Jahre 2015 mitten in Europa vor der Staatsanwaltschaft die Thesen seines Buches rechtfertigen muss. Das habe ich am Ende auch nicht getan. Ich habe nur mein Buch als Verteidigung vorgelegt und gesagt, dass alles, was ich darin über Mohamed geschrieben habe, auf anerkannten Texten des Islam basiert, die es in jeder

Moschee gibt. Das Verfahren wurde schließlich eingestellt, doch Ruhe durfte ich offenbar nicht haben.

Kurz danach bat der Leiter meines Personenschutzteams um ein persönliches Gespräch mit mir. Er teilte mir mit, dass sich meine Sicherheitsstufe erhöht habe. Das bedeutete, dass ich von nun an enger bewacht und bei Flugreisen ein bewaffneter Beamter mit mir fliegen würde. Bei öffentlichen Auftritten solle ich von nun an eine schusssichere Weste tragen. Als ich nachfragte, warum diese Maßnahmen nun mit einem Mal wichtig seien, antwortete er, dass der Nachrichtendienst einen neuen Mordauftrag abgefangen hätte. Deutsche Dschihadisten, die gerade in Syrien kämpften, hätten eine Nachricht an ihre Kollegen in Deutschland geschickt: »Tötet Hamed Abdel-Samad, denn er hat den Propheten beleidigt.« Das Landeskriminalamt Berlin nehme diese Gruppe und ihre Gewaltbereitschaft sehr ernst.

Von da an hat sich wirklich alles in meinem Leben verändert, auch die kleinen Freiheiten gibt es nicht mehr. Ich habe keinen festen Wohnsitz mehr. Ich kann nicht mehr alleine essen oder einkaufen gehen. Ein Vorkommando checkt jeden Ort, bevor ich dort ankomme. Spürhunde durchsuchen mein Hotelzimmer, bevor ich es beziehe. »Mein Auto« besteht aus einer Kolonne von gepanzerten Fahrzeugen. Vor meinen Veranstaltungen klärt der Staatsschutz das Publikum auf, die Polizeipräsenz vor Ort hat sich noch einmal deutlich verstärkt. Spontane Entscheidungen haben keinen Platz mehr in meinem Leben. Alles muss Wochen im Voraus geplant werden.

Die schusssichere Weste musste ich zum ersten Mal auf der Frankfurter Buchmesse 2015 tragen. Das hat mir wehgetan, physisch und psychisch, als Mensch und als Schriftsteller. Was hatte ich getan? Hätte der Titel meines Buches »Jesus.

Eine Abrechnung« oder »Verbrechen des Christentums« gelautet, hätte sich kaum jemand aufgeregt. Wir erleben seit einigen Jahren, dass salafistische Prediger frei herumlaufen und öffentlich ihre antidemokratische Gesinnung verbreiten, Islamkritiker aber nicht über den Islam aus der Sicht der Aufklärung reden können. Konservative Muslime beten, feiern Ramadan und ihre Feste öffentlich auf der Straße und in den Parks, aber Weihnachtsmärkte müssen wie Festungen abgeriegelt werden. Wir diskutieren über die Einführung des Burkini im Schwimmunterricht und das Kopftuch für Richterinnen und Lehrerinnen, aber Islamkritik oder sogar Erdoğan-Kritik darf es an Schulen nicht geben. Muslimbrüder und Erdoğan-Anhänger bekommen Gebetsräume an Universitäten und halten Vorträge, Islamkritiker dagegen werden von Unis zu unerwünschten Gästen erklärt. Das Gleiche gilt teils auch für politische Parteien, Stiftungen und die Bundeszentrale für politische Bildung. Nirgendwo findet ein fairer, offener Diskurs statt. Die Demokratie kastriert sich selbst. Und all das geschieht im Namen der Toleranz. Wir haben es nicht geschafft, den Islam zu modernisieren. Jetzt lautet offenbar der Plan B: die Moderne islamisieren. Der demographische Wandel, die Hartnäckigkeit des konservativen Islam, die wirtschaftlichen Verbindungen des Westens in die islamische Welt und die Schuldgefühle der Linksliberalen gegenüber der sogenannten Dritten Welt lassen reaktionäre Islam-Funktionäre zu Partnern von Staat, Kirche und Zivilgesellschaft werden, aber Islamkritiker und Frauenrechtlerinnen, die im Geiste der Aufklärung schreiben und handeln, als Störfaktoren gelten.

Freiheit im Schatten der Angst

Der Anschlag auf den Weihnachtsmarkt am Breitscheidplatz in Berlin 2016 traf mich doppelt. Zum einen war Berlin meine neue Stadt geworden, der Ort, den ich mir zum Wohnen und Leben ausgesucht hatte, wo ich wegen der Morddrohungen aber keinen Wohnsitz mehr hatte. Zum anderen rückte der Terror immer näher. Er bedrohte nicht nur Menschen wie mich, er machte keine Ausnahmen, traf Deutsche und Ausländer gleichermaßen. Und er machte das Leben von Muslimen, die friedlich in Deutschland lebten, noch schwieriger. Sie standen mit einem Mal unter Generalverdacht.

In der Nacht nach dem Anschlag bekam ich kein Auge zu. Auf meiner Facebook-Seite veröffentlichte ich den folgenden Appell, der sich im Netz rasend schnell verbreitete:

»Ich bin oft aus beruflichen Gründen innerhalb Deutschlands umgezogen. Aber ich kam nach Berlin nur wegen Berlin. Ich wollte in dieser Stadt einfach leben. Denn Berlin ist mir ähnlich: verrückt, frei und voller Narben! Die Brüche und Umwälzungen dieser Stadt haben mich immer fasziniert.

Berlin ist oft in die Knie gegangen, musste Kriege, Zerstörung, Teilung, Diktatur, Mauer und Belagerung über sich ergehen lassen. Aber Berlin ist immer aus den Trümmern auferstanden und pflanzte Blumen auf den eigenen Narben. Berlin wurde mit jeder Wunde erwachsener und lernte aus den Fehlern der Vergangenheit. Es öffnete seine Arme für Menschen aus aller Welt, für das Leben, die Kunst und die Freiheit.

Heute bezahlt Berlin den Preis für seine Weltoffenheit. Es

wurde im Herzen getroffen, ausgerechnet am Weihnachtsmarkt, ausgerechnet vor der Gedächtniskirche, die immer noch mit einer Narbe der Vergangenheit geschmückt ist.

Berlin, die Stadt, die niemals schläft, ist gestern zu früh ins Bett gegangen, mit Tränen in den Augen und Kummer im Herzen. Aber ich konnte nicht schlafen. Ich weine um meine Stadt, um meine Nachbarn, um mein Land. Und ich mache mir Sorgen.

Ich glaube an Berlin und bin mir sicher, dass diese Stadt auch das wegstecken wird. Denn Berlin hat sich für das Leben entschieden. Ich mache mir aber Sorgen, dass nun die Hass- und die Wutindustrie noch mehr Konjunktur bekommen. Und Hass liegt Berlin nicht so.

Wir sollten mit aller Härte gegen die Angreifer vorgehen, gar keine Frage. Aber bitte nicht die Falschen dafür bestrafen. Bitte lasst uns gegen die Prediger der Gewalt vorgehen, aber nicht jeden Muslim verdächtigen. Lasst uns lernen, zwischen Mensch und Ideologie zu unterscheiden.

Die Wunde wird heilen, wenn wir zusammenhalten und ehrlich über die Ursachen reden und effektive Maßnahmen dagegen ergreifen, nicht aber, wenn wir uns gegeneinander wenden und unsere Weltoffenheit aufgeben. Denn gerade diese ist die Lebensversicherung von Berlin.

Lasst uns das tun, was die Terroristen hassen und was Berlin am besten kann: uns dem Leben und der Freiheit zuwenden.

Guten Tag, Berlin! Ich hab dich lieb!«

Dieser Text war auch ein Appell an mich selbst, nicht in Lethargie und Selbstmitleid zu verfallen. Ich wollte damit auch mir selbst Mut machen. Denn eigentlich hatte und habe ich viele Gründe, wieder depressiv zu werden: Mein Leben ist konkret in Gefahr, und der Terror rückt immer näher. Meine Bewegungsfreiheit ist eingeschränkt wie noch nie. Die Politik ignoriert meine Warnungen. Muslime und Linksliberale nennen mich Islamhasser, obwohl ich nur die Elemente im Islam kritisiere, die zu Hass und Abgrenzung führen. *Zeit Online* schreibt über meine Haltung: »Islamkritik, die niemand braucht«, in *Spiegel Online* konnte ich über mein Mohamed-Buch lesen, das sei »Religionskritik nach Pegida-Art«.

Doch trotz Drohungen und Diffamierungen bin ich mir selbst treu geblieben, und langsam zeigt meine Arbeit Wirkung. Ich mag mich nur noch in einem gepanzerten Wagen bewegen können, aber meine Gedanken reisen um die ganze Welt und werden überall kontrovers diskutiert. Meine Bücher sind in elf Sprachen übersetzt worden, darunter Arabisch und Persisch. Türkische und kurdische Ausgaben werden folgen. Während manche Medien meine Islamkritik für unnötig erklären, wird mein arabischsprachiger YouTube-Kanal in 130 Ländern gesehen. Zu jedem Video gibt es Tausende Kommentare. Dort diskutieren gläubige Muslime, Säkulare und Atheisten über die Notwendigkeit, die Texte des Islam an die Moderne anzupassen, nicht umgekehrt. Zahlreiche junge arabische YouTuber kopieren bereits mein Konzept und üben Religionskritik online. Das tun sie unter Einsatz ihres Lebens, während sich junge Muslime in Deutschland anschicken, den Islam zu verteidigen und den Propheten zu überhöhen. Während junge Menschen in der arabischen Welt gegen Diktatoren auf die Straße gehen, huldigen junge Türken in Deutschland dem Autokraten Erdoğan. Während muslimische Frauen in der arabischen Welt für das Nichttragen des Kopftuches beschimpft, bespuckt oder geschlagen werden, kämpfen muslimische Frauen in Europa für die Befreiung vom Schwimmunterricht und für das Tragen des Kopftuches als Zeichen der Emanzipation. Während deutsche Linke mich Islamhasser nennen, empfing mich die Linke in Marokko als Aufklärer. Unzählige junge Muslime beider Geschlechter schreiben mir täglich und bedanken sich bei mir, dass ich sie zum Nachdenken über die eigene Tradition angeregt und ihnen dabei geholfen habe, sich von religiösen Zwängen, Schuldgefühlen und der Angst vor der Hölle zu befreien.

Trotzdem habe ich auch in Deutschland den Kampf noch nicht aufgegeben. Viele mögen mich für einen Islamhasser halten, der den Islam am liebsten gleich abschaffen will. Wer aber die Absicht hat, eine Religion abzuschaffen, diskutiert nicht mit den Vertretern der verschiedenen Strömungen des Islam über Reformen und nimmt nicht an der Islamkonferenz teil, die die Etablierung eines deutschen Islam anstrebt. Ich fordere in meinen Schriften auch muslimische Intellektuelle und Theologen heraus, ich stelle Fragen, die sie mithilfe islamischer Schriften zu beantworten versuchen. Ich habe deshalb auch gemeinsam mit dem Theologen Mouhanad Khorchide ein Buch über die Probleme des modernen Islam verfasst, in dem wir auch Lösungsansätze skizziert haben. Würde ich den Islam abschaffen wollen, wozu dann die ganze Mühe?

Religionsfreiheit ohne Religionskritik mündet in Zwänge und Konflikte. Und der Blick zurück in die Geschichte zeigt, dass noch jede Gesellschaft den eigenen Ketzern im Nachhinein dankbar war: denn sie haben zu einem Wandel beigetragen, die Kultur bereichert und modernisiert – nicht die Bewahrer. Es geht mir darum, mit meiner Kritik die positiven Seiten des Islam, etwa die Spiritualität, zu betonen und die menschenverachtenden Seiten aufzuzeigen. Ein moderner, zeitgemäßer Islam kann auch in einer freien Gesellschaft seinen Platz haben. Er kann dazu beitragen, dass auch liberale Muslime Gehör finden und nicht nur die Lautsprecher von den konservativen und rückwärtsgewandten Rändern, die den Diskurs bestimmen.

Und dennoch bin auch ich ein Mensch, der manchmal an seine Grenzen kommt. Ein Mensch, der Angst hat und manchmal verzweifelt ist. Ein Mensch, der sieht, wie Freiheit und Demokratie selbst im Westen immer unpopulärer werden. Es scheint, als wären derzeit nur Populisten, Demagogen und Ideologen in der Lage, Menschen zu mobilisieren. Weil sie mehr mit Emotionen arbeiten als mit Vernunft, und weil sie im Dienste der eigenen Community oder politischen Sippe arbeiten, nicht im Dienste der Aufklärung und des Gemeinwesens. Rechte wie auch Islamisten gewinnen jeden Tag neue Anhänger, weil sie sich als Bewahrer der Nation oder der Religion darstellen, weil sie keine Anforderungen an den mündigen freien Bürger stellen, sondern seine Ängste und seinen Narzissmus ansprechen. Weil sie vermeintlich einfache Antworten bieten, die es in einer so komplexen Welt wie der unseren nicht geben kann. Sie sind gefangen in der eigenen Ideologie und können deshalb mit ihren Gegnern auch nicht reden. Sie können sie nur verteufeln und Verschwörungstheorien über sie verbreiten. Und die Mitte ist gelähmt, sie schweigt, und vor allem wird sie immer kleiner. Sie fürchtet den sozialen Abstieg. Sie ist gleichgültiger und erpressbarer geworden, sowohl moralisch als auch wirtschaftlich.

Es fehlt ein fairer Diskurs, in dem nicht der moralische Zeigefinger, nicht die eigene Ideologie, sondern das bessere Argument zählt. Der unerschütterliche Glaube an Demokratie und Freiheit ist schwächer geworden. Und hier sehe ich meine Aufgabe als Schriftsteller. Ich suche den Dialog, fordere jeden meiner Gesprächspartner heraus, selbst zu denken. Ich stelle alles infrage, immer und immer wieder, auch mich selbst und meine Positionen. Ich vertrete keine religiöse oder politische Gruppe. Mit der Art, wie ich schreibe und wie ich lebe, möchte ich auch zeigen, wie wertvoll die Freiheit ist. Ich bin eingeschränkt in meiner Bewegung, aber mein Geist ist frei. Er gehört niemandem außer mir. Gelegentlich habe ich Angst vor dem Tod. Ich lasse sie zu, weil ich schmerzlich gelernt habe, dass man seine Empfindungen ernst nehmen muss. Ich habe lange genug mein inneres Gefängnis mit mir herumgetragen.

Heute lese ich meine Geschichte anders als vor zehn Jahren. Ich hadere nicht mehr mit dem, was mir in der Kindheit passiert ist. Ich zerbreche auch nicht daran, dass ich unter Polizeischutz leben muss. Ich habe begriffen, dass alles, was geschieht, aus einem Grund und für einen Grund geschieht. Ich meine damit nicht eine Art Schicksal im religiösen Sinne, dem man sich ergeben müsse. Sondern in dem Sinne, dass sich ein Kreis schließt, dass das eine nicht ohne das andere denkbar ist.

Das Leben stellt mich, stellt jeden von uns, vor Prüfungen, Aufgaben und Entscheidungen. Heute kann ich das als Chance sehen, nicht als eine Überforderung. Schmerzen kann man verfluchen oder verstehen und über sie hinauswachsen. Oft ist im Schmerz selbst schon der Samen gelegt für eine Heilung. Schmerz und Angst sind wie Energie. Sie verschwinden nicht, aber sie können sich in andere Formen transformieren. Sie können neue Schmerzen und neue Ängste produzieren, oder sie können sich in Kreativität, positiven Gedanken und Liebe entladen. Sie können uns aggressiv und verantwortungslos machen, oder uns zu einer höheren Stufe des Bewusstseins verhelfen. Meine Schmerzen, meine Ängste, meine Gedanken, meine Erfolge und Misserfolge haben aus mir den Hamed von heute gemacht. Er ist der beste Hamed, den ich je kannte. Sein Leben ist zwar voller Konflikte und Hürden, aber sein Verstand ist frei und sein Herz voller Liebe und Zuversicht.

DANK

Dank an Gila Keplin, Stefan Ulrich Meyer und Najem Wali, die an dieses Buch geglaubt und mich unterstützt haben.

Zwei führende islamische Intellektuelle
streiten über den Islam und die Muslime
in den westlichen Gesellschaften

Hamed Abdel-Samad · Mouhanad Khorchide

Ist der Islam noch zu retten?

Eine Streitschrift in 95 Thesen

Die Angst vor dem Islam geht um in Europa. Zu Recht, sagt Hamed Abdel-Samad, denn er ist eine Religion, die zu Gewalt und Diskriminierung aufruft. Das ist nur eine Lesart des Koran, erwidert der Münsteraner Professor Mouhanad Khorchide und fordert für den Islam eine Reformation, denn er sei im Kern eine Religion der Barmherzigkeit. Vor dem Hintergrund der aktuellen Krise des Glaubens, der islamischen Staaten und der islamischen Gemeinschaften im Westen diskutieren Hamed Abdel-Samad und Mouhanad Khorchide kontrovers zentrale Fragen dieser Religion.

»Das Buch ist ein Gewinn,
weil die Autoren zeigen, wie wohlwollend
man miteinander streiten kann.«
Deutschlandfunk

DROEMER